쑤쑤, 동북을 거닐다

2016년 6월 20일 초판 1쇄 발행

지은이 쑤쑤
옮긴이 김화숙

펴낸이 김우연, 계명훈
편집 손일수
마케팅 함송이
경영지원 이보혜
인쇄 다라니

펴낸곳 for book
주소 서울시 마포구 공덕동 105-219 정화빌딩 3층
출판 등록 2005년 8월 5일 제2-4209호
판매 문의 02-752-2700(에디터)

값 15,000원
ISBN 979-11-5900-017-1 (03910)

쑤쑤, 동북을 거닐다

쑤쑤 지음, 김화숙 옮김

고구려, 발해, 거란, 말갈 등 잊힌 역사의 땅 동북을 가다!
야성의 민족이 흥망성쇠를 거듭했던 동북 3성 답사기

for book

차례

추천의 글

그동안 많은 책을 중화권에 혹은 한국에 소개했지만, 솔직히 처음부터 끝까지 읽어 보고 소개한 책은 손가락에 꼽을 정도로 적다. 특히 중문으로 읽은 원작 가운데 읽고 또 읽어도 감동이 밀려와 출판사에 소개하여 한글 번역서가 출간된 에세이 책이 딱 두 권 있는데, 그중 한 권이 바로 이 책이다. 더군다나 이 책은 내가 태어나고 스물일곱 살까지 살았던 내 고향 동북에 관한 역사 에세이라서 더욱 특별한 애착을 가질 수밖에 없었다.

나는 중국 동북 남단의 랴오난遼南요남에서 태어났으니, 지은이 쑤쑤 선생과 동향이라면 동향이다. 이 순간도 고향이라고 하면 랴오둥遼東요동의 드넓은 벌판 위를 휩쓸고 지나가는 거친 바람과 기름진 흑토, 끝없이 넘실대는 황금 나락이 떠오른다.

지금으로부터 80년 전, 평안북도를 떠난 이십대 나이의 할아버지와 할머니는 왜 만주로 와서 정착하게 된 것일까? 고구려 산성에 대한 이야기, 당나라 태종과 맞짱 뜨던 연개소문에 관한 전설에 이끌렸을까?

아니면 바라만 봐도 천하를 다 가진 것 같은 평원의 광활함이 마음에 들어서였을까? 그 당시에는 아무것도 없는 척박한 땅이었지만, 잘만 일구면 일제가 판치는 손바닥만 한 평안북도보다 백배는 나을 것이라 판단하셨던 것 같다.

할아버지가 선택한 새로운 삶의 터전에서 우리 일가족은 오래도록 풍요로움을 누렸다. 봄이 오면 민들레와 냉이를 캐고, 여름에는 도랑치고 물고기를 잡았으며, 가을에는 벼를 수확하고, 겨울에는 쥐불놀이로 랴오허遼河요하 강둑의 마른 갈대밭을 태우는 것으로 고향의 사계절 풍경은 아름답기 그지없었다. 그러나 내가 아는 것은 동북의 한 귀퉁이일 뿐, 드넓은 대동북을 잘 몰랐다.

지은이가 '독어동북獨語東北'이란 제목으로 신문에 연재를 시작한 글을 읽게 된 때는 1996년, 내가 대학을 갓 졸업한 해였다. 나는 오랫동안 찾고 있던 보물을 발견한 듯 그 문장들에 빨려들어 갔고, 연재된 신문을 모두 사서 읽은 후 가위로 정성스레 오려 내어 보관했다. 그 무렵은 '중국'이라는 거대한 사회에 갓 발을 내디딘 사회 초년병으로서 내 정체성에 대한 혼란과 고민이 나를 괴롭히던 시절이었다.

나는 누구인지, 어디서 왔고 어디로 가야 하는지, 어떻게 살아야 하는지, 어떻게 중국이라는 커다란 울타리 안에서 자신의 민족적 정체성을 지키며 살 수 있는지에 대한 해답을 얻기 위해 닥치는 대로 책을 읽고 고민했다. 그러던 중에 쑤쑤 선생이 쓴 글은 내게 신선한 충격으로 다가왔다. 태어난 그 땅을 사랑했지만 언젠가는 떠나야 할 자신이라고 생각했다. 그러면서도 그 땅 구석구석을 파헤쳐 보고 싶은 갈증과 호기심은 마음 한구석에 늘 자리하고 있었다. 하지만 나는 조상의 땅은 커녕 내가 태어난 곳에 대해서도 아는 게 없었다. 그래서 지은이의 말처럼 나는 동북을 알아야 했고, 동북을 이해해야만 했다. 이 관문을 넘어야만 비로소 나의 정체성을 찾는 다른 관문으로 넘어갈 수 있을 것이라고 생각했다.

그리고 20년의 시간이 흘렀다. 서울에 정착한지 십수 년이 지난 즈음에 그때 보관했던 신문 연재 글을 다시 꺼내 읽어 보면서 한국 독자들에게 읽히고 싶은 충동이 밀려왔다. 간절함에 대한 응답이었던 걸까? 신속하게 지은이의 연락처와 중국 출판사를 찾아내게 되었고, 한국어판 출간 계약이 성사되기에 이르렀다.

동북은 쑤쑤 선생의 말 그대로 수컷스럽고 야성적이다. 호전적이고 침략적이어서 현실에 안주하지 않았으며, 중원을 호심탐탐 내려다보기도 했다. 그런 남성적인 동북에서 숙신, 말갈, 흉노, 선비, 거란, 고구려, 만주족 등이 살고 졌고, 흥하고 쇠했다.

동북은 어머니의 거대한 품과 같은 모성의 땅이기도 하다. 그 많은 야성의 민족을 키웠고, 오랜 세월 그들의 꿈과 야망, 환멸과 한에 관한 이야기를 깊이 들어주었다. 그리고 세상이야 요란하든 말든 흑산黑山처럼 입을 꾹 다물고 백수白水처럼 조용히 흘러가며 그 후손들을 지켜주고 있다.

남성적이고 거친 동북을 여성의 섬세한 감성으로 풀어낼 수도 있다는 것을 알려 주었고, 내가 자란 동북에서 살고 졌던 조상들의 숨결과 정신을 돌아보게 된 계기를 마련해 준 쑤쑤 선생에게 감사하고 싶다.

아울러 상업적인 홍행 여부를 떠나 내 이야기에 공감해 주시고, 흔쾌히 한글판을 출간하기로 결정해 주신 포북출판사 계명훈 대표님께도 감사드리고 싶다. 개인적으로는 중국의 동북인이든 한국인이든 한 번은 귀 기울이고 들어 봐야 하는 동북에 관한 수작秀作을 소개할 수 있는 내 직업에 자그마한 자부심을 느끼는 순간이기도 하다.

십여 년 전부터 중국과 한국에 있어서 동북은 정치적으로나 역사적으로 민감한 지역이 되어 있는 점을 잘 알고 있다. 그러나 이 글은 그러한 논쟁이 있기 전인 1990년대 중반에 저술된 작품으로, 조상이 동북으로 이주하여 정착한 한족 여류 작가의 순수한 문학적 감성과 동북을 세상에 알리고 싶어 하는 지은이의 문화적 책임감을 배경으로 읽었으면 하는 바람이다. 그런 부분에서 동북을 바라보는 쑤쑤의 정신세계는 순수하고 아름답고 존경스럽다.

역사는 승자의 전유물이라고 했던가. 동북 혹은 만주로 불리던 그 땅은 한국인들에게는 분명 풀어지지 않은 응어리다. 그러나 우리 모두가 역사학자는 아니다. 간혹 시각차가 있다 하더라도 우리가 잘 몰랐던 동북의 땅을 순수한 한족 여인의 발자취를 따라 깊게 들어가 보길 권하고 싶다. 분명 보이고 얻는 것이 더 많을 것이고, 마음속으로 동북에 대한 연민과 사랑을 느끼게 될 것이다.

2016년 6월 1일
연아인터내셔널 대표 정연혜

한국어판 서문

이 책이 한국에서 출판된다니 형언할 수 없는 감동이 밀려온다.

몇 년 전, 한국을 방문했을 때 충청북도의 문인들을 만날 기회가 있었다. 그때 가장 인상 깊었던 점은 그들이 중국어를 할 줄 안다는 것이었다. 그들 중에는 중국어를 잘 하는 사람이 여럿 있었는데, 나는 한국어를 한마디도 할 줄 몰라서 멋쩍었었다. 게다가 헤어질 때 내게 선물로 준 서예와 회화 작품들은 나를 부끄럽게 만들었다. 본디 언어와 필묵은 문인들 사이에서 마음을 교류하는 도구이지만, 나는 그저 고개를 끄덕거리고 미소로써 얌전히 가슴속으로만 받았을 뿐이었다. 지금 생각해 보니 창피하다. 그런데 이번에 내 책이 한국어판으로 출간된다고 하니, 문학 하는 한국 친구들에게 내가 주는 숙제라 할 수 있겠다.

이 책은 중국어로 20만 자가 채 되지 않지만, 집필하는 데 거의 1년이라는 시간이 걸렸다. 2001년 전까지 내가 쓴 책 중에서 가장 느린 책이자 가장 열심히 썼던 책이기도 하다. 그 결과에 대한 보답으로 2005년에 루쉰魯迅노신 문학상을 받았다. 정말 의외의 수확이었다. 중국에 '하늘도 스스로 돕는 자를 돕는다天道酬勤천도수근'는 속담이 있다. 어쩌면 이런 이유에서였을까? 동북東北[1])에 관한 글을 쓴 때문인지 몰라도 동북은 내 삶에 소중한 존재가 되었다. 하지만 동북에 관해 썼다 할지라도 동북은 여전히 높은 곳에 존재하고, 여전히 거대한 존재이니 나는 영원히 그것의 끝을 만질 수 없고, 그것의 전부를 볼 수도 없다. 다만 한 가지 확실한 점은 내가 동북에 대해 느끼는 것이 '사랑'에서 '경외심'으로 변했다는 사실이다.

동북은 앞으로도 중국의 강남처럼 번화하고 시끌벅적하지 않고, 조각 장인의 기질이 그렇게 농후하지도 않을 것이다. 동북은 그냥 동북이다. 자신의 색깔, 소박함, 시원함, 간결성, 나무의 크기, 산의 크기, 땅의 넓이, 물의 깊이, 석탄과 석유는 인간이 만든 것이 아니라 하늘에서 내려 준 선물이다. 하느님이 그냥 몇 번 손을 휘둘러 이 모든 것들을 동북에 선사하신 것이다. 그래서 동북은 작은 다리 밑에 물이 흐르는 것처럼 수려하거나 완곡하고 함축적인 것이 없고, 또한 작은 천장과 처마 같은 조밀함과 붐빔이 없다. 동북은 당신이 큰소리를 지르고, 크게 호흡하고, 큰 걸음으로 성큼성큼 걸을 수 있는 광야인 것이다.

동북은 하나의 개념이다. '개념概念'이란 것은 그것이 맞는지 혹은 아닌지를 식별하고, 나아가 도대체 그것이 무엇인지를 알아내는 것이

---

1) 중국의 동북(東北) 지방 또는 동북 3성(東北三省 : 랴오닝 성, 지린 성, 헤이룽장 성)을 일컫는 말. 중국의 6대 지리대구(地理大區)의 하나로서 동북부 지역에 해당하며, 과거에는 '만주(滿洲)'로 불리었던 지역이다. 중국어 발음인 '둥베이(東北동북)'로 표기해야 하지만, 독자들의 이해를 돕기 위해 한자 독음인 '동북'으로 표기한다. 아울러 이 책은 중국인 한족 여류작가의 관점에서 동북의 역사와 문화를 풀어 쓴 것으로, 동북에 관한 우리의 역사 인식이나 시각과는 차이가 있다. 2000년대 들어 중국 역사학계에서는 동북 민족사에 관한 연구를 본격적으로 시작했고, 우리나라에서도 동북을 무대로 활약했던 고구려와 발해에 관한 역사 연구가 활발하게 이루어지고 있다.

다. 동북의 개념은 바로 모든 사람들에게 동북만의 개성과 기질, 독특한 스타일을 보게 하는 것이다. 동북을 찾는 모든 사람들에게 차별성과 다름을 보게 하고, 또한 그것의 사상을 보게 하는 것이다.

동북은 하나의 방향이다. 만약 사람들이 지금까지도 여전히 강남江南과 중원中原에만 열중한다면, 그건 아마도 관광객이지 진정한 여행가는 아닐 것이다. 관광과 여행의 구분은 중심이 아니라 변경에 있는 것이다. 관광객들은 자신이 잘 알고 있거나 남들이 가본 곳들을 다니는 것에 익숙하다. 위험하지 않고 안전하기 때문이다. 그러나 여행가들은 낯선 야생 같은 곳을 좋아한다. 그런 당신에게 동북은 스스로 내려놓는 자유로움을 느끼게 해 줄 것이다.

동북은 한 권의 커다란 책이다. 그것은 지리책이고, 혹은 방위 명사이다. 그리고 또 몇 가지 명확하거나 모호한 명칭이 있는데, 관동關東, 관외關外, 변외邊外, 베이다황北大荒북대황[2], 백산흑수白山黑水[3], 호지胡地, 동북이東北夷 등이다.

동북은 역사책이다. 동북에서 자란 민족은 말타기와 활쏘기에 능하고, 침략을 잘 하여 여러 차례 중원에 들어가서 변방의 역사를 국가의 역사로 올려놓았을 뿐만 아니라 유목과 농경을 융화시켰다.

동북은 한 권의 문화 책이다. 벌목문화, 인삼문화, 도금淘金문화, 토비土匪문화, 온돌문화, 관동연關東煙, 중국 동북의 담배문화, 이인전二人轉[4] 문화 등 어떤 문화든 모두 야생과 북쪽의 민간문화이다.

2) 흑룡강(黑龍江) 유역의 광대한 황무지를 부르던 말
3) 장백산(長白山)과 흑룡강을 합쳐 부르는 말.
4) 중국 동북 지역의 전통 민속극으로, 두 사람이 공연한다.

동북은 내 마음속의 응어리다. 내가 동북에 대해 아는 것이라곤 겨우 털끝 만큼이고, 내가 쓴 동북에 대한 이야기도 그저 시작일 뿐이라는 걸 나는 알고 있다. 내 평생 아마도 무수히 그곳에 갈 것이고, 아주 세세하고 깊은 곳까지도 이해하고 걸을 것이다. 어쩌면 내 일생에서 끝까지 들어가지 못하면 평생 아쉬움과 미련으로 남을지도 모르기 때문에 이런 결심을 하게 된다.

인생은 일종의 '찾음'이다. 동북을 찾게 된 내 운명에 감사할 따름이다. 아마도 내 생애에서 동북은 갔다가 또 다시 가야 하는 곳이 될 것이다.

마침 한국어판 서문을 쓸 즈음, 나는 제3회 중·한·일 동아시아 문학 논단 참가를 준비하고 있었다. 6월에는 베이징에서 최원식, 박재우, 이승우, 김종혁, 강영숙 등과 만났다. 이들은 모두 내가 존경해 마지않는 한국의 작가들이다. 증자曾子가 "군자는 글로써 벗과 사귀고, 벗으로써 인을 돕는다以文會友이문회우, 以友輔仁이우보인"라고 말한 것처럼 말이다.

마지막으로 이 글을 한국의 독자들과 나누며 서로 격려하고 인연의 끈을 맺어 착한 나무를 심고, 큰 덕을 쌓는 일을 함께하기를 희망한다.

2015년 5월 20일
다롄大連의 집에서 쓰다

서문

1995년 국경절[1]을 맞아 3일 연휴가 생겼다. 친구들에게는 시골로 간다고 했지만, 사실은 아무데도 가지 않았다. 도서관에서 한 무더기의 책을 빌리고, 마트에 가서 3일 동안 먹을 것들을 사서 집에 틀어박혀 책을 읽었다.

연휴 3일 동안 꼬박 동북에 관한 책을 읽었다. 나에게는 계획이 하나 있었는데, 먼저 동북에 관한 책을 읽고 나서 동북으로 들어가 동북에 관한 글을 쓰는 것이었다. 아주 그럴듯한 생각이었다. 그래서 국경절 연휴가 끝난 뒤 1996년 3월부터 8월까지 6개월 동안 창작 휴가를 신청했다. 직장생활을 시작하고 나서 처음으로 이렇게 긴 휴가를 쓸 수 있다는 것에 기쁨을 감출 수가 없었다. 이 시간이 내게는 그저 단순한 시간이 아니라, 한 알 한 알의 황금 같아서 셀 수가 없을 정도였다.

내 휴가 계획을 들은 친구들이 너무 위험한 여행이라면서 다시 생각해 보라고 했다. 연약한 여자가 동북에 관한 책을 읽을 수는 있어도 동북으로 직접 간다는 게 말이나 되느냐는 거였다. 동북은 너무 광활하

1) 10월 1일은 중화인민공화국의 건국 기념일이다.

고, 게다가 그 지역 사람들은 야만적인데 어찌 여자 혼자 그런 곳에 들어가려 하느냐는 것이었다. 또한 그런 위험을 감당할 수 있느냐고 묻기도 했다. 사실 이런 생각을 처음 했을 때는 아주 자극적이었고, 며칠을 흥분 속에 젖어 있었다. 그러나 정말로 동북을 간다고 생각하니 갑자기 마음이 쓸쓸해졌다.

또 어떤 이는 왜 하필 서북西北²⁾이 아니라 동북이냐고 물었다. 나는 그에게 수많은 사람들이 서북으로, 서쪽으로 가서 성공을 거두었으니 후발 주자격인 나는 동북을 선택할 수밖에 없다고 말해 주었다. 내게 있어 동북은 어머니와 같은 땅이다. 그러니 나는 동북을 알아야 하고, 이해해야 하고, 또 그곳을 그려내야 한다. 나는 줄곧 산문 형식으로 내 이야기를 해왔다. 내가 쓴 작품이 많지도 않지만, 그렇다고 해서 다량의 작품을 추구하지도 않는다. 다만 무엇을 썼는지에 신경을 쓸 뿐이다. 내가 무었을 썼는지에 관심을 두는 건, 문학은 내 마음속의 장엄함이기 때문이다. 그래서 산문을 위해서라도 동북을 선택해야 했다.

나에게 주어진 6개월의 창작 휴가 기간 중 두 달 동안은 집에 틀어박혀서 동북에 관한 책을 읽었다.

측량 일을 하는 친구가 내게 세 종류의 동북 지역 지도를 보내왔다. 하나는 지형도이고, 하나는 교통 지도이고, 나머지 하나는 천으로 만들어진 지도였다. 그 친구는 내가 종이 지도를 가지고 가면 행여나 젖어

²⁾ 중국의 서북(西北) 지역은 사막과 오아시스 지형이 대부분을 차지하는 곳으로 행정 구역상 산시(陝西섬서), 간쑤(甘肅감숙), 칭하이(靑海청해), 닝샤(寧夏영하), 신장웨이우얼(新疆維吾爾, 신장위구르)자치구 지역을 말한다.

찢어질까 걱정했던 것이다. 천으로 제작된 지도를 여행 가방에 집어넣고, 나머지 두 장의 지도는 벽에 걸어 두고 책을 읽으면서 메모도 하고, 둘러볼 여정을 꼼꼼히 체크했다. 커다란 지형도는 붉은 점들로 가득 찼고, 대동북은 내 시야에서 또렷하게 보이는 모래 지형으로 변했다. 이러한 작업을 하는 동안, 나는 전장으로 출정하는 전사가 되어 어디로 가야 하는지, 또 어디를 꼭 가야 하는지, 그곳을 가야만 하는 목적을 알고 있었다.

동북에 관한 책을 읽다 보니 대략 30개 정도의 제목이 떠올랐다. 그 제목들은 나를 흥분시켰고, 큰 소리로 부르면 내 앞으로 걸어 나올 것처럼 느껴졌다. 마치 내가 오랫동안 억눌려 있었고, 떨어져 있었고, 오랫동안 기다려왔던 것만 같았다. 나는 이런 농후하고 걸쭉한 마음을 한 번쯤은 쏟아내야 한다고 느꼈다.

동북에 관한 책을 읽고 나서야 동북에 관한 책이 아주 적다는 것을 알게 되었다. 동북의 역사는 유구하여 일찍이 기원전 23세기 요순시대에 천하를 구주九州로 나누었는데 동북은 유주幽州라 하고, 그 산과 마을을 의무려醫巫閭라고 하였다. 동북 지역은 너무도 광활하여 거의 모든 동북아시아를 망라하고 있다. 그 이후로 많은 사람들이 동북의 역사를 책으로 정리했지만, 책 속의 동북은 상세함이 결여되어 있었다. 상고시대는 말할 필요도 없고, 설사 근대라 할지라도 중원中原의 사관史官이 쓴 글 몇 줄에서 동북 민족에 관련된 거미줄과 말 발자국 같은 흔적만 발견했기 때문이다. 다행히도 홍산문화紅山文化[3]가 있었기에

---

3) 네이멍구자치구의 츠펑(赤峰적봉) 시 홍산(紅山홍산)을 중심으로 한 랴오시(遼西요서) 지역에서 생성된 신석기문화를 말한다. 이하에서는 '홍산문화'로 표기한다.

그나마 완전한 여신 도자기 상이 보존되어 있었다. 또한 가셴둥嘎仙洞알선둥[4]이 있었기에 북위北魏 황제의 사신이 남긴 비각碑刻이 보존될 수 있었다. 또한 발해국의 성지城址가 있었기에 가장 생명력이 강한 고대 민족의 존재를 찾을 수 있었다.

동북에 관한 역사를 기록으로 남긴 사람은 아무도 없었다. 물론 그럴만한 원인이 있기도 하겠지만, 동북은 일찍이 100여 개의 민족들이 터를 잡고 생활하던 곳이다. 예를 들면 동북이東北夷, 숙신肅愼, 동호東胡, 부여夫餘, 고구려高句麗, 우환烏桓, 선비鮮卑, 읍루邑婁, 흉노匈奴, 물길勿吉, 거란契丹, 발해渤海, 여진女眞, 몽고蒙古, 만족滿族, 다우르족達斡爾族달알이족, 오로첸족鄂倫春族악륜춘족, 어원커족鄂溫克族악온극족, 시보족錫伯族석백족, 허저족赫哲族혁철족 등이 있었고, 그중에서 40여 개 민족이 동북의 토착 민족으로 지금까지 이어지고 있다.

이들 민족의 원주민들은 대부분 장백산과 흑룡강 지역의 초원과 대평야에서 살고 있었으니, 말 위에서 생활하는 민족이었다. 그들의 조상은 단지 앞만 보고 달리며 멈출 줄 모르는 이들이었고, 언어는 있지만 문자가 없는, 또한 역사의식이 없는 이들이었다. 나중에 생겼다 할지라도 아주 간단한 것이었으며, 대학살이 있고 대이동이 있은 뒤 또 다시 사라졌다.

동북에 관한 책을 읽으면서 동북이 중국 문화사에 있어 마땅히 차지해야 할 위치를 찾지 못한 것도 알 수 있었다. 중원 사람들의 눈에는 그저 황하黃河문화와 장강長江문화만이 있었을 뿐이었다. 중원 사람들은 심지어 그것들을 진진秦晉, 연조燕趙, 제노齊魯, 오월吳越, 상초湘楚 문화

4) 랴오닝 성 북부 네이멍구자치구 후룬베이얼(呼倫貝爾호룬패이) 시 삼림지구 내에 있는 동굴.

로 세세하게 나누었고, 동북은 습관처럼 다른 책으로 분류하여 넣었다. 동북은 그저 미개하고 황량한 곳이고, 동북 사람은 천성적으로 침입자이고 약탈자이며, 자신들은 문명의 요람 속에 있는 사람으로 분류했다.

동북의 문화인들조차 스스로 마음이 약해져 지금까지도 어떤 이들은 까치발을 들고 중원을 바라본다. 그리고 늘 자신들의 물건과 중원의 것을 비교하고, 중원에 배열되기를 원하거나 아예 보따리 짐을 메고 황하와 장강을 향해 걸어갔다. 동북에서 태어났어도 동북을 알지 못하고, 뿌리를 찾고 싶어도 어디에 있는지를 모르는 문화 책임의 상실은 동북 스스로의 문화에 상처를 주는 것이다.

역사적으로 동북은 동북이, 변외, 관동, 베이다황 등으로 불리었다. 그러나 변외는 권외圈外가 아니고, 홍산문화는 중화 문명사를 대대적으로 약진하게 만들었다. 만약 황하를 축으로 하였다면 흑룡강은 장강처럼 중원문명의 양 날개가 되었을 것이고, 그것들은 중화문화의 주류를 이루었을 것이다.

그러나 볼 수 있는 문자가 극히 적다고 해도, 설령 동북이 줄곧 인정받지 못했다는 것을 안다고 할지라도 나는 동북의 위대함과 신비로움을 느낄 수 있었다. 1996년 5월 중순 어느 날 오후, 나는 조심스럽게 여행 가방을 메고 홀로 동북의 깊은 곳을 향해 걸어가고 있었다.

먼저 흑룡강에서 두 달 동안 걸었고, 최북단으로 간 곳이 모허漠河막하의 베이지촌北極村북극촌이었고, 흑룡강의 발원지인 뤄구허洛古河낙고하에도 갔었고, 어떤 군대를 따라서 삼강평원三江平原과 흑룡강 유역을 유람했다. 그리고 나서 지린吉林길림 동쪽의 산지와 요녕 서부의 구릉지대를 두 달 동안 돌아보았다. 옌지延吉연길를 간 것은 조선족 여인들의 그네 타는 모습을 보기 위해서였고, 또한 완룽婉容완용[5]의 묘지를 찾아보고, 장백산의 윤택함을 보기 위해서였다.

랴오시遼西요서의 건조함은 나로 하여금 인류가 얼마나 오랫동안 이곳에 왔었고, 인류가 이미 잃어버린 것이 무엇이고, 현재 잃어 가고 있는 것이 무엇인지를 알게 해주었다. 랴오시는 내게 강렬한 울림을 주었다. 선비족이 살았던 가셴둥을 탐방하기 위해 다싱안링大興安嶺대흥안링[6]과 내몽고 오로첸족자치구에 갔을 때는 어느 황혼 무렵에 그 신비한 동굴에 올라갔다. 그리고 동북의 개념을 더욱 완전하게 정리하기 위해 헤이허黑河흑하와 쑤이펀허綏芬河수분하[7]에서 낯선 여행팀에 끼어 블라고베셴스크Blagoveshchensk[8]와 블라디보스토크에 가서 수백 년 전까지 동북에 속해 있던 중국 땅을 둘러보았다. 아이후이愛輝애휘[9]에 관한 글을 써야 했기 때문이다.

4개월 후, 얼굴에 온통 먼지를 뒤집어쓰고 피곤에 지친 나는 오랫동안 떠나 있었던 빈청濱城빈성[10]으로 돌아왔다. 대동북은 내 마음속에서 더 이상 평면적인 것이 아니었다. 떠오르는 이미지가 있고, 마치 살아 있는 것처럼 생생했다. 동북이 가지고 있는 모든 것들은 내 상상을 초월했다. 그것은 하나의 거대한 무대였고, 무대 위에는 수많은 인물이 있었으며, 하나하나의 장면과 각양각색의 도구들은 지역 특색이 농후

5) 청나라 마지막 황제 푸이의 황후.
6) 흑룡강 유역의 네이멍구자치구 동북부와 흑룡강 북부에서 시작하여 북동에서 남서 방향으로 뻗어 있는 대산맥.
7) 중국 동북 지역 헤이룽장(黑龍江흑룡강) 성 남동부의 도시.
8) 러시아 동부 아무르 주(州)의 주도(州都).
9) 흑룡강 유역의 도시.
10) 산둥(山東산동) 성 빈저우(濱州빈주)에 있는 소도시.

한 비극과 희극이 교차하는 지방극地方劇이었다. 나는 그것들을 3막으로 구분하고자 한다.

1막은 동북 원주민의 역사다. 이 땅은 아주 강한 민족을 잉태했는데 하나하나씩 일어났다가 다시 멸망했고, 혹은 흩어졌다가 다시 뭉쳤다. 그들의 기마대는 일찍이 중원으로 들어갔으나 중원의 함정에 빠져 침몰했다. 이것은 마치 운명과도 같아서 말을 몰고 활을 쏘던 사람들은 항상 비장한 모습으로 동북의 하늘에 그려져 있다. 또한 굴욕도 있었다. 그것은 바로 열강들의 식민지였다. 이처럼 강한 동북도 짓밟히고 유린당하는 고통을 맛보았다.

2막은 동북의 풍속에 관한 역사다. 토착 원주민들, 이민자들, 식민지 개척자들이 한데 섞여서 아주 독특한 동북문화와 동북 스타일을 만들어 냈다. 토착 원주민들은 벽난로(페치카)와 온돌을 발명했고, 식민지 개척자들은 골드러시를 가져왔으며, 이민자들은 연화락蓮花落[11]을 부르면서 관동으로 들어와 나중에는 이인전과 대앙가로 바꿔 불렀다. 그들은 인삼문화, 토비문화, 빙설문화와 서로 얽혀 동북으로 하여금 유일무이한 존재로서 아무도 모방할 수 없는 독특함을 가질 수 있도록 만들었다.

3막은 동북의 산천에 관한 역사다. 동북은 한 지역이라는 개념이다. 당신은 백산흑수白山黑水, 삼강평원, 싱안링興安嶺홍안령의 삼림, 다칭大慶대경[12]의 유전 지대, 판진盤錦반금[13]의 붉은 갈대, 자룽紫龍촬용[14]의

---

11) 민간의 설창 문예를 말함.
12) 헤이룽장 성 남서부에 있는 석유 공업 도시.
13) 랴오닝(遼寧요녕) 성 남서부의 도시.
14) 헤이룽장 성 치치하이얼 시에 위치함.

드넓은 습지 등 동북의 풍성함으로 인해 놀랄 것이다. 그러나 거대한 동북 민족의 푸른 기세는 이미 바래버렸고, 이로 인해 몰래 상처를 받을 것이다.

물론 이 여정에서 가장 많이 만난 것은 사람이었고, 많은 문장 속에서 그들에 관한 이야기를 풀어냈다. 동북과 동북 사람은 서로 잘 어우러져 혼연일체가 되어 있었다. 어느 철학자가 '사람은 환경의 산물'이라고 했던 것처럼 동북이라는 배경 안에서 사람들은 철저히 다듬어져 있었다. 나 역시 동북 사람이지만 그들 안에서는 친절하면서도 거리감이 느껴지는 복잡한 감정이 있었다. 그리고 약간의 어색함과 연민이 느껴졌다.

동북 사람들은 태어나면서부터 가지고 있는 일종의 보스 기질과 패기가 있다. 하지만 어떤 동북 사람들은 평탄함과 무지, 용감함과 상스러움을 함께 가지고 있는 것을 심심찮게 볼 수 있을 것이다. 그들은 대부분 건장하고 힘이 있어 보이지만 고생을 참지 못하고, 겉보기에는 자존심이 강해 보이지만 구차하게 살아간다. 그들이 술을 마시고, 담배를 피우고, 고기를 먹고, 도박에 빠지는 모습을 보면 그들을 사랑하면서도 미워하게 될 것이다.

내가 지금까지도 똑똑히 기억하는 것은 무단장牡丹江목단강 공항에서의 느낌과 광저우廣州광주 공항에서의 느낌이 너무 달랐다는 점이다. 동북 남자들은 항상 턱을 들고, 눈빛에는 어떤 침략자의 느낌이 서려 있고, 어디에 있든지 휴대폰을 들고 장거리 전화를 하고 있었다. 이러한 모습은 분명 과시하려는 행동이었다. 남쪽 지방 남자들은 아주 겸

손하고 양복을 거의 입지 않으며, 금으로 만들어진 액세서리 하나 정도만 착용할 뿐이다. 술 냄새도 나지 않고, 말할 때의 표정은 재치 있고 완곡하다.

왜 이런 차이가 생기게 되었는지는 말로 설명할 길이 없다. 하지만 임어당林語堂[15]이 쓴 『중국인』이라는 책을 읽고 난 후에야 이해할 수 있었다. 임어당은 그 책에서 "북방인은 강도이고, 남방인은 상인이다."라고 했는데, 이 말이 나를 깨우쳤다. 그리고 동북 사람의 정신적인 본질을 찾을 수 있었다. 오랜 시간이 흐른 지금도 동북 사람의 몸에서는 영웅과 강도의 복잡한 성격을 볼 수 있을 것이다. 동북은 동북 사람들에게 게으름과 야만적인 성향을 주었고, 동북 사람들 역시 동북을 낙후하고 정체된 지역으로 만들었다. 동북을 여행하는 동안 편안하고 시원하고 햇빛이 있는 느낌을 자주 받았다. 때로는 질식할 것 같고, 혐오스럽고 초조한 느낌도 받았다. 내 글에는 낙관적인 면도 있고, 상당히 비관적인 면도 있을 것이다.

동북에 대해서는 말로 다 표현할 수 없는, 그래서 아직도 할 말이 많이 남아 있는 듯하다. 4개월 동안, 동북에 대한 간단한 방문기 정도만 적었을 뿐 더 많은 이야기를 적을 수 없었다. 아주 오래된 동북은 먼지로 가득한 책 같아서 기꺼이 그것을 펼칠 사람이 별로 없었다. 또한 한눈에 봐도 깊은 우물 같아서 그 속까지 퍼 올리려고 했던 사람도 별로 없었다. 동북은 아주 오래전에 잊히었고, 지금도 기다리는 게 귀찮을 정도가 되어버렸다.

언제일지는 모르지만 다시 동북으로 가야 하는 이유를 찾을 것이다.

15) 근대 중국의 소설가 겸 비평가.

한 번이 아니라 두 번 세 번 가고 또 갈 것이다. 동북의 모든 곳을 구석 구석 돌아볼 것이고, 그곳에 관한 모든 이야기를 찾아낼 것이다. 더 많은 책을 읽고 나면 동북에 관한 또 다른 책을 쓸 수 있을지도 모르겠다. 아주 두꺼운 책으로 말이다.

　나는 동북을 여행하는 동안 많은 친구들을 사귀었다. 그들은 내게 많은 도움을 주었지만 나는 아무런 보답을 하지 못했다. 오직 이 책이 인쇄되어 나오면 그들에게 한 권씩 보내 줄 수 있기만을 바랄뿐이었다. 그런데 오늘 드디어 이 책이 출판되었다. 이 책을 통해 동북의 친구들에게 심심한 감사를 표한다. 이 책의 원고는 몇몇 출판사들을 거치고 나서 백화문예출판사百花文藝出版社 시에 타이광謝大光사대광 선생님의 제안으로 빛을 보게 되었다. 이 자리를 빌려 시에 타이광 선생님과 백화문예출판사에 감사의 뜻을 전한다.

지은이 씀

01

역사의 걸작 '동북'

: 랴오시는 늙었지만 여신은 여전히 젊다

무더위가 한창일 때, 랴오시遼西요서에 도착했다.

한 번도 가본 적이 없었던 랴오시에 대한 이미지는 바람과 황사뿐이었다. 거기서 멀지 않은 곳에 고비 사막이 있고, 그 영향으로 랴오시는 매우 건조한 땅이 되어버렸다. 그래서 황량하고 적막할 거라는 생각이 들었다. 황량하고 적막한 랴오시는 사람들의 정서에도 영향을 미쳤을 것이다. 만약 그것이 여러 해 동안 쌓여 왔다면, 랴오시 사람들에겐 오랜 세월 지속되어진 고통이었을 것이다. 그래서였을까? 랴오둥遼東요동반도 해변가 내 집에서 랴오시의 건조한 기후를 떠올렸을 때, 한편으로 다행이라는 생각이 들기도 했었다.

무더운 한여름에 랴오시로 간 것은 가려고 해서 간 것이 아니라, 그냥 그렇게 가게 되었다. 원래는 겨울에 가야 랴오시다운 랴오시를 볼 수 있을 거라 여겼기 때문에, 여름에 갈 거라고는 생각지도 못했다. 그러나 한여름의 랴오시는 더 랴오시다웠다. 농작물들은 너무 왜소하여 랴오시의 산을 가리지 못했고, 수확한 작물들은 지나가는 사람들이 가져가 버리고, 한 차례 가을 서리가 내리고 나자 모두 사라져 버렸다. 눈이 시리도록 파란 녹색의 대지와 바쁜 일상은 마치 일부러 랴오시의 마음을 다치게 하려는 것처럼 보였다.

한여름의 랴오시는 겨울의 랴오시보다 더 황량했다. 랴오시의 산이 결코 높다고는 할 수 없었지만, 그래도 산은 산이었다. 아름다운 곡선미, 구불구불 이어진 산세, 어쩌다가 높은 산봉우리와 쭉 뻗은 산맥도 볼 수 있었다. 하지만 이해되지 않았던 건 산들이 모두 민둥산이었고, 돌이나 무쇠처럼 굳어져 버린 것 같았다. 햇빛과 강물이 지척에 있는 것 같으면서도 멀게만 느껴졌다.

마치 생명이 없을 것처럼 보이는 산들은 매우 적나라했고, 젖이 말라

차오양 니우허량(朝陽 牛河梁) 유적 전시실에 진열된 5500년 전 홍산문화의 채도(彩陶, 채색 안료로 무늬를 그린 토기).

비틀어진 여인네의 몸이었으며, 피곤한 몸을 랴오시에 눕힌 여인네 형상이니 그것은 죽어서도 랴오시의 어미 같았다.

내가 랴오시를 이렇게 묘사한 것은 랴오시가 자신만의 이야기를 간직하고 있기 때문이다. 랴오시의 이야기는 여인들의 이야기다. 랴오시에 들어오자마자 어쩌면 그녀들이 있었기 때문에 랴오시가 더 일찍 성숙되었고, 빠르게 늙고 쭈그러들게 되었을지도 모른다는 생각이 들었다. 이에 관한 이야기가 바로 홍산문화紅山文化다.

아주 오랜 세월의 비밀을 품고 있다가 베일이 벗겨진 랴오시 유적지는 1970~1980년대에 고고학자에 의해 발견되었다. 원시사회 말기의 대규모 석제단 유적지, 여신 묘와 적석대군 유적지가 발견된 것이다. 유적지와 무덤에서는 아름답고 절묘하게 만들어진 옥기玉器가 발견되었는데, 검푸른 녹색으로 빛나고 투명했으며 고유의 광채가 조각되어 있었다. 홍산문화가 발견됨으로써 요하문명遼河文明이 황하문명黃河文明보다 앞선 것으로 확인되었으니, 4천 년의 중화 문명사는 5천5백 년으로 고쳐 써져야 할 것이다.

랴오시는 매우 오래되었지만 그 신비로움은 너무 일찍 성숙하였고, 너무 일찍 사라져버렸다. 바로 이런 이유 때문에 이곳에 온 것이다.

지구에서 가장 오래된 문명들은 모두 이렇듯 고요히 응고되었다. 나일 강 유역의 고대 이집트 도시국가, 메소포타미아의 고대 바빌로니아, 인도의 하라파 문화, 유럽의 폼페이 고성, 중앙아메리카의 마야문명이 한때는 휘황찬란한 번영을 누렸지만 각자의 방식대로 모두 사라졌다. 어떤 곳은 어떻게, 왜 없어졌는지 아직까지도 미스터리로 남아 있다. 홍산문화도 안개와 바람처럼 갑자기 단절되었다.

홍산문화의 여인들이 살았던 집은 랴오허遼河요하 서쪽, 시라무룬허西喇木倫河서라목륜하 남쪽, 장자커우張家口장가구 동쪽, 옌산燕山연산 남록 장성南麓長城 이북에 걸쳐 드넓게 퍼져 있다. 이곳은 아주 드넓은 홍토지紅土地로, 여인들은 홍토를 빚어 둥근 옹기를 구웠다. 라오하허老哈河노합하[1]와 크고 작은 강들이 서로 감기듯 끊임없이 면면히 흐르고 있었는데, 무슨 이유로 갑자기 종적도 없이 사라졌을까? 여인들은 어디서 왔고, 누가 여인들의 조상일까? 여인들은 어디로 갔을까? 누가 여인들의 자손일까?

나는 도무지 모르겠다.

모르기 때문에 더욱 랴오시를 떠날 수가 없었다.

어쩌면 내가 여자이기 때문에 랴오시에 반한 것은 아닐까?

내가 여자이기 때문에, 설령 알아보지 못한다 할지라도 꼭 그 여신을 찾아가야만 했다.

니우허량牛河梁우하량, 아주 작고 평범한 강은 여기서 시작되었다. 그 강은 니우허牛河우하로, 그 산은 니우허량으로 불리었다. 니우허량 맞은편에 '주터우산豬頭山저두산'이라 불리는 산이 하나 더 있었다. '소'라 불리는 강, '돼지'라 불리는 산은 지극히 일상적이고 평범한 것들이라서 아주 쉽게 소홀해질 수 있었다. 자자손손 이곳에서 밭을 갈고 경작하던 사람들조차 이미 수천 년 전부터 이곳에서 경작하고 수확했던 사람들이 있었다는 사실을 전혀 몰랐을 것이다.

1) 네이멍구자치구 남동부를 흐르는 강.

냉병기 시대의 창검과 말발굽이 이곳을 짓밟았고, 열병기 시대의 화포와 전투기가 폭격을 가했지만 그 모두가 여신의 꿈을 깨울 수 없었다. 나는 아주 가벼운 마음으로 떠났지만 그녀와 만날 일을 생각하니 가슴이 벅차 왔다.

니우허량에 갔을 때, 건조했던 랴오시에 갑자기 가랑비가 부슬부슬 내렸다. 여신의 묘는 니우허량 북쪽 산 정상에 있었다. 사원의 모습도 똑똑히 보였고, 그 당시 옛 사람들의 사원에 대한 마음도 알 수 있었다. 그 사원은 한 칸짜리 사당과 여러 개의 방들로 이루어져 있었고, 목재로 지어진 지붕과 벽에는 지푸라기를 섞은 진흙이 발라져 있었다. 오랜 세월을 이겨낸 반지르르한 진흙 벽에는 색채 그림이 그려져 있었다. 여신 묘는 입체적인 느낌이 들지 않았고, 단지 깨진 기왓장들을 끼워 맞춘 것 같았다. 그 여신은 바로 이런 모습이었을 것이다.

깨진 조각들 중에는 생동감이 느껴지는 진흙 두상이 있었다. 그녀는 수천 년을 기다렸고, 우리는 마침내 그녀의 부드러운 눈빛을 마주할 수 있었다. 그녀의 눈은 엷은 녹색의 옥으로 상감되어 있었고, 그녀의 입은 수줍어하면서도 마치 뭔가 할 말이 있는 듯했으며, 아주 젊은 얼굴에는 다양한 표정이 숨어 있었다. 진흙 두상이 출토된 주변에서 여성의 팔과 가슴이 나왔기 때문에 비로소 그녀를 발견할 수 있었고, 이 사원의 이름도 생기게 되었다. 그렇게 해서 그녀는 자신의 이름을 갖게 되었다.

홍산 여신.

나는 그녀를 통해 중화 민족 초기 원시 예술의 최고봉을, 원시 종교의 장엄하고 융성한 의식을 볼 수 있었다. 그리고 처음으로 5천5백 년 전 사람들이 황토로 빚은 조상의 형상을 볼 수 있었다. 랴오시는 그녀가 있었기에 더욱 큰 강줄기의 근원을 가질 수 있었다.

랴오시는 매우 모성적이다. 모성적이기 때문에 그렇게 오래된 것들을 아름답고 완전하게 지금까지도 지켜낼 수 있었던 것이다. 오직 랴오시만이 이렇게 아름다운 여신을 품을 수 있었다. 아주 오래전, 사람들은 자연을 숭배했고. 그 후에는 자신을 숭배하기 시작했고, 그러다가 자신들이 사랑하는 여신을 숭배하기 시작했다. 모성이 가득한 랴오시는 백성들에게 선지자 같은 지혜를 선사했고, 그녀들로 하여금 항상 역사 앞에 모습을 드러내고 세계를 향해 문명의 서광을 비추었다.

그러나 홍산 여신의 모나리자 같은 신비로운 미소를 오늘날의 그 누가 해독할 수 있겠는가? 당신의 장신구는 뼈로 만들어진 것인가, 아니면 옥으로 만들어진 것인가? 당신은 어떤 모양의 문신을 좋아하는가? 그 당시에 활활 타올랐던 향불, 그 많던 사람들은 왜 갑자기 연기처럼 사라져 버렸을까? 모두가 사라지고 난 뒤 지속되었던 오랜 세월의 적막 속에서 텅텅 비어버린 사원을 찾아와서 들국화 한 송이를 바친 사람이 있었던가?

오직 여신만이 떠나지 않았다. 그녀는 줄곧 이곳을 지키고 있었다. 또한 줄곧 단정한 미소를 지으며 일출과 일몰을 보고, 한여름의 초록 숲과 가을의 낙엽을 바라보았다. 그녀는 이곳을 지키면서 원래는 이곳이 황량하지 않았다고 우리에게 알려 주려는 것 같았다. 특히 깊은 뜻을 품고 있는 듯한 그녀의 눈빛, 굳게 다문 입술은 여전히 뭔가를 말하고 싶어 하는 것처럼 보였다. 만약 이 세상에서 황량한 곳이 있다면, 그곳은 일찍이 그 누군가가 있었기 때문이라고 말하고 있는 듯했다.

니우허량(牛河梁) 유적지.

니우허량에 서 있으면서 느꼈던 가장 강렬한 느낌은 바로 자연은 약하다는 것, 그리고 인간은 더 약하다는 것이었다. 인간이 나약하다는 것은 인간의 생명 자체가 본디 약하기 때문이다. 그 당시 여신의 무릎 아래를 맴돌던 사람들은 이미 자취를 감추었다. 그곳은 높고 낮은 언덕들로 이루어져 있었는데 마을의 흔적은 그 어디에서도 찾아볼 수 없었으며, 고요한 정적만이 흐르고 있었다. 오직 상상의 날개를 펴서 멀지 않은 곳에 밥 짓는 연기와 아낙네들의 노래 소리가 있었을 거라고 생각해 본다.

그 나약한 생명들은 어쩌면 생존에 더 적합한 곳을 찾았는지도 모른다. 그들은 이곳을 떠날 때 죽은 조상들과 가족들을 여신 곁에 남겼다. 여신 묘 근처에는 크고 작은 10여 개의 적석총이 자리를 잡고 있었다.

기나긴 세월 동안 오로지 돌무덤과 여신 묘만이 묵묵히 서로를 마주보고 있었을 뿐, 그 어떤 말도 눈물도 없었다. 돌무덤은 둥근 모양과 사각형 모양이 있었는데, 모두 칼이나 끌을 사용하지 않고 돌덩이를 쌓아서 만든 것이었다. 돌무덤 외부에는 돌담이, 둘레에는 표석이 세워져 있었다. 그리고 돌무덤 내부에는 크고 작은 석관묘石棺墓[2]가 자리를 잡고 있었다. 이 무덤의 주인이 살았을 때는 분명히 여신 묘를 경건하고 정성스럽게 참배하는 사람이었을 것이다. 눈을 뜨고 있다는 것은 살아 있다는 것이고, 살아 있다면 기도를 해야 한다. 그들의 삶에서 여신을 빼놓고는 이야기할 수가 없었을 것이다. 이런 그리움을 품고 있으니 여신을 떠날 수가 없었고, 설사 죽더라도 영혼은 그녀의 발아래 놓여야 했을 것이다. 그래서 차례차례 무리지어 있는 돌무덤은 산마루에서 변하지 않는 역사의 사실이 되었다.

때마침 이슬비가 내려 태곳적의 돌들을 적시고 있다. 나는 쭈그리고 앉아 하나씩 그것들을 어루만지면서 내 손길과 옛 선조들의 손길이 스치는 것을 상상했다. 이곳의 모든 돌무덤은 수천 개의 크고 작은 돌로 쌓여진 것이다. 매번 누군가가 죽었을 때, 그 시절의 옛 마을에서는 또 얼마나 많은 사람들이 그의 마지막을 함께했을까! 옛사람들은 아무 말 없이 드넓은 산과 들에서 돌을 찾았을 것이다. 또한 아무 말 없이 새로 만들어질 돌무덤과 다른 돌무덤의 배치에 신경을 쓰고 있었을 것이다. 오직 샤먼shaman, 그녀만이 가위눌림 같은 춤을 추면서 길을 떠나는 망자를 위해 기도했을 것이다. 돌무덤과 춤, 그리고 얼굴에 슬픔이 가득

---

[2] 깬 돌이나 판돌을 잇대어 널을 만들어서 쓴 무덤.

한 태곳적 사람들의 모습은 인간은 본디 나약하기 때문에 새로운 생명을 맞이하는 것보다 죽음에 대해서 더 장엄하고 종교적이었을 거라는 느낌을 갖게 한다.

그러나 지금 사람들은 얼마나 부주의하고 건성인가. 사람들은 어쩌면 돌 더미 사이에서 버섯을 캤을지도 모르고, 어쩌면 논에 갈 때 챙긴 쟁기 날로 작은 돌들을 스쳐 지나갔을지도 모른다. 심지어는 쉴 때조차도 그 위에 앉아 곰방대를 입에 물었을지도 모른다. 그들은 아마 그것들이 한낱 돌 더미일 거라고 여겼을 것이다. 하지만 나중에 그 돌들이 홍산문화의 표지가 되고, 고고학자들이 그 돌 더미 아래에서 옥벽[3]과 옥 거북, 옥으로 만든 새, 옥으로 만든 돼지 형상의 용龍을 발굴했을 때, 그들은 그때서야 자신들이 건조하고 쓸모없는 땅이라고 저주했던 그 땅이 예전에는 비옥하고 부유한 땅이었다는 사실을 깨달았을 것이다. 이름도 성씨도 모르는 선조들이었지만 그들의 생활은 아주 부유했을 것이고, 평화롭고 행복한 삶을 살았을 거라고 생각했을 것이다.

그들은 당연히 그 돌무덤에 신경도 쓰지 않았으니 돌무덤 안에 있는 어린 아이들과 아이들 옆에 놓여 있던 투명한 옥으로 만든 여치는 더더욱 보지 못했을 것이다. 나는 어렵게 겨우 그 돌무덤을 찾았지만, 그 아이의 이야기는 동행했던 랴오시의 친구에게 들었을 뿐이었다. 내가 그에 관한 이야기를 듣고 있을 때, 내 눈앞에는 시종 깡충거리며 뛰어다니는 작은 그림자가 있었다. 그 아이 목에는 옥으로 만든 여치 목걸이가 걸려 있었는데, 그 목걸이는 지금 사람들이 가지고 있다. 목걸이는

---

3) 둥글넓적하고 중간에 둥근 구멍이 난 옥.

영원히 존재할 것이지만, 그 천진난만한 아이는 종적을 감추고 없다. 그 당시에는 아주 작은 부락이었을지라도 늘 죽음이 있었을 것이다. 여인이 아이에게 생명을 주었지만 그 아이가 끝까지 자라는 모습은 보지 못했을 테니, 그녀들에게는 얼마나 잔인한 일이었을까! 그로인해 그녀들은 얼마나 많은 눈물을 흘리고 야위어 갔을 지를 나는 알 것만 같았다.

그 커다란 돌무덤 안에 매장된 사람은 분명히 높은 신분이었을 것이다. 하지만 그는 아이처럼 나약했다. 그의 돌무덤 안에는 옥으로 만든 여치가 없었지만 옥으로 만든 돼지 형상의 용이 있었다. 그 돼지 용 덕분에 오래된 수수께끼를 풀 수 있었으니, 돼지 용에 감사해야 하지 않을까. 우리는 마침내 화샤룽華夏龍화하룡[4]의 기원을 찾았다. 처음에 용은 돼지에서 만들어진 것이다. 니우허량 맞은편이 바로 주터우산이다. 토템 사상이 있던 시대에 자연에 대한 사람들의 숭배는 얼마나 감성적이었던가!

용은 홍산문화 유적지에 수없이 등장한다. 나는 옥으로 만든 용을 보았는데, 그 몸은 꼬불꼬불하고 턱은 분명하지 않았으며, 두 눈은 튀어 나와 있고, 목에는 기다란 갈기가 있었다. 그 모습이 흡사 갑골문자의 아름다운 용龍 자 같았다. 갑골문은 은상殷商문화[5]이니, 홍산문화보다 적어도 2천 년이 늦는 셈이다.

따라서 중국의 첫 번째 용은 니우허량에서 태어난 것이고, 니우허량은 용의 고향인 셈이다. 그렇다면 용을 창조한 사람들은 어디로 갔을

4) 중화 민족을 상징하는 용.
5) 고대 중국 은나라와 상나라 시대의 문화.

까? 그들은 선진 문화를 가지고 있었다. 광활한 홍토지, 그들이 직접 조각한 용, 그리고 숭배했던 여신의 존재에도 불구하고 그들이 떠나버리자, 용과 여신은 그들을 붙잡을 수 없었다.

그들은 이곳을 떠날 때 아주 커다란 제단을 남겼다.

그 제단은 니우허량에서 멀지 않은 커주어 둥산쭈이喀左東山嘴객좌동산취의 황토 산등성이에 쥐 죽은 듯이 자리하고 있었는데, 매우 높은 언덕이었다. 제단은 선사시대에 인류가 자연에 대해 느꼈던 공포심과 연관이 있다. 인류는 나약하기 때문에 자연을 무서워했고, 그런 두려움 때문에 신을 숭배하게 되었다. 자신들이 숭배하는 신에게 자신의 경건함을 알리고, 신성하고 지극히 높은 모든 신에게 가까이 다가가기 위해 이처럼 높은 곳이 필요했던 것이다. 후대에는 심지어 조정이나 국경마저 높은 곳에 위치하게 되었다. 내가 기억하기로는 한漢나라를 세운 유방劉邦이 그해 한신韓信을 총대장으로 삼았을 때 특별히 제단 하나를 지었는데, 제단 하나만으로도 그런 분위기가 충분했을 것이다.

언젠가 베이징에 갔을 때도 천단天壇, 지단地壇, 일단日壇, 월단月壇, 사직단社稷壇을 둘러본 적이 있다. 공부할 때 가보았던 저장浙江절강 성 위항餘杭여항에 있는 양저良渚문화[6]의 제단은 마치 인류의 창조물 같은 느낌이 들었다. 그 제단은 해와 달이 밝게 비추는 큰 광장 같은 모습이었다. 만약 누군가와 이야기를 나누고 싶을 때, 이곳으로 오면 좋을 것 같다는 생각이 들었다. 푸른 들판과 하얀 구름, 새들과 코끼리, 남녀노

[6] 고대 중국 신석기시대 후기의 문화. 저장(浙江절강) 성 위항 양저진(良渚鎭)에서 발견되어 '양저문화'로 부르게 됨.

소 등 이 모든 것들을 보면 그렇다.

둥산쭈이의 제단 역시 그러한 양식이다. 높은 곳에서 내려다보고 돌을 쌓아 만들었는데, 한쪽은 사각형이고 다른 한쪽은 둥근 모양이다. 이에 비하면 베이징의 제단들은 조각되어 있는 모습이 초라해 보인다. 둥산쭈이의 제단은 하천과 산 입구 등성이 높은 곳에 위치하여 크고 넓은 강줄기를 바라보고 있었다. 천지와 만물을 마주하고 있으니, 이 얼마나 장엄하고 통쾌한 기도이고 표현이던가! 그 옛날 이 제단에서 천지신명께 기도를 드린 것은 비단 어느 씨족이나 한 부락은 아니었을 거라고 상상해 본다. 그것은 여신 묘처럼 여러 부락이나 한 왕국의 집회 장소였을 것이다. 그 제단은 여태껏 한 번도 고요했던 적이 없었을 것이다. 제단 위에는 거의 매일 쓸쓸한 가무가 휘감았고, 기쁨의 눈물이 흩날렸으며, 무수한 간절함이 있었을 것이다.

그러나 둥산쭈이가 나를 가장 감동시킨 것은 이런 것들이 아니었다. 바로 원형 유적지 주변에서 발견된 붉은색 찰흙으로 빚은 여성 조각상이었다. 그중 두 개는 임산부 나체상이었다. 상고시대의 여자 나체상이 중국에서 발견된 것은 이번이 처음이었다. 나 역시 임산부의 나체가 이토록 아름다울 수 있다는 것을 강렬하게 느껴 보긴 처음이었다. 그녀들의 여성미는 너무도 극명했다. 복부는 톡 튀어나와 있고 비대했으며, 자태는 매우 우아했는데 그 우아함 속에서도 건강미가 있었다. 그녀들의 편안한 얼굴과 건강한 모습은 마치 햇빛 아래에 서 있는 느낌이었다.

이처럼 건강하고 귀여운 여인들이 있었으니, 타오르는 격정을 남자들이 어찌 억누를 수 있었겠는가. 그 여인들이 남자들의 들불 같은 사랑에 아이를 낳고 기르는 일은 어쩌면 지극히 보편적인 일이었을 것이다. 모든 여인들은 어머니가 될 수 있었다.

여인들의 배는 끊임없이 불렀다 가라앉기를 반복했지만, 그녀들은 원망도 후회도 없이 계속해서 자손을 생산했을 것이다. 사실 여인들의 강인한 생명력은 출산에서 나오는 것이다. 여인은 천성적으로 결코 나약하지 않다. 원시 부락 안에서 그녀들은 남자들과 마찬가지로 나체였고, 함께 노동을 했다. 게다가 임신해서 불룩해진 배를 내밀며 씨족을 위해 자식을 낳고 길렀다. 그 당시에는 많은 자손이 필요했다. 사나운 맹수들로 인해 생존 자체가 어려웠을 것이고, 사람들은 무리지어 있어야만 모든 것이 가능했으리라. 때문에 자손을 낳는 것은 여인들의 사명이었다.

출산의 신에 대한 숭배는 그런 공포감에서 나온 것이리라. 남자들은 거칠고 커다란 손으로 여인의 가슴과 배를 움켜쥔다. 그런 후에 남자들은 마음속으로 기도하고 여인의 이름을 읊조리며 여자들을 제단 위에 올린다. 그 당시의 이런 광경은 분명히 매우 감동적이었을 것이다. 그렇다면 여인들은 언제 후원後院으로 돌아오게 되었을까? 아마도 여인들의 자손이 점점 더 많아지게 된 이후에, 사람들의 욕망이 점점 더 복잡해진 후에, 남존여비와 귀천, 정치가 생긴 이후일 것이다. 이 세상은 매우 혼잡하게 변했다. 여인들은 그때부터 집안에만 있게 되었다. 여인들의 배는 물론 전족纏足[7]으로 인해 모양이 변해버린 작은 발까지도 옷과 치마 속으로 감춰지게 되었다. 여인들은 이때부터 이를 악물

---

7) 중국에서 여자의 발을 인위적으로 작게 만들기 위해 헝겊으로 묶던 풍습.

고 소리 없이 웃고 울며, 신음하는 것을 배웠다. 그리고 이때부터 여인들은 병들기 시작했다.

둥산쭈이의 여인들은 그나마 다행인 셈이다. 그녀들은 임신한 배를 내밀고 태곳적 파란 하늘 아래서 마음대로 활보했을 테니까 말이다. 그녀들은 자손을 낳는 것으로 존중을 받았으며, 건강했기 때문에 공포로 가득했던 세상에서 나약했던 영혼도 지탱할 수 있었다.

제단 유적지에서 붉은색 토기 항아리도 출토되었는데, 항아리 표면에는 검정 채색 무늬가 그려져 있었다. 항아리는 붉은색과 검은색 두 종류뿐이었으며, 묵직하면서도 고풍스럽고 소박한 자태를 보여주었다. 둥산쭈이의 여인들아! 이 항아리에 독한 술을 담았던가? 크고 거친 사발에 술을 부어 남자들을 취하게 하고 춤을 추었던 것인가? 술에 취한 남자들은 무슨 말을 했던가? 먼 길을 떠난다는 소식을 넌지시 내비치기라도 했던가?

나는 이곳에 머무는 며칠 동안 랴오시에 사는 친구들과 함께 산과 들을 돌아다녔다. 랴오시는 내가 상상했던 것보다 훨씬 더 오랜 역사를 지니고 있었다. 자연의 동식물과 인류가 제아무리 나약하다 할지라도 이곳에 흔적을 남겨야 했고, 잠시라도 머물러야 했다. 랴오시에서는 한 번도 생명이 끊어지지 않았다.

10만 년 전, 저우커우뎬周口店주구점[8]의 베이징인이 불을 에워싸고 고기를 구워 먹고 있을 때, 커쭈어喀左객좌의 하쯔퉁鴿子洞합자동 동굴[9] 사람들도 조심스럽게 산양 다리를 굽고 있었다. 다만 그들의 자식들은

8) 베이징 남서쪽 약 50킬로미터 지점에 있는 구석기 시대의 동굴 유적군.
9) 랴오닝(遼寧요녕) 성 커쭈어씨앤(喀左縣객좌현)에 위치한 신석기시대의 훙산문화 유적.

마지막 한 입을 베어 물고, 자신들의 유치를 그곳에 던져버리고서 뒤도 돌아보지 않고 동굴을 나왔을 뿐이다. 이곳은 그때부터 야생 비둘기만 날아다니기 시작했고, 산양을 사냥했던 사람들은 다시는 돌아오지 않았다.

4만 년 전, 다링허大凌河대릉하 강변의 지엔핑建平건평에서는 물고기 잡이가 한창이었다. 그들의 조상도 어쩌면 하쯔퉁 동굴에 살았던 사람들일지도 모른다. 두 곳의 거리는 겨우 수십 킬로미터에 불과하여 순식간에 6만 년의 시간이 흘러버렸다는 것을 상상할 수 없었다.

1만 년 전, 화베이華北화북에서 한 무리의 사람들이 왔다. 그들은 손에 쐐기형 석기를 쥐고 이곳을 거쳐 북으로 북으로 향하고 있었다. 그들은 다싱안링大興安嶺대흥안령[10] 산맥을 지나 바이칼 호수를 건너 베링해협을 지났으며, 계속 걷고 걸어서 북미와 남미까지 도달했다. 그들이 바로 후대의 인디언들이었다. 그 무렵 랴오시는 상당히 넓었고, 수초가 무성했으며, 무척이나 아름다웠다. 어쩌면 무리에서 떨어져 나온 화베이 사람들이 랴오시에 남아 비둘기 동굴 사람들, 지엔핑 사람들과 함께 홍산 여신의 조상이 되었는지도 모른다.

설사 그렇다 할지라도 여신을 모시던 니우허량 높은 곳에 제단을 쌓던 둥산쭈이, 그 신비한 왕국의 주인은 도대체 누구란 말인가?

한 고고학자는 옌샨燕山연산을 지목했다. 그는 옌샨이 고대 중국 상商

---

9) 랴오닝 성 다링허 서쪽 강안에 위치한 당산(唐山) 절벽에 있는 동굴. 15만 년 전 원시 인류가 불을 사용한 흔적과 함께 300여 점의 석기류와 호랑이, 야생 말, 산양 등 30여 종 이상의 포유동물 화석이 발견되었다.
10) 흑룡강 유역의 네이멍구자치구 동북부와 헤이룽장(黑龍江흑룡강) 성 북부에서 시작해 북동에서 남서 방향으로 뻗어 있는 대산맥.

나라 때 '옌炎옌'이라 불리었지만 그 기원은 더 일렀을 것이고, 전설 속의 염제炎帝와 관련이 있을 것이라고 했다. 『좌전左傳』[11]에 의하면 황제黃帝와 염제炎帝는 반취안阪泉판천에서 격전을 벌였는데, 반취안은 바로 지금의 옌산 일대를 말한다. 『해내경海內經』과 『열자列子』에서도 염제는 옌샨에 머물렀기 때문에 '염제'라 불리었다고 한다. 그리고 황제가 염제를 물리친 후 옌산 지역은 비로소 황제 헌원軒轅[12] 씨족이 차지했다. 그러니 애초에 옌산은 염제의 영토였던 것이다.

그렇다면 니우허량과 둥산쭈이는 마땅히 염제의 도성都城이 되는 것이다. 따라서 삼황오제三皇五帝에 관한 전설은 더 이상 전설이 아니라 사라진 시대인 것이다. 그리고 니우허량과 둥산쭈이가 지금까지 황폐화되었던 것은 염제가 황제에게 패한 후 피비린내 가득한 옛 전쟁터였기 때문이다. 나는 마침내 인류가 스스로 자멸했다는 것을 깨달았다. 아, 홍산문화는 바로 이렇게 황량하고 적막하였구나! 염제의 자손은 바로 이렇게 귀양을 오게 되었구나!

역사의 틈새에서 얼마나 더 많은 이야기가 인류에 의해 파괴되고 사라졌을까? 얼마나 많은 도성, 제단과 사원이 인류 스스로의 파멸로 인해 사라져 버렸을까? 홍산문화는 그저 단순한 하나의 역사 속 책갈피가 아니라, 나로 하여금 역사를 조망함과 동시에 역사를 이해하지 못하도록 혼란스럽게 만들었다. 역사는 우리가 들여다 볼 수 없는 검은 동

---

11) 『춘추(春秋)』를 해석하여 지은 것으로, 작자에 대하여 많은 의견들이 있으나 노나라의 좌구명(左丘明)으로 전해지고 있다. .
12) 전설상의 임금인 황제(黃帝)의 이름. 삼황오제 중 한 사람으로, 신농을 물리치고 연맹하여 동이족 치우를 변방으로 몰아냈다고 한다.

굴인 것이다.

나는 '검은 동굴'이라는 게 비어 있다는 뜻이 아니라는 것을 당연히 알고 있다. 역사의 영원한 끝은 없다. 홍산시대가 사라지고 다른 시대가 또 시작되었다. 한 종족이 멸망하고 또 다른 종족이 탄생했다. 염제가 떠난 뒤에도 이곳에는 여전히 이야기가 전해진다. 하상夏商[13] 시대에 이곳은 고죽국孤竹國[14]이었다. 백이伯夷와 숙제叔齊가 치식주속恥食周粟[15]한 전설, 늙은 말이 길을 안다는 노마식도老馬識途[16]전설이 바로 이곳에서 탄생했다. 진한秦漢[17]시대에는 랴오시군遼西郡요서군과 우북평군右北平郡에 속했으며, 삼연三燕시대[18]에는 '용성龍城'이라 불리었다. '용성에 비장군飛將軍[19]이 있었다면 오랑캐의 말발굽이 음산陰山을 넘지 못했으리但使龍城飛將在단사룡성비장재, 不敎胡馬度陰山불교호마도음산'라고 적혀진 내용은 바로 우북평을 지켜낸 한나라 장수 이광李廣에 관한 내용이었다. 수당隋唐[20] 시대에 이곳은 영주營州라 불리었고, 수나라 4벌四伐, 고려당육정高麗唐六征 모두 이곳에서 행장을 꾸렸었다. 심지어는 '차오양朝陽조양'이라는 이름마저도 건륭제가 동순東巡 행군을 할

13) 고대 중국 하나라와 상나라.
14) 삼한(三韓) 때 황해도 해주(海州)에 있었다고 전해지는 부족 국가.
15) 불식주속(不食周粟). 주나라 좁쌀을 먹는 것이 부끄러워 수양산에서 굶어 죽었다는 고사에서 나온 말.
16) 관중이 제나라 환공을 따라 출정을 나갔다가 길을 잃었는데, 말을 대오 앞에 세워 길을 찾았다는 고사. 경험이 많으면 그 일에 능숙하다는 뜻.
17) 고대 중국 진나라와 한나라.
18) 모용선비가 세운 전연, 후연, 북연 시대를 말함.
19) 서한(西漢) 시기의 명장 이광(李廣). 흉노가 두려워하는 장수로 '비장군(飛將軍)'으로 불리었다.
20) 고대 중국 수나라와 당나라.

때 하사한 것이다.

각 시대별로 랴오시에 완벽하게 연결되어 있다. 그러나 홍산문화가 중국 문명사의 걸작이며, 비록 전통이 끊어졌지만 전무후무한 역사라는 것은 오직 홍산 여신만이 알고 있다. 역사는 많은 것을 담고 있지 않아도 되지만 홍산문화가 빠져서는 안 된다. 홍산문화는 중국뿐만 아니라 전 세계를 놀라게 했고, 모든 사람들로 하여금 랴오시를 찾게 만들었다.

랴오시는 우리에게 이렇게 많은 것을 주었으니 어찌 고갈되지 않을 수 있겠는가! 랴오시는 늙었지만 여신은 여전히 젊다. 역사는 늙었지만 시간은 영원히 젊다.

고전적이고 모성적인 랴오시를 마주하고 있으니 내 마음은 서글픔으로 가득해졌다. 이곳에는 일찍이 휘황찬란한 시대가 있었지만, 갖가지 이유로 인해 먼지처럼 사라졌다. 오늘날 우리가 가지고 있는 모든 것들을 어떻게 보호하고 아껴야 다시는 바람과 구름처럼 사라지지 않을 것인가? 랴오시는 이미 사막화가 시작되었고, 자연의 사막화와 인간의 사막화는 우리를 향해 가까이 다가오기 시작했다. 우리가 어떻게 막아내고 예방해야 다시는 랴오시 같은 상황이 발생하지 않을 것인가!

찬란한 고택

: 발해와 금·청의 흔적을 찾아서

숙신족 이야기

동북의 산림과 평원에 가까워졌을 때가 되서야 비로소 놀란 가슴으로 그것의 신비함과 불가사의함을 느꼈다. 계속 길을 걷다가 홀연히 어떤 민족이 던져버린 흩어진 역사의 조각들을 주울 수 있었던 것이다. 그 조각들로 인해 불완전한 것을 맞출 수 있었던 건 기쁨이요, 맞출 수 없었던 것은 슬픔이었다. 이렇듯 이번 글은 기쁨과 슬픔이 엇갈린 이야기다.

흉노족에 의해 무참히 살해되고 더 이상 도망 갈 곳이 없었던 선비족은 다싱안링大興安嶺대흥안령1)의 깊은 밀림 속에서 자신들의 피를 흝

---

1) 흑룡강 유역의 네이멍구자치구 동북부와 헤이룽장(黑龍江흑룡강) 성 북부에서 시작하여 북동에서 남서 방향으로 뻗어 있는 대산맥.

으며 산에서 내려와 여러 세대를 거쳐 마침내 중원中原[2]의 정치 무대에 오르게 되었다. 그들은 운강雲岡 석굴[3] 대불의 입술처럼 그 누구도 알아차릴 수 없는 내심의 미소를 띠었다.

대초원에서 자랐던 야율아보기耶律阿保機[4]는 거란족의 태조다. 그가 없었다면 아마 세상을 뒤덮는 먼지를 일으켰던 북쪽의 기마 부대는 없었을 것이고, 또한 지금까지 여전히 북방에 자리 잡은 요나라의 벽돌 탑과 탑 끝에 매달려 있는 청초한 풍경도 볼 수 없었을 것이다.

아주 오래전 어얼구나허(額爾古納河액이고납하, 아르군강) 강가에는 미간을 찌푸린 채 아버지의 원수를 갚겠다고 맹세하던 테무친[5]이 서 있었다. 그가 훗날 몽골 제국을 건설한 칭기즈칸이라고 그 누가 상상이나 할 수 있었겠는가. 그와 그의 자손들은 천제天帝의 채찍으로 진두지휘하며 거의 모든 아시아 대륙을 평정했었다.

이 모두가 바로 동북에서 출발한 무리들이다. 그들은 하나같이 말을 몰았으며, 용맹무쌍함은 극에 달했다. 그러나 비극적인 것은 그들은 하나같이 중원의 심오한 문명과 우아한 중후함에 의해 말 위에서 끌어내려졌고, 땅 위에 내동댕이쳐졌다. 그리고 그 후로 다시는 일어서지 못하게 되었으며, 다시는 말 타는 사람들에 관한 새로운 신화를 써 내려갈 수 없게 되었다.

오직 숙신족肅愼族[6]만이 유유히 전해졌을 뿐이다.

---

2) 허난(河南하남) 성을 중심으로 산둥(山東산동) 성 서부, 산시(陝西섬서) 성 동부에 걸친 황하 강 중류와 하류 유역이 이에 해당한다.
3) 산시(山西산서) 성 대동(大同) 서쪽 15킬로미터 지역인 운강진(雲岡鎭)에 있는 석굴 사원.
4) 요(遼)나라를 건국한 초대 황제.
5) 존호는 칭기즈칸(成吉思汗성길사한), 몽골 제국의 초대 황제.

작년 봄과 여름, 내가 직접 선택한 그 길을 따라 걸으며 동북에서 낯설게 느껴지고, 또한 나를 감동시킨 역사의 풍경들을 찾고 있을 때였다. 숙신족은 마치 자상하고 친절한 장로長老처럼 나를 세월의 밀림 속으로 데리고 들어갔다.

상주商周⁷⁾시대에 동북 지역에는 '숙신'이라 불리는 유목 민족이 있었다. 만약 그들이 정기적으로 주나라 왕실에 큰 사슴이나 활 같은 조공을 바치지 않았더라면, 공자의 생생한 입담도 없었을 것이다. 또한 중원 사람들은 얼음과 눈으로 뒤덮인 대삼림 안에 그런 거친 사냥꾼들이 있었다는 사실을 몰랐을 것이며, 중원의 역사서에도 그들의 괴상한 이름이 적혀 있지 않았을 것이다. 그들은 자신들의 조공으로 인해 역사에서 그들 스스로의 존재와 시작을 알린 셈이다.

당시에 그들은 자신들의 고유 문자도 없었을 뿐만 아니라 중원의 어떤 전쟁에도 참여한 적이 없었으며, 아주 오랫동안 춥고 고달픈 땅에서 유랑을 하고 있었다. 그들은 조공朝貢이 무엇인지, 군신 관계가 무엇인지를 알 필요도 없었다. 그저 친척집을 방문하듯이 주 씨 집에 사슴 한 마리를 보내어 함께 나누면 그만이었다. 다만 그들이 사냥한 사슴은 너무나 많았고, 때로는 이러한 관대함이 너무 지나쳤으니……. 때는 바야흐로 서진西晉은 이미 멸망에 가까웠고, 동진東晉은 강 왼쪽으로 내쫓

---

6) 숙신(肅愼)은 고대 만주(러시아의 연해주 포함)에 살았던 퉁구스계 민족을 말한다. '식신(息愼)', '직신(稷愼)'으로 기록되어 있기도 하다. 주나라 때부터 전한(前漢) 때까지는 '숙신'으로 불리었고, 후한(後漢) 때부터 5호16국 시대까지는 '읍루'로, 남북조시대에는 '물길', 수나라와 당나라 때는 '말갈'로 불리었다. 이후 12세기에 금나라를 세운 여진족, 17세기에 청나라를 세운 만주족으로 이어졌다.

7) 고대 중국 상(商)나라와 주(周)나라.

겼던 시기였다.

중원 역시 시대가 변하는 때라 이미 매우 혼란스러웠다. 하지만 그들은 여전히 예전처럼 천리만리를 마다하지 않고 조공을 바쳤다. 가장 웃겼던 것은 중원 사람들이었다. 그들은 누군가가 자신들에게 무슨 물건을 주기만 하면 바로 신하로 굴복시키고, 사관史官에게 자만심이 가득한 말을 적도록 분부했다. 이는 말을 타고, 사냥하는 사람들을 무시한 처사였다. 이후의 역사가 나타내주듯이 그들은 어떤 계략이 있어서가 아니라, 얻으려면 먼저 주어야 한다는 욕취선여欲取先予의 정신에 따랐을 뿐이었다. 하지만 그들은 평소에는 말 위에서 활 쏘는 법을 배우고 지내지만, 일단 전투력이 강해지면 적장을 죽이러 간다. 중원의 도처에는 그들의 말발굽이 난무했고, 적의 목을 벤 뒤에는 스스로를 왕이라 불렀다.

숙신부터 시작하여 읍루挹婁, 물길勿吉까지 중원 사람들의 눈에는 그들이 자신들을 알현하러 온 손님처럼 보였다가 이내 복종하는 사람들로 보였다. 그들은 유유자적하고 일처리가 매우 능숙하며 거리낌이 없었다. 남자들은 사냥을 하고, 여자들은 들에서 채취를 했다. 그들의 건장한 팔뚝과 풍만한 가슴은 후손이 끊어지지 않도록 하는 그들 민족의 근원이자 강한 저력이었다.

내가 이 민족을 숭배하고 존경하는 이유는 (그들의 역사를 산에서 바다로 이어지는 한 줄기 강에 비유한다면) 세 번의 휘황찬란한 폭포가 있었기 때문이다. 그것은 말갈시대의 발해국渤海國, 여진시대의 금나라, 만주시대의 대청제국으로, 매번 뿜어져 나온 강렬한 힘은 모두 중국을 밝게 비추는 빛이었다. 또한 나로 하여금 짙푸르다 못해 검은 동북을 팔목 상대하게 만들고, 그 짧은 생명을 가졌던 기마 부대에게 슬픔과 애처로움을 느끼게 만들었다.

나는 원래 황하문화인 창지앙長江장강[8) 문화가 전체 화샤華夏화하 지역 문화라고 생각했다. 그러나 동북으로 가 보고 나서야 깨달은 것이 있다. 만약 황하를 주축으로 삼는다면, 흑룡강은 장강과 마찬가지로 중원문명의 다른 날개였을 것이다. 단지 우리는 흑룡강을 장강과 황하를 대하듯 하지 않았고, 한때 웅장하게 펼쳐졌던 동북의 비상을 주시하지 않았다. 하지만 내가 눈을 크게 뜨고 일찍이 번성했던 동북의 도성 유적지를 살펴보는 동안, 이들 민족이 가지고 있었던 거대한 계승의 힘에 감탄하지 않을 수 없었다.

고택 1 : 용천부

발해는 산둥 반도와 랴오둥遼東요동 반도 사이에 있었으나, 당나라 현종玄宗이 무단장牡丹江목단강 쪽으로 봉쇄해 버렸다. 이러니 장안 사람들의 눈에는 동북이 얼마나 모호하고 요원했을 것인가.

그날 이른 아침, 나는 무단장 시내에서 차를 타고 닝안寧安영안[9)으로

---

8) 양쯔강(揚子江양자강)으로도 불린다. 강의 전체 길이가 6,300여 킬로미터에 달해 중국에서 가장 길뿐만 아니라, 세계에서도 세 번째로 긴 강이다.
9) 헤이룽장 성 남동부에 있는 현.

갔다. 그곳에서 발해문화를 연구하는 학자 몇 분을 만나고 싶었기 때문이다. 하지만 화장실 냄새를 풍기는 낡은 빌딩은 텅텅 비어 있어서 다시 시내로 되돌아와 동경성東京城 발해진渤海鎭으로 가는 장거리 버스 터미널을 물어보았다. 내가 배낭을 메고 먼지가 휘날리는 거리를 활보하고 있을 때, 어떤 할머니 한 분이 당나귀 마차를 끌고 가시다가 나를 가로 막으며 말했다.

"이봐 처녀, 1원에 터미널까지 데려다줄게."

아주 오래된 어린 시절의 추억이 나를 휘감는 듯했고, 곧바로 마차에 올랐다. 그러고는 당나귀가 끄는 마차 소리를 들으며 작은 도시의 도로 한가운데를 흙먼지를 날리며 달려갔다.

닝안의 문화인들은 모두 발해진을 지키고 있었다. 발해문화는 중국 역사에 있어서 불멸의 한 페이지다. 그들은 오로지 이곳만을 지키고 있었고, 이곳의 모든 것들을 생생하게 묘사할 수 있었다. 게다가 있는 그대로의 역사를 동화와 신화로 만들어 냈다. 나는 이해할 수 있었다. 문화인들에게는 발해 하나만 있어도 바로 사랑에 빠질만한 이유가 되기에 충분했다.

발해진은 원래 발해국의 도성 용천부龍泉府[10]가 있었던 곳이다. 비록 용천부가 당시의 면모를 고스란히 간직하고 있지는 않지만, 중국에서 가장 완벽하게 보존된 중세기 고성 유적지다. 용천부는 송화강松花江[11]과 무단장의 충적평원沖積平原[12]에 지어졌다. 가까이는 삼면이 물

10) 발해의 수도. 지금의 헤이룽장 성 닝안현(寧安縣영안현) 동경성(東京城)에 있다.
11) 중국 동북(東北)의 지린(吉林길림) 성과 헤이룽장 성을 관류하는 하천.
12) 하천에 의해 운반된 자갈·모래·진흙이 범람하여 연안의 낮은 땅에 퇴적함으로써 이루어진 평야.

이고, 멀리는 사방이 산으로 둘러싸여 있으며, 서남쪽은 징퍼후境泊湖경박호[13]가 있고, 서북쪽은 화산구火山口 지하 원시삼림이 있다. 이곳은 수천만 년 전에 화산이 폭발하여 한 민족의 풍수 영지가 되었다. 용천부의 건축은 마치 당나라 수도 장안을 모방한 것 같았다. 어쩌면 당나라를 모방하지 않을 수 없었을 것이다. 용천부는 그 당시의 국가가 아니었고, 단지 당나라의 품안에 있는 때로는 착하고 때로는 개구쟁이 같은 아이와 마찬가지였다.[14] 그날 우리는 궁궐 안에서 조심스럽게 산책을 했다. 사실 궁궐의 터만 남아 있었고, 내성과 외성은 흙더미만 잔존해 있을 뿐이었다. 그 모습을 보니 당시의 광활한 황무지를 상상할 수 있었고, 마치 천 년 전 역사의 전당을 직접 보고 있는 것처럼 느껴졌다.

그들은 화산이 폭발할 때 만들어진 돌로 성벽을 쌓고 기둥을 세웠으며, 석채등과 돌거북, 석불을 만들었다. 검은색에 가까운 현무암은 유목민들의 거친 면을 나타내보였고, 북방 민족의 정신과 기개를 내뿜고 있었다. 지극히 자연스럽고 조각이 없는 소박함, 그리고 어떤 것에도 구애받지 않는 개성을 내뿜고 있었다. 하지만 그런 궁궐이었다 할지라도 지금은 그 어디에서도 온전한 성문조차 찾아볼 수 없었다. 그저 하나의 건물 구조와 흔적만 있을 뿐이었다. 또한 전쟁의 화마가 지나간 후의 잔해일 뿐이었다. 휘황찬란했던 당시의 모습은 그저 일렬로 줄지어 선 나무뿌리 같은 주춧돌과 화재의 흔적이 연연한 남쪽 성문의 문턱, 돌이 깔려 있는 길바닥 위에 지금까지도 뚜렷이 남아 있는 바퀴 자

---

13) 헤이룽장 성에 위치한 세계 최대의 언색호(堰塞湖, 산사태로 생기는 토사나 화산의 분출물, 하천의 퇴적 작용으로 인해 골짜기나 냇물이 막혀서 생긴 호수).

14) 발해에 관한 부분은 저자의 주관적인 표현으로서 원문 그대로를 번역한 것이며, 역자와 출판사의 견해가 아님을 밝혀 둡니다.

국으로만 느낄 수 있었다.

그 화산 폭발은 아마도 추운 날씨의 동북 사람들에게는 최초의 혼란이었을 거라고 미루어 짐작할 수 있다. 설령 중원 사람들이 제아무리 두꺼운 솜옷을 입는다고 할지라도 그저 지금의 차오양朝陽조양과 랴오양遼陽요양에 불어오는 정도의 바람만을 막아낼 수 있을 정도였으니 말이다.

아마도 위魏나라의 관구검毌丘儉이 최초로 동북에 들어간, 그리고 가장 멀리 들어간 중원의 장군일 것이다. 그러나 그 역시 그저 고구려를 장백산 밑자락까지만 쫓아가다가 말머리를 돌리고 말았다. 당나라의 군주 역시 이곳에 왔지만 고구려를 물리치고 약해진 말갈족靺鞨族을 돌궐突厥과 거란의 틈새에서 꺼내어 봉쇄한 이후에 되돌아갔다.

금빛 찬란한 발해국의 용천부는 다른 누군가의 도움이 아니라 발해인 스스로 벽돌과 기왓장을 하나하나 쌓아 완성한 작품이다. 그래서 가히 기적이라 할 수 있다. 그것은 또한 당시 세계에서 가장 눈부신 곳으로 동북아시아에서 두 번째로 큰 도시였으며, 해동성국海東盛國이라 불리었다.

장안 다음이 바로 발해이다. 그 당시의 세계는 텅 비어 있었다. 아주 오래 전에 역로驛路는 멀었고, 대지는 드넓었다. 하지만 그처럼 처량한 배경에서도 활활 타오르는 뜨거운 태양이 있었으니 그것은 바로 발해의 성곽과 사람들이었다. 발해의 주작대로, 평민들의 작업장, 절과 학당은 세계의 이목을 이끌었다. 무수한 사람들이 앞 다투어 발해의 도시를 다녀갔고, 그곳의 모든 길을 걸어 다녔다. 한 번도 고요한 적 없이 늘 사람들로 붐비었으니 얼마나 생동감 넘치는 곳이었겠는가!

발해의 왕자들은 장안의 당나라 문학에 물들었고, 어떤 왕자는 온정균溫庭筠[15]의 막역한 글벗이 되기도 했다. 당나라의 사신 최흔崔忻은 산둥 반도에서 배를 타고 뤼순旅順여순, 압록강을 거쳐 발해까지 다녀가기도 했다. 그것이 산천을 구경하기 위한 것인지, 아니면 진정으로 당나라를 위한 것인지는 뤼순의 황금산黃金山 아래 홍려정鴻臚井 돌기둥에 새겨진 글을 보면서 충성스런 신하의 초조하고 불안한 걱정을 엿볼 수 있었다.

나를 놀라게 했던 것은, 발해 민족은 스스로 강대해졌다고 여기지 못했을 때는 아무런 내색 없이 날개를 접고 남몰래 야심을 품고 있다가 대문을 활짝 열어 이민족을 비롯한 여러 주변 국가들과 교류했다는 점이다. 그들은 일본과 신라에 무수히 많은 사신을 보내었고, 때로는 한 사신단에 수백 명을 보내기도 했다. 도시 변두리에서 뻗어 나오는 거란 길 역시 매우 번화했고, 일찍이 거란 사람들과 싸우면서도 그들의 관심은 무역과 교역이었다. 이 모든 것으로 보아 적어도 동북은 그때부터 이미 더 이상 폐쇄된 곳이 아니라 도시의 느낌과 귀족적인 분위기가 물씬 풍기기 시작했다는 것을 알 수 있다.

멀고 먼 하늘가에 마침내 황궁 같은 도시가 나타났고, 태연히 앉아서 세상을 이야기하는 문무를 겸한 민족이 있었으니, 이 민족은 마침내 야만스러움에서 문명을 뛰어 넘게 되었다.

동북에게 있어 발해는 하늘이 선사한 기회였다. 애당초 발해 사람들은 현대인들처럼 기회가 무엇인지를 알 필요가 없었다. 하지만 역사가 우리에게 알려 주고 있듯이 당나라가 없었다면 발해도 없었을 것이다.

15) 당나라 때의 시인.

만약 당나라가 큰 나무라면, 이 큰 나무가 5대 10국에 의해 잘려진 후 (땅에 떨어진 둥지에 성한 알이 없는 것처럼) 발해도 역사 속으로 사라졌을 것이다. 발해의 의미는 역사의 틈새에서 수수 줄기가 자라는 계절에 시기를 놓치지 않고 수확하는 것처럼, 스스로를 세계에 잘 보여주었다는 것에 있다. 그리고 사람들은 발해를 바라볼 때 한 민족의 깊은 곳에 감추어진 비범함을 보았을 뿐만 아니라 동북 전체를 바라보았다. 이로 인해 용천부는 영원히 변치 않는 매력을 갖게 되었다.

나는 오늘 발해문화를 참배하러 온 것이다. 만약 내가 발해문화의 사람이었다면 나 역시 이곳을 떠나지 않고 지키고 있었을 것이다. 단지 집안을 지키는 그런 것이 아니라 의구심을 가지고 상실해서는 안 되는 문명을 찾으면서 말이다.

고택 2 : 회녕부

하얼빈哈爾濱합이빈에서 아청阿城아성[16]까지 고속도로가 깔렸다. 도로 양쪽은 울퉁불퉁한 구릉지다. 나무도 없고, 콩과 수수에는 이제 막 싹이 트고 있었으며, 시야가 탁 트인 전경은 마치 황량한 선사시대의 한 장면을 보는 듯했다. 그리고 이곳을 달리는 자동차는 마치 건강하게

16) 헤이룽장 성 하얼빈에 있는 구(區).

자란 어린 말처럼 생동감이 넘쳤다. 나는 말 위에 올라탄 완안아골타完
顏阿骨打[17]의 병사가 된 것처럼 상상을 하면서 안출호按出虎의 옛 지역
을 질주했다.

안출호는 아시허阿什河아집하의 옛 이름이다. 아시허는 지금까지도
유유히 흐르고 있고, 실제적으로 아청 시를 휘감아 돌고 있다. 내가 느
끼는 아청은 단지 땅 위에 있는 성일뿐이었다. 비록 거리마다 금빛 간
판이 사람들의 눈을 현혹시키고 있지만 천박해 보였다. 하지만 땅속
깊숙이 묻혀 있는 금나라의 고도故都 회녕부會寧府[18]는 말없이 침묵하
지만 세상이 주목할 만한 힘을 가지고 있었다.

만약 동북에 자주 불어 닥치던 눈보라가 없었고, 자주 발생했던 인위
적인 재난이 없었더라면 회녕부는 이렇게 빨리 쇠락하지 않았을 것이
고, 오늘날 금나라의 유일한 도성 유적지가 되지도 않았을 것이다. 그
곳에 가까이 다가갔을 때는 초여름의 햇볕이 따스하게 비추고 있었고,
아마도 그때가 연중 가장 좋은 계절이었을 것이다. 내가 서 있는 곳에
두드러지게 높은 흙 언덕이 몇 개 있었는데, 이것이 바로 그 당시의 황
궁 성터였다. 남성과 북성은 성벽이었다는 것을 알아볼 수 없을 정도
로 작은 원 형태만 남아 있었는데, 성의 크기가 매우 커서 설사 그것이
성벽 안이라 할지라도 끝없이 넓어 보였다.

밭두렁은 아주 길고 곧게 뻗어 있었는데, 지금은 마늘밭으로 변해 있
었다. 후란呼蘭호란[19]은 대파가, 아청은 마늘이 유명했다. 마늘은 아청

---

17) 여진(女眞) 완안부(完顏部)의 족장으로서 중국의 정복 왕조인 금(金)나라를 건국하였다.
18) 금(金)나라 초기 30여 년간의 수도. 완안부(完顏部)의 근거지로서 금나라의 발상지가 되었다.
19) 헤이룽장 성 하얼빈에 있는 구(區).

의 대표 토산품이고, 옛 황궁 인근에서 재배하는 마을은 가격도 더 비쌌다. 그래서인지 마늘밭이 끝없이 펼쳐져 있었다. 마늘밭 사이로 간간히 작은 촌락들이 밀집되어 있었는데, 촌락 사람들은 자신들이 살고 있는 이곳이 원래 어떤 곳이었는지조차 몰랐다. 마늘을 심을 때 어쩌다 금가락지나 동경(銅鏡, 구리로 만든 거울)을 주우면 몰래 기뻐했던 사람들이었다. 이곳의 새로운 이름은 바이청白城백성이라 불리었다. 1년에 한 번 한 집을 바이청이라 불렀는데, 과연 누구의 집이 바이청이라 불리었는지에 대해서는 아무도 말하지 않았다. 이곳 사람들은 사방의 흙담이 그들을 보호하기 위한 금나라의 성城이었다는 것을 지금에서야 깨달았다. 모두들 득의양양한 듯 기뻐했고, 해마다 마을을 심었다.

이것은 백성들의 즐거움이었고 아주 진한 마늘 향이 풍겨났다. 그러나 결국은 금나라의 고도일 뿐이었다. 연한 마늘 싹은 뽑혀 버렸고, 역사는 강철 같았다. 애당초 속말말갈粟末靺鞨이 발해국을 세웠을 때, 흑수말갈黑水靺鞨은 그들의 신하였다. 그들 사이에 생사를 가르는 다툼이 있었다. 거란족이 용천부를 불사르고 발해 군민을 핍박하여 남쪽으로 쫓아냈을 때, 동북에 남아 있던 흑수말갈은 마음속에 가족 형제의 복수에 대한 씨앗을 품고 있었다. 그들은 비록 요遼나라로 옮겨 갔지만, 자신들의 이름을 '여진女眞'이라 고쳐 썼다. 그로부터 여러 해가 지나고 나서 깜짝 놀랄만한 장면이 연출되었다. 요나라 태조는 발해 군주에게 하얀 양을 이끌고 하얀 옷을 입고 투항하라고 하지 않았던가. 금나라 태종은 요나라 군주로 하여금 옛날 그 모습 그대로 회령부 옆 금 태조 사당 앞에서 무릎을 꿇게 했다. 이것은 결코 우연이 아니었다. 투기는 더욱 아니었다. 그것은 일종의 방어였고, 수천 년간 응집되어 온 민족

정신이었다. 이러한 정신은 그들로 하여금 중단되지 않는 미래를 꿈꾸게 했다.

드넓은 마늘밭을 마주하고 있으니 내 눈앞에 세 사람의 그림자가 나타났다. 한 사람은 완안아골타이고, 또 한 사람은 완안올술完顏兀術[20], 다른 한 사람은 완안량完顏亮[21]이었다. 이 세 사람을 연결 지어 보면 금나라의 역사와 같다.

나는 일찍이 금나라 태조 완안아골타가 했던 말에 감동을 받은 적이 있다. 그는 새해 첫날 아침을 택해 황제에 오르면서 이렇게 말했다.

"요나라는 '빈철賓鐵'을 국호로 정하고, 그것의 강인함을 취할 것이다. 그러나 철이 비록 강하다 할지라도 언젠가는 변할 것이다. 오직 금金만이 변하지 않는다. 금은 하얀색이고, 완안부完顏部도 줄곧 하얀색이었다. 그래서 국호를 금金이라 하고, 새로운 국가를 열기로 한다."

얼마나 밝은 아침이었겠는가! 그 아침은 얼마나 시의詩意와 철학적인 뜻이 풍부하였던가! 이것은 그들에게 하나의 경계를 설정해 주었고, 이 민족이 스스로 독립했을 때 그 명분을 충분히 세워 주었으며, 그들을 당당하게 만들었다. 중원 사람들은 변방의 민족들을 북적北狄, 남만南蠻, 동이東夷, 서융西戎이라 불렀다. 하지만 그들은 오랑캐들에게도 추

---

20) 남송을 정벌한 금나라 장수.
21) 금나라 3대 황제 희종을 시해하고 4대 황제에 올랐으나 남송 원정에 나섰다가 부하 장수에게 살해되었다.

구하는 것이 있다는 걸 미처 알지 못했다.

나를 더 감동시킨 것은 완안아골타의 소박함이었다. 그는 이미 황제에 올랐지만 여전히 파오유르트, yurt에 머물고 있었다. 그의 나라는 처음부터 성곽이 없었고, 백성들은 여기저기 흩어져 살았다. 이를 황제채皇帝寨라 불렀는데, 어디든지 파오만 설치한다면 그곳이 바로 그가 정무를 보는 장소가 되었다. 파오는 눈처럼 하얀색이었고, 마치 요새처럼 배열되어 있었으며, 그 안에는 금나라를 개국한 왕이 살고 있었다. 동화 같은 이야기가 아닐 수 없다. 파오에 거주하는 것은 여진족의 단순하고 검소한 전통이었다. 또한 완안아골타는 본디 전사였으니 언제라도 전쟁에 나갈 준비가 되어 있었다.

그는 죽을 때까지 한 채의 황궁도 짓지 않았다. (회녕부는 그의 아들이자 두 번째 황제인 태종이 지은 것이다.) 그랬기 때문에 그와 그의 자손은 요나라를 멸망시켰을 뿐만 아니라, 북송을 멸망시키고 중국을 위진남북조로 나뉘게 한 다음, 다시 남북조로 갈라놓을 수 있었다. 검소한 영웅 한 사람이 그 시대에 영향을 끼치고 역사를 만들었으며, 영원히 그를 잊지 못하게 만들었다.

금나라 장수 완안올술에 대해서 내가 알고 있는 것이라곤 『설악전전說嶽全傳』22)을 통해서 받은 인상이 전부였다. 그 책은 중원 사람들이 쓴 것이어서 완안올술을 아주 흉악한 용모로 묘사했다. 그래서 나는 줄곧 우리와는 다른 종족이라고 느꼈다. 책 속에서 그는 강도였다. 나는 회녕부에 가서야 가까이서 그를 살펴볼 수 있었는데, 그는 악비嶽飛23)와

22) 청나라 건륭제 때 저술된 영웅 전기소설. 남송의 장수 악비에 관한 이야기를 다루었다.
23) 남송 초기의 무장이자 학자. 북송이 멸망할 무렵 의용군에 참전해 전공을 쌓았으며, 남송

같은 고상함을 풍겼다. 그와 악비가 다른 점이라면 금나라의 군주는 현명하였고, 송나라 군주는 바보였다는 것이다. 또한 완안올술은 늙어서 죽었지만, 악비는 충성을 바쳤던 조정에 의해 죽임을 당했다. 물론 악비의 죽음은 완안올술과도 관련이 있었다. 만약 완안올술이 진회秦檜[24)]를 매수하지 않았더라면 풍파정風波亭의 억울한 사건[25)]은 일어나지 않았을 것이다. 그리고 언성전투가 끝난 후 조구趙構[26)]가 악비를 12도금패十二道金牌로 돌려보내지 않고, 악비가 죽지 않았더라면 완안올술의 남송 원정은 하루 만에 무너졌을 것이다. 왜냐하면 그 당시 금나라의 정예부대는 이미 악비에 의해 섬멸되고 있었기 때문이다. 영웅시대의 영웅은 서로 만들어 주는 것이 아닐까?

내가 회녕부 유적지에 도착하기 하루 전날, 어떤 사람이 벽돌 한 장을 집어 들었는데, 거기서 녹슬고 얼룩진 쇠뇌 틀을 발견했다. 금상경박물관金上京博物館의 윤 선생님은 이번에 발견된 쇠뇌 틀이 매우 중요한 의미를 갖는다고 말해 주었다. 그것은 바로 완안올술이 유언에서 말했던 그 신비궁神臂弓[27)]이었던 것이다.

윤 선생님은 내게 그 유언을 보여주었다. 원대한 포부를 실현하지 못한 장군의 유언을 보면서 안타깝고 슬픈 느낌이 들었다. 그는 전쟁

때 후베이(湖北호북) 일대를 지배하는 대군벌(大軍閥)이 되었지만 무능한 황제(고종)와 재상 진회에 의해 살해되었다.
24) 남송 시기의 정치가로서 재상을 지냈으며, 중국에서는 간신의 표상으로 알려져 있다.
25) 금나라 완안올술에게 매수된 남송의 재상 진회가 황제의 명령을 사칭하여 악비를 12도금패(十二道金牌)로 돌려보냈고, 악비는 누명을 쓰고 옥사했다.
26) 송나라 8대 황제 휘종(徽宗) 조길(趙佶)의 아홉째 아들로, 남송시대를 연 황제 고종(高宗)이다.
27) 송나라의 이광(李廣)이 발명한 강화된 노(弩)의 일종. 이광은 자신의 발명품을 송나라의 태수에게 헌상했으며, 그 위력을 인정받아 병기로 채용되었다.

에서 혁혁한 공을 세우고 고관이 되고 싶었지만, 황제는 그들에게 금은과 가축을 상으로 내리고는 다시 적진 깊숙이 들어갈 것을 명했다. 설사 그랬다고 할지라도 그는 죽음이 가까이 다가왔을 때, 글자 하나하나에 힘을 들여 '유행부사수서遺行府四帥書'를 써냈다. 그가 마지막으로 쓴 문장은 이러했다.

'내가 어제 남정南征을 한 것은 내 눈으로 직접 송나라 군기軍器를 보고자 함인데, 그저 신비궁에 불과하구나. 그리고 도끼밖에 없으니 무서울 게 없구나. 오늘 이대로 만들어라.'

그는 유서를 쏨과 동시에 떨리는 손으로 두 가지 무기의 도안을 그렸다. 하지만 금나라 사람들이 그것을 만들어 냈는지는 지금까지 아무도 모른다. 나는 지금 그것의 실물을 보았다. 윤 선생님은 사진을 찍어 기념으로 내게 주셨는데 실제로 물건을 보니 더욱 그가 떠올랐고, 완안올술을 통해서 일종의 쓰디 쓴 인생의 맛을 느낄 수 있었다.

회녕부를 끝낸 것은 완안량이다. 그는 희종熙宗[28]을 시해하고 제위에 오른 다음 금나라의 도읍을 연경燕京으로 옮겼다. 만약 발해가 동북의 첫 번째 번영이라 한다면, 금나라는 두 번째 번영이라고 할 수 있다. 그는 신하들과 백성들이 자신을 따라 떠나지 않을까 두려워한 나머지 성을 불태워버렸다. 그리하여 찬란한 동북을 다시 황량한 황무지로 만들고 말았다.

28) 금나라의 3대 황제.

금나라 상경(上京) 회녕부(會寧府) 유적지.

정강靖康의 변[29]에 금나라 사람들은 북송의 휘종徽宗[30], 흠이제欽二帝 및 삼천궁을 포로로 삼고 북으로 옮겼다. 그 결과 오랑캐의 땅이 화샤華夏화하의 땅으로 변했고, 금나라 문화는 요遼와 송宋으로부터 강탈해 온 문화로 이루어지게 되었다. 이러한 약탈은 중원 사람들에게는 재난이었고, 동북 사람들에게는 오히려 생명과 피였다.

그러나 이것이 완안량을 멈추게 할 수는 없었다. 그는 반드시 동북으로 떠나야 했지만, 너무나 편벽하고 멀었다. 그는 조상의 발원지에 대해 아무런 느낌이 없었다. 그리고 텅 비어버린 나라를 찾아 멸망의

29) 북송(北宋) 정강연간(靖康年間, 1126~1127)에 수도 개봉(開封)이 금나라 군의 공격을 받아 함락됨으로써 북송이 멸망하게 된 사건을 말한다.
30) 북송의 8대 황제.

길을 걷고자 했다. 그는 이렇게 말했다.

"연꽃은 왜 상경上京에서는 피지 않고 연경燕京에서 오히려 붉게 피는가?"

그래서 베이징을 국도로 정한 것은 금나라 때부터다. 엄격히 말해서 완안량이 없었다면 지금의 베이징은 없었을 것이다. 그 당시 연경 역시 오랑캐의 땅이었고, 완안량은 그것을 화샤로 만들었고, 이후의 원나라, 명나라, 청나라 역시 그가 개척한 연경을 둘러싸고 국도國都를 세웠다. 그러나 완안량은 남송을 멸망시키지 못했으며, 조상을 위해 어떤 업적도 쌓지 않고 오히려 자기 손으로 조상의 저택을 허물어 버렸다.

이로 인해 그는 영원히 조상과 후손들의 용서를 받지 못하게 되었다. 그가 스스로 얻어낸 대가는 바로 중원문명의 호화스런 바다에 침몰하고 종적 없이 사라져 버리고 말았다.

나에게는 완안량이 바람둥이처럼 느껴졌다. 그의 머리는 영민하고, 생각은 참신했지만 너무나 향락적이고 허영이 심했다. 금나라 집안에서는 그와 같은 자로 인해 폐가의 기운이 감돌았다. 완안량은 우화 같은 인물이다. 그는 단지 금나라 역사뿐만 아니라 중국 전체 역사에서 하나의 각주郫注 같은 존재다. 유사한 비극은 얼마든지 있었지만, 완안량의 비극을 통해 완안아골타의 검소함과 안완올술의 용맹을 다시금 생각하게 되었다. 그들이 더욱 가여운 것은 완안량이 그들의 공든 탑을 모두 무너뜨렸기 때문이다. 금나라의 깃발이 앞만 바라보면서 무조건 남쪽으로 향했기 때문에 몽고인들에 의해 등 뒤에서 일거에 소탕되어 버린 것이다.

아청의 마늘은 쑥쑥 자라 푸르러지는데, 회녕부는 오히려 폐허가 되어 버렸다. 하지만 그것은 영원히 없어지지 않고 영원히 금석金石의 무게를 지니고 있을 것이다.

고택 3 : 성경

많은 사람들이 선양瀋陽심양[31]에 다녀와서 이야기한 것은 짙은 회색빛 스모그와 도시의 혼잡함이었다. 하지만 내 눈에 보이는 선양은 어떤 계절이든지 모두 가을 같다는 인상을 주었고, 도시 전체가 마치 도금을 두껍게 입힌 것처럼 조용하고 성숙했다. 이런 느낌이 든 것은 아마도 고궁의 짙은 황색 유리기와, 복릉福陵과 소릉昭陵 같은 무거운 송백나무가 이 도시로 하여금 내 마음속에 어떤 특별한 분위기를 만들어 주었기 때문일 거라는 생각이 들었다.

선양은 숙신족의 자손들이 동북에서 머물렀던 최후의 저택이다. 그들은 스스로 그곳을 성경盛京[32]이라 불렀다. 만약 발해가 봄이라면, 금나라는 여름이고, 청나라는 가을이다. 만약 봄이 기운과 힘을 함축했다면, 여름은 미친 듯한 점령이었고, 가을은 끝없는 수확이었다. 이 민족이 여기까지 걸어왔을 때, 얼굴에는 확실히 장년의 풍파가 서려 있었다.

일찍이 수차례 고궁을 가보았지만 오늘 같은 이런 세세한 느낌을 한

---

31) 랴오닝(遼寧요녕) 성의 성도.
32) 랴오닝 성 선양(瀋陽심양)의 청나라 초기 이름. 베이징 천도 후에는 '봉천(奉天)'이라 불렸다.

번도 받지 못했다.

성경은 베이징의 고궁만큼 규모가 크거나 복잡하지는 않지만, 진정으로 순수한 이 민족만의 저택이다. 정원으로 걸어 들어가다 보니 나도 모르게 한 사람이 생각났다. 바로 천명제天命帝 누르하치努爾哈赤노이합적[33]다. 역대 그 어떤 시대라도 그 시대의 역사를 대표하려면 어쨌든 위대한 인물이 한 명은 있어야 한다. 민족을 이끄는 그런 사람이 있어야 그 민족은 세계를 충만케 한다. 누르하치는 바로 그런 인물이다. 완안량 무리에 의해 중원으로 가게 된 여진 사람들은 이미 한족이 되어 다시는 돌아오지 않았다. 오직 동북에 남아 있는 여진 사람들만이 본연의 모습을 보존하였고, 누르하치가 그들을 통솔하면서 팔기군八旗軍[34]에 배치했다. 남북 출정 시에 팔기는 휘날리고 있었고, 누르하치가 도성을 선양으로 정했을 때, 그것들은 매우 반듯반듯하게 대정전大政殿 양쪽에 우뚝 서 있게 되었다. 나는 고궁을 생각하면서 바로 그해 누르하치가 앉았던 대정전과 십왕정十王亭을 연상하게 되었다. 마음이 서로 통하기라도 한 것처럼 완안아골타는 파오를 대정전으로 삼았고, 누르하치는 궁궐을 파오 모양으로 지었다.

십왕정은 전령왕정傳令王亭과 팔기왕정八旗王亭으로 이루어졌는데, 그것들은 서로 대정전을 마주하고 있었다. 마치 진영 안에서 언제라도 출정할 수 있도록 줄지어 서서 검열과 명령을 기다리고 있는 장군들처럼 말이다. 나는 누르하치만이 이러한 자신의 궁궐을 설계할 수 있다

---

33) 청나라 초대 황제.
34) 청나라 태조가 전국의 군대를 여덟 가지 색의 깃발로 나눈 편제(編制). 태종(太宗) 때는 한인 팔기군, 몽고 팔기군을 두기도 했다.

고 생각했다. 그는 매일 이곳에 오는 사람들에게 아주 먼 옛날 역사 속 유목민의 정취와 말을 타고 활을 쏘는 용맹스러운 기세를 느낄 수 있게 해주는 것 같았다.

이 민족에게 이곳은 행장을 갖추고 출발을 기다리는 곳이었다. 이곳이 아주 단출한 이유는 바로 이곳이 최후의 조정朝廷이 아니고 그냥 하나의 역참驛站이기 때문이다. 누르하치는 심사숙고하여 자신의 한궁汗宮을 신삔新賓신빈에서 랴오양遼陽요양으로, 그리고 다시 선양으로 옮겼다. 이는 마치 그가 젊었을 때, 푸순撫順무순의 마시馬市를 돌아보는 것과 마찬가지였다. 마시는 그의 대학이고, 그가 마시에서 그의 적수를 살펴본 것은 군사를 일으켜 명나라를 치기 위함이었다. 그가 선양에 주둔한 것 또한 명나라를 치고 그들 민족의 이상을 실현하기 위해서였다.

누르하치는 한나라 문명을 추종했다. 그러나 그것은 발해식의 흡수도 아니고, 또한 금나라식의 약탈도 아닌 융합 이후의 군림이었다. 그는 그의 조상보다 훨씬 더 성숙했으며, 후원後院이 정리 된 이후에 중원으로 향했다. 그는 중원으로 출발하기 전에 자신의 모든 것을 아들 황타이지皇太極황태극35) 에게 넘겼고, 그는 마치 자신이 참패할 거란 어떤 예감을 한 듯했다. 그의 민족을 이끌고 산하이관山海關산해관을 넘어간 것은 그의 자손들이었다.

나중에 랴오닝의 싱청興城흥성에서 명청明靑의 고성을 유람할 때, 누르하치의 이런 처량함을 느낄 수 있었다. 영원성寧遠城 전투에서 누르

---

35) 애신각라황태극(愛新覺羅皇太極). 누르하치의 여덟 번째 아들로, 청나라의 2대 황제가 되었다.

하치는 13만 명의 민첩하고 용맹한 팔기군을 이끌고 위풍당당하게 산하이관을 향해 진군했다. 처음에는 승리를 확신했지만 닝유엔寧遠영원에서 생사를 맹세한 원숭환袁崇煥36)을 맞닥뜨리게 된다. 명나라 역사에서는 이것을 영원대첩寧遠大捷이라고 불렀다. 누르하치에게 있어 그것은 치명적인 재난이자 최대의 굴욕이었다. 한 차례 빈틈이 생겼고 원숭환은 스스로 군사를 이끌고 막아섰다. 하지만 그는 서양식 대포인 홍이포紅夷炮 포탄에 맞아 선양으로 후퇴할 수밖에 없었다. 상처는 매우 깊었지만 더 큰 상처는 자존심의 좌절에 따른 고통이었다. 이는 그가 죽음에 이르는 결정적인 원인이 되었다. 그래서 번시本溪본계37)에 가서 온천욕도 해보았지만 그의 원기는 회복되지 않았다. 그는 번시에서 선양으로 돌아오는 도중에 자신이 이끌던 민족과 이별해야 했고, 애정이 절절한 강산과도 이별해야 했다. 이는 영웅의 비극이었다. 거의 모든 영웅들은 비극적인 결말을 맞는다. 영웅은 태어나면서부터 마치 비극의 주인공인 것 같다. 그러나 비극이 있기 때문에 비로소 영웅은 빛을 발한다.

고궁은 이제 텅 비어 있고, 그때의 사람들은 모두 떠나갔다. 성경이 용천부와 회녕부에 비해서 운이 좋은 건 다행스럽게도 불에 타 없어지지 않았다는 것이다. 성경은 지금까지도 우리 곁에 가까이 있고, 사라진 유적지가 아니라 여전히 성으로 남아 있다. 그날은 비가 내리는데도 성경을 찾는 사람들이 많았다. 성경은 더 이상 동북 민족의 것이 아니라, 베이징의 고궁과 마찬가지로 중화 민족의 고궁인 것이다.

36) 명나라 말기의 군사가, 정치가, 문학가로 청나라에 대항했던 장군.
37) 랴오닝 성 동부에 있는 도시.

고궁을 떠나 복릉과 소릉[38]에 갔을 때도 여전히 비가 내리고 있었다. 복릉은 황타이지가 누르하치를 위해 건축한 묘이고, 소릉은 황타이지가 직접 선택한 땅에 그의 자손들이 지은 묘다. 그것들은 고궁과 서로 어울려 성경 도성에 롱씽龍興용흥 제후의 기운이 가득하게 만들고, 동북으로 하여금 조상의 저택 같은 분위기가 더욱 진하게 스며들도록 했다. 내 생각에 그해 강희제康熙帝, 건륭제乾隆帝 등은 분명히 이런 느낌을 받았을 것이다. 그래서 그들은 동북을 아예 봉쇄하기 시작했고 다시는 한족이 들어 올 수 없게 만들었다. 그들의 폐쇄정책은 200년이나 계속되었다. 그들은 그 이유를 조상을 사랑했기 때문이라고 했지만, 사실은 인삼, 모피, 녹용을 독차지하기 위함이었다. 사실 제아무리 엄한 금계령이었다 할지라도 부드러운 버드나무 가지를 뚫고 지나가듯 들어가지게 마련이다. 정말로 갇혀 있었던 것은 동북이 고향인 사람들이었다. 그들은 그때부터 손을 소매에 찔러 넣은 채 외출하기를 좋아하지 않는 습관이 생겼다.

그날 나는 여전히 비를 무릅쓰고 북시北市 근처에 있는 태평사太平寺에 갔다. 태평사는 시보족錫伯族석백족[39]의 가묘家廟였는데, 나는 「시보족도록錫伯族圖錄」을 보고 역사적으로 이곳에서 비참한 장면이 있었고, 그 장면이 누르하치의 자손과 관련이 있다는 것을 알게 되었다.

강희제와 건륭제는 우리가 역사적으로 잘 알고 있는 인물이다. 그들은 자신들의 조상인 완안씨完顔氏가 시보족에 의해 배후에서 습격당한

---

38) 복릉(福陵)은 청나라 태조 누르하치의 묘이고, 소릉(紹陵)은 청나라 태종 황타이지의 묘이다.

39) 중국 동북 지방과 신장웨이우얼(新疆維吾爾신강유오이)자치구에 분포하는 소수 민족.

교훈을 얻고서 의심이 심해졌다. 직감적으로 그들은 뒤에서 나쁜 일을 도모하는 것은 대부분 시보족 사람들이라고 여겼다. 그 때문에 자신들을 위해 강산도 저버리고 목숨마저 잃은 그 민족을 주무르기 시작했고, 그 방법은 강제 이주였다. 가장 큰 규모의 강제 이주를 지시한 사람은 건륭제였다. 그는 강희제보다 더 똑똑했다. 강희제는 갈등과 고민이 많은 편이었으나, 건륭제는 마치 대청소를 하듯이 몰아내 버렸다. 1764년, 그는 성경 등지에서 5천여 명 이상의 시보족 병사들과 가족들을 두 무리로 나누어 음력 4월 10일, 그리고 4월 19일부터 신장新疆신강으로 강제 이주시켰다. 이유는 제정 러시아가 침범할지도 모른다는 것이었다.

1764년 4월 18일, 선양의 태평사 시보족 가묘家廟에서 수천 명이 모여 연회를 열었고, 다음날 서쪽으로 떠날 친지와 가족들을 배웅했다. 나는 잠시 눈을 감고 그날의 모습을 상상해 보았다.

분명 속을 헤아리기 어려운 정치가의 속마음처럼, 불쌍한 시보족 사람들은 오히려 기꺼이 원하는 것처럼 달가워했을 것이다. 하지만 그들의 마음속은 화산이 폭발하고 홍수가 범람하는 듯 격렬했을 것이고, 어디에도 하소연할 데 없는 그 답답함을 술잔 속에 기울였을 것이다. 그날은 그들에게 평생 잊을 수 없는 날이었을 것이다. 그때부터 그날은 오직 그 민족만의 날이었고, 그들은 그날을 서천절西遷節이라고 불렀다. 그 치욕의 날을 절기로 삼아 기념한다는 것은 어쩌면 절대로 경축할 일은 아니었다. 그 술과 눈물! 원수를 미워하지 않고 떠나는 마음을 어떻게 하나의 절기로 담아낼 수 있단 말인가! 그 관병들과 가족들은 1년이 넘게 걸리고, 1만 리가 넘는 머나먼 길을 걷고 걸어서 그 다음해 7

월이 되어서야 이리伊犁[40]에 도달하게 된다. 서쪽으로 이동하는 도중에 모래 바람을 맞으면서 밥을 먹었고, 노숙을 하는 속에서도 구구절절한 사연과 노래, 눈물, 그리고 사랑이 있었다. 건강한 시보족 여인들은 험난하고 요동치는 그 여정에서도 350여 명의 아이를 낳았다. 그 당시 황제는 오로지 자기 민족을 지키기 위해서 다른 민족을 내쫓아야 했다. 또한 그들로 하여금 고향을 떠나 변경 지역으로 가도록 했다. 그들이 받은 고통은 어떠한 것이었을까?

시보족의 가묘는 어느 공장 마당에 빼곡히 모여 있었는데, 매우 협소했다. 비가 왔기 때문에 문은 굳게 잠겨 있었고, 그저 문 앞에 서 있는 석비石碑만 볼 수 있었다. 하지만 아쉽게도 비문은 제대로 볼 수가 없었다. 마치 그 옛날의 성세도 이미 사라지고, 그때의 그런 감동들도 세월로 인해 잦아들었으며, 그저 뼈에 새겨진 듯한 기억으로만 존재하는 듯했다. 이리 지역으로 쫓겨 간 시보족은 현재 자치현에 살고 있었는데, 그들이 자기 민족의 원래 모습을 더 많이 보존하고 있다고 한다. 그들 조상의 저택은 동북에 있기 때문에 자주 이곳에 와서 가족과 친척들을 만난다. 그러나 동북에 살고 있는 시보족은 거의 대부분이 한족화 되었다. 게다가 그들은 이미 강희제와 건륭제의 자손들과 마치 한집안처럼 친하게 지내고 있었다. 오늘날, 동북에 살고 있는 소수 민족들은 하나의 대가족으로 살아가고 있다.

보슬비가 내리던 날, 나는 복릉과 소릉에 있던 신령스런 고송古松을 떠올렸다. 그것은 내게 천년만년의 영원함을 느끼게 해주었을 뿐만 아

---

40) 신장웨이우얼자치구 서부의 카자흐스탄과 국경을 접하는 지역(옛 소련과 중국의 국경 지대에 있어 분쟁 지역으로 되어 있음. 오늘날의 국경선은 「이리 조약(1881년)」에 따른 것이다.

니라, 세월의 짧고 덧없음을 느끼게 해주었다. 숙신족부터 청나라 왕조까지 역사는 충분히 길지만 필연적으로 여기에 마침표를 찍어야 한다. 인류가 언제까지나 원시시대에만 머물러 있을 수만은 없는 것처럼, 중국 역시 항상 변발을 하고 있을 수는 없다. 그래서 전제 제도를 뒤엎고 공화국을 세우기 위한 신해혁명이 일어났고, 선양 공항이 생겨났다. 누르하치의 마지막 계승자 푸이溥儀부의는 잡혀 갔고, 마치 숙명처럼 이 민족은 이곳에서 걸어 나갔다가 다시 이곳으로 걸어 돌아왔다. 나갈 때는 용맹하고 기세 드높은 개국 군주였지만, 되돌아올 때는 허약하고 병든 말세의 황제였다. 그 두 사람은 이 왕조의 시작과 끝을 고향에서 마쳤다.

　역사는 마치 냉담하고 무정한 표정의 유머 달인처럼 높은 곳에 서서 소리 없이 웃고 있어 희비가 교차되었다.

치열한 도망

: 동북을 떠나 중원으로 향했던 사람들

1996년 6월 어느 날 오후, 나는 자거다치加格達奇가격달기[1]의 북산北山에 있는 거리에서 택시 한 대를 불러 다싱안링大興安嶺대흥안령 산맥 깊은 곳으로 가자고 했다.

나는 옛 동굴을 찾으러 가는 길이었다. 예전에 고서에서 그 동굴에 대해 읽은 적이 있었다. 고서에서는 다싱안링 북쪽에 있는 산을 대선비산大鮮卑山이라 불렀고, 그 거대한 동굴은 옛날 탁발선비拓跋鮮卑[2]의 집이었다고 한다. 기원 초부터 탁발 사람들은 기나긴 세월을 이 동굴에 의지해서 살다가 어느 날 갑자기 모두 떠나버렸다. 그들은 산을 내려가서 산림을 벗어나 초원에 들어갔다가 다시 사막으로 향했다. 그들은 그 어디도로 빠지지 않았으며, 뒤도 돌아보지 않고 말을 몰아 어느 강가에 이르렀다. 이후 그들은 그 강을 떠나지 않고 그들만의 성씨를

---

1) 원래는 내몽고에 속했지만 나중에 헤이룽장(黑龍江흑룡강) 성으로 편입된 지역이다.
2) 선비족의 한 부족으로, 중국 화북 지역에 북위(北魏) 등의 왕조를 세웠다.

갖고 나라를 세웠는데, 그게 바로 북위北魏다.

　다싱안링에서 수많은 건장한 사람들이 걸어 나왔는데, 그들은 중국 역사에서 위풍당당한 유목민의 모습으로 휘황찬란한 드라마를 한 장면씩 펼쳐 나갔다. 내가 그 동굴에 집착하게 된 것은 그곳의 주인이 가장 먼저 중원 지역으로 들어간 최초의 북방 민족이라는 점이었다. 또한 그 민족은 중원에서 한 왕조로 정착한 후 세 번째 황제가 사람을 시켜 황하강에서부터 남하했던 조상의 흔적을 따라가면서 옛 집을 찾고, 그 옛 집의 동굴 벽에 제사 축문을 새기도록 했다. 바로 이런 점이 그 동굴을 영원히 변치 않는 충만함이 들어 있는 곳으로 만들었다고 생각했기 때문이다.

　나는 원래 다싱안링이 노래 가사처럼 놀라울 정도로 높이 솟아 있을 줄 알았다. 그러나 나는 다싱안링에 도착했다는 느낌도, 우뚝 솟아 있는 듯한 느낌도 전혀 받지 못했다. 그저 그냥 흔한 산 고개일 뿐이었다. 여러 산등성이들이 들쑥날쑥 이어져 있는 듯한, 바람도 전혀 통하지 않는 답답한 모습이 내 시야를 가로막고 있어서 발걸음을 멈추게 했다. 산도 움직임이 없고 물도 전혀 흐르지 않는 듯 조용히 자기의 본분만을 지키고 있는 것 같았다. 산이 크다고 한 의미는 단지 그 산이 차지하는 땅이 넓고, 색이 매우 짙었을 뿐이었다. 지도에서 보면 마치 싸움닭이 목뼈를 바짝 세운 것처럼 북방의 강인함과 건장함을 보여주는 듯했다.

　연약하게 보이는 산등성이들의 뒤엉킴은 사람들의 꿈틀대는 영혼을 잡아 둘 수는 없었지만, 노골적인 강인함은 오히려 튼실한 기마 부대를 키워냈다. 차 안에서 밖을 내다보니 다싱안링은 마치 깊숙이 자리 잡고 있는 큰 저택처럼 보였고, 그 동굴은 마치 내가 찾고자 했던 방 같았다.

　가셴둥嘎仙洞알선동이라 불리는 천연 동굴이었는데, 선비족의 옛 석실

치열한 도망은 여기서 시작되었다. 다싱안링(大興安嶺)의 가셴둥(嘎仙洞) 동굴 유적지 표지석.

터였다. 동굴에 도착했을 때는 이미 날이 저물고 있었고, 어느 노부부와 검은 개 한 마리가 동굴을 지키고 있었다. 할아버지는 술을 드시고 계셨고, 할머니는 검은 개를 막아서면서 이렇게 말했다.

"올라가요, 아가씨. 안에 아무도 없으니까."

동굴은 산 중턱에 있었다. 해질 무렵의 분위기가 동굴을 더욱 어둡고 신비롭게 만들었다. 등에 차가운 기운이 느껴져 겁이 났지만, 가느다란 보호 난간을 잡고 계속해서 올라갔다.

그것은 정말이지 거대한 천연 동굴이었다. 하지만 동굴의 벽은 둥글고, 지면은 넓고 편평했다. 황혼의 햇살은 작은 동굴 입구만을 비추고 있어 나는 감히 안으로 들어가지 못했다. 그래서 작은 돌멩이를 하나 주워 힘껏 그 어두운 곳으로 던져 보았다. 한참이 지나서야 깊은 메아리가 울려 퍼져 나왔다. 그 안에는 적어도 몇 천 명의 사람들이 들어갈

다싱안링(大興安嶺)의 가셴둥(嘎仙洞) 동굴 입구.

수 있을 듯했다. 나는 이곳에서 그 옛날 한때 번성했던 가족들이 어떻게 살고 있었고, 그들이 왜 나가지 않을 수 없었는지, 그리고 또 왜 그 머나 먼 곳으로 가지 않을 수 없었는지를 상상했다.

그날 해질 무렵에 동굴 어귀에 서서 천년을 거슬러 올라가 그 동굴 안에서 빽빽하게 모여 살았던 사람들, 그들의 엄숙한 눈빛, 강렬하게 뛰는 심장 소리를 떠올려 봤다. 하지만 왜 그들이 갑자기 이곳을 나와 멀리 떠날 수밖에 없었는지 도무지 알 수가 없었다. 그들은 항상 말을 타고 다녔고, 모든 유목민들이 그렇듯 자신들만의 역사적 기록을 가지고 있지 않았으니, 그들의 흔적은 오직 그들이 중원을 기웃거렸을 때 한漢나라 사람에 의해 간단히 서술되어진 몇 마디가 전부였다. 그래서 나는 내 나름대로 상상의 나래를 펼칠 수밖에 없었다.

나는 한 아이가 홀로 산 정상에 올라서서 가을바람 소리를 들으며 남쪽으로 날아가는 제비를 보며 뭔가를 말하는 모습을 상상했다. 저 새들이 이곳에서 머문 시간은 너무나 짧았어. 저 새들이 날아가려고 하는 곳은 사계절 내내 꽃이 피는 곳일까? 그곳에는 눈이 오지 않겠지?

아이의 가슴속에 처음으로 동화가 생겨나 자신의 이야기를 아버지에게 들려주었다.

혹은 몇몇 처녀들이 멀리 떠 있는 흰 구름을 보면서 사뿐사뿐 춤을 추고 있는 모습을 상상했다. 사춘기에 접어든 처녀들은 불타는 날개를 펼치듯 저 흰 구름에 이끌려 멀리 멀리 가다가 말을 타고 활 쏘는 사람들에게 왜 남쪽으로 가지 않느냐고 물었다. 처녀들이 남쪽에는 우리가 전혀 보지 못했던 맹수들이 달리고 있을지도 모른다고 말하자, 활 쏘는 사람들은 휘날리는 치맛자락에 고무되어 우레와 같은 말발굽 소리를 내며 떠났을지도 모른다.

어쩌면 어느 사냥꾼이 수사슴을 쫓아 밤낮을 가리지 않고 가다가 갑자기 산림을 벗어나 신비로운 초원을 봤을지도 모른다. 막힘없이 탁 트인 초원을 보고 그는 상상의 나래를 펼치며 호기심에 쫓겨 말을 타고 더 달리고 싶은 욕망이 생겼다. 그러고는 원래 왔던 길을 되돌아 다시 동굴로 돌아가서 그가 봤던 모든 것을 말했다. 그러자 큰 동요가 일어났고, 그날부터 동굴은 조용한 날이 없었다.

혹은 그냥 아무것도 아니고 단지 매서운 추위 때문이었을 수도 있다. 이곳의 겨울은 너무 길고, 얼음과 눈이 너무 두꺼워 아무리 굳센 생명이라도 연약해 보인다. 재앙 같은 폭설이 내렸고, 샤면shaman의 저주는 몇 세기 동안의 침묵을 순식간에 무너뜨렸다. 쇠약해진 추장은 천천히 몸을 일으켜 과일 씨를 동굴 어귀에 숨기고, 마지막 불을 끄고서 고목나무 같은 손을 흔들며 무리들에게 태양을 쫓는 콰푸誇父과부[3]처

---

3) 태양을 잡으려고 쫓아간다(誇父追日과부추일)는 중국 신화 속의 남자 이름.

럼 머리도 돌리지 말고 계속 남쪽을 향해 가도록 했다. 오로지 노래 소리만이 바람에 실려 하늘 끝 땅 저 멀리 날아갈 뿐이었다.

결국 그들은 너무나도 많은 이유로 이 동굴을 떠날 수밖에 없었을 것이다. 기원 초 이 세상에는 매우 많은 대규모의 피난이 있었다. 피난민들 대부분은 이민족에게 쫓기고 피살되었으며, 돌아갈 집이 없었다. 하지만 그들만은 예외였다. 그들의 도망은 자각적이고 스스로 원해서였으며, 뭔가를 추구하고 갈망하고, 주체적이면서 어떤 비장한 아름다움마저 가지고 있었다. 다롄大蓮대련의 집에서 동북에 관한 책을 읽을 때, 이 동굴은 마치 내 마음속에 우화처럼 깊은 인상으로 남아 있었던 것 같다. 동굴은 이 민족의 배경이고, 자궁과 같은 것이며, 동북식의 야성과 열정을 키워냈다. 동북의 많은 것들은 모두 이곳에서 나온 것들이었다. 그래서 나는 그때부터 줄곧 감동을 받았고, 동북에 가게 되면 그 길이 얼마나 멀든 반드시 가서 보고야 말겠다고 다짐했었다.

그날 저녁, 동굴 어귀에 서 있을 때 나는 마치 어느 정신의 발원지에 서 있는 듯한 느낌을 받았다.

그 축문은 동굴 어귀의 벽에 새겨져 있었는데, 난간으로 단단히 봉쇄되어 있었다. 일찍이 한 역사학자가 이 동굴과 동굴의 축문을 예측한 적이 있었다. 사서에는 이 동굴과 축문에 관한 기록이 있는데, 동굴과 축문이 어디에 있는지는 기록된 바가 없어서 후배 사학자들이 찾는데 애를 먹고 있었다. 그러던 중 어느 여 교수가 『위서魏書』[4)에 기록된 비

---

4) 남북조시대 북제(北齊)의 위수(魏收)가 편찬한 사서(史書).

문은 분명 눈강嫩江[5] 북쪽의 어느 지역에 새겨져 있을 것이라고 확신하고 평생을 찾아 헤맸지만, 결국 찾지 못했다. 다시 그녀의 제자가 교수가 되어 그 비문을 연구한 결과 가셴둥에 새겨져 있을 것이라고 확신하고 수십 차례 찾아봤지만 모두 헛수고였다. 그러자 화가 난 그 교수는 나무 몽둥이로 이끼가 두텁게 낀 벽을 쳤는데 그 이끼가 떨어지면서 조각의 흔적을 보게 되고, 그리하여 1980년 여름 중대한 고고학적 발견을 하게 되었다. 이 옛 민족의 오래된 기원은 상상이 아니라 확실한 근거가 있는 역사였던 것이다. 다싱안링은 단순한 산맥이 아니라 두터운 정을 지닌 어머니였다.

축문은 푸른 이끼에 덮여 1천5백 년을 가려져 있었지만, 그 내용은 한 민족이 남쪽으로 이동했던 여정이 고스란히 담겨 있는 역사였다.

그때는 분명 길이 없었을 것이다. 왼쪽엔 차오양朝陽조양이 있고, 오른쪽엔 완샤晚霞만하가 있었다. 분명 가시덩굴을 쳐내면서 걸어갔을 것이다. 혈육의 정처럼 무성하게 자란 가시덩굴은 그들이 떠나는 것을 막을 수 없음을 알면서도 쉽게 보내지는 못했을 것이다. 그리고 그 산들도 마치 마법을 부리듯 끊임없이 나타나서 그들을 막아보려 했지만, 그들은 꿋꿋이 앞을 향해 걸어갔다. 그들의 선택은 감성적인 것이었다. 앞에 무엇이 있을지도 모르면서 그저 걷기만 했다. 도중에 맹수나 이민족과의 싸움도 있었고, 심지어 자신들의 혈육인 민족과도 싸워야 했을 것이다.

그들의 첫 번째 조상은 동호東胡[6]였다. 선비鮮卑는 동호의 한 갈래

5) 중국 헤이룽장 성 중부를 흐르는 강.
6) 중국 동부 내몽골 지역에 출현하였던 수렵 유목민족.

다. 선비족 안에 또 하나의 성씨가 있었는데 그게 바로 모용慕容이었다. 탁발拓跋과 모용은 마치 형제의 약속처럼 거의 동시에 출발했다. 단지 그들은 후룬베이얼呼倫貝爾호룬패이[7] 초원에서 서로 다른 길을 가게 된다. 모용 부락은 랴오허遼河요하 지역에서 머물게 되었는데, 그 일대가 삼연三燕[8]의 옛 수도가 되었다. 재미있는 점은 삼연을 멸망시켰던 것이 바로 중원의 주인이었던 탁발이었다는 것이다. 맹수를 죽이고 이민족을 정복했던 영웅심은 모든 것을 정복하고자 하는 야심이 되었다. 같은 뿌리를 가진 민족의 싸움은 모든 민족이 성장 과정에서 맛봐야 했던 고통이 되었다.

탁발 민족은 후룬呼倫호룬 호숫가에서 8대가 살았다. 그 얼마나 긴 세월이었던가. 그때 그들은 그저 호수만 알고 있었고, 조금만 더 가면 더욱 큰 강이 흐르고 있다는 것을 몰랐다. 그들은 산에서 초원으로 나온 것만으로도 매우 만족하며 살았다. 다시는 맹수와 싸우지 않아도 되었고, 매일 양을 방목하면 되었다. 다싱안링 산맥 북쪽 비탈의 얼음과 눈에 비하면 초원은 거대한 온실과도 같았으니, 그들은 조금 더 앞으로 나아가야 한다는 것조차 잊고 살았다. 초원에서의 생활도 그저 무의미한 것은 아니었다. 초원은 하나의 훈련 장소와도 같았으며, 그들은 그곳에서 모든 것을 준비했다. 휘파람을 불어 기마 부대를 집합시킨 후, 황하강까지 가지 않으면 마음을 접지 않을 기세로 달렸다. 초원은 그들이 성숙하고 성장하도록 만들었다.

그들은 다퉁大同대동에 가서 운강석굴을 팠고, 뤄양洛陽낙양까지 가서

---

7) 네이멍구자치구에 있는 도시.
8) 전연(前燕), 후연(後燕), 북연(北燕)을 이르는 말.

용문석굴을 팠다. 머나먼 서북에는 그들이 공들여 조각한 둔황敦煌돈황석굴도 있었다. 나는 이곳들을 직접 가보지 못했고 랴오시遼西요서만 가보았다. 랴오시에 갔을 때, 혼자 다링허大凌河대릉하 강변에 가서 북위가 고향인 민족이 동북에 남겨 준 그 큰 석굴을 보았다. 옛날에는 샤먼과 함께 춤을 추었는데 중원에서 주인이 된 후에는 경건한 불교도가 되었다. 그들은 무슨 이유로 석굴에 불상을 새겼을까? 그들이 살았던 그 동굴 때문이었을까? 혹은 동굴에서 나

북위(北魏) 의현(義縣)의 만불석굴(萬佛石窟).

와 보니 동굴이 가장 안전하다는 생각이 들어 돌을 깎는 것으로 그리움을 달래는 그들만의 독특한 방식이었을까? 탁발 민족이 동굴을 떠날 때까지도 그들은 자신만의 문자가 없었다. 동굴 벽에는 그저 영양의 뿔과 동물 가죽, 화살만 벽에 걸려 있었다. 그러나 중원의 주인이 되어 다시 고향으로 돌아왔을 때는 상당히 풍부한 위비체魏碑體[9] 한자를 쓸 줄 알게 되었다. 후대의 사람들이 말하길, 중국 역사상 가장 담력이 큰

[9] 북위(北魏) 시대 비각(碑刻)의 총칭으로, 글씨체가 단정하고 필력이 강건하여 훗날 서법의 본보기가 되었다.

황제가 두 명 있었다고 한다. 그중 한 명이 조무령왕趙武靈王, 즉 한황漢皇으로서 그는 신하와 백성들에게 호복胡服을 입혀 말을 타고 화살을 쏘게 했는데, 그는 이런 방법으로 중원에 순종하는 백성들에게 열정을 불러일으켰다. 다른 한 명은 북위의 효문제孝文帝다. 그는 백성들이 호복을 벗고 한민족의 옷을 입게 했으며, 심지어 성이나 언어, 제도마저 모두 한나라의 것으로 바꾸도록 했다. 이 두 황제에게는 공통된 목적이 하나 있었는데, 그것은 바로 자기 민족을 구하고자 함이었다. 북위의 황제들은 자기 민족을 황하 강변에서 찬란한 빛처럼 떠오르게 했고, 화샤華夏화하를 빛나게 했다. 그러나 유목 민족에게 중원은 커다란 함정이었다. 중원의 문명은 그들 몸에 흐르는 야성이 점점 약해지도록 만들어 그들을 매장시켰고, 강가에서 목욕을 하던 그들은 점차 자신들의 본래 모습을 잃게 되었다.

선비족은 얻었다. 그러나 또한 잃었다.

거란족도 이처럼 잃었다.

그리고 여진족도 잃었다.

몽고족도, 만주족도……

마치 정해진 숫자와도 같았다.

생활이 점차 풍부해지면서 그들은 집으로 돌아가는 길을 찾게 되었지만, 예전의 그런 황량함은 없었다.

날이 점차 어두워지고 동굴에서 나오자 가슴 한 구석이 아련하게 아파왔다. 한때 그렇게 집착하듯이 달렸던 탁발 민족들은 결국 최후에 가서는 텅 빈 역사만 남게 되었고, 아무것도 없는 미끄러운 동굴만 남게 되었다. 그들은 도망자의 사명을 잘 지켰지만, 나는 전통 비극의 시작과 끝을 보는 것만 같았다.

동북의 민족들이 도망치듯 중원으로 떠났던 대규모의 이동을 오늘날 다시 보기 어렵다는 것을 나는 잘 알고 있다. 그러나 인간은 영원한 도망자다. 인류 앞에는 영원한 중원이 있기 때문이다. 나는 약간 걱정스러워졌다. 만약 우리가 스스로 창조한 문명의 유혹에 빠져 뛰어 들어간다면, 누가 우리를 구해 줄 것인가? 우리는 어떻게 해야 자신을 잃지 않을 것인가?

선비족은 우리에게 동굴을 남겨 주면서 우리로 하여금 앞으로 걷게하고, 또 한편으로 우리에게 돌아오라고 손짓하고 있다.

04

영원한 관외
: 동북을 가로막은 만리장성

만리장성과의 첫 만남은 베이징의 빠다링八達嶺팔달령에서 이루어졌다.

나는 여태껏 만리장성은 동쪽의 산하이관山海關산해관[1]부터 서쪽의
자위관嘉峪關가욕관[2]까지 한 갈래만 있는 줄 알았다. 내가 알고 있는 만
리장성은 진시황이 지었고, 그와 관련된 전설로는 맹강녀孟姜女[3]가 죽
도록 구슬피 울었다는 이야기가 있으며, 통치자들이 백성들에게 강제
노동을 시켰던 확실한 증거물과도 같은 존재였다. 이것들은 모두 초등
학교 교과서에서 보았던 기억들이다. 그래서 천리 길도 마다하지 않고
동북에서 베이징까지 와서 만리장성에 올랐다.

몇 년 전, 만추의 어느 날이었다. 만리장성을 걸으면서 나도 모르게

1) 허베이(河北하북) 성 친황다오(秦皇島市) 시 보하이만(渤海灣발해만)에 면해 있는 관문으로
　만리장성의 동쪽 끝에 있다.
2) 간쑤(甘肅감숙) 성 북서부의 만리장성 서쪽 끝에 있는 도시.
3) 진(秦)나라 때 사람으로, 만리장성 공사에 얽힌 비극적인 전설의 여주인공이다.

진시황과 맹강녀의 이야기를 잊어버리고 북쪽을 바라보다 다시 반대편 남쪽을 한없이 바라보았다. 만리장성 양쪽의 경치가 달라서였는지, 아니면 내 심정이 복잡해서였는지는 모르겠지만 내 시선은 북쪽의 탁 트인 광야에 한참을 머물렀다. 뺨을 스쳐 오는 그 황량함의 냄새를 맡으니 마치 어쩔 수 없는 거절이 느껴졌다. 이빨 모양의 화살 자국이 있는 성벽들도 모두 북쪽을 향하고 있었다. 북쪽에는 이민족이 살고 있다. 웅장하고 험준한 관문은 철문처럼 서 있고, 말발굽 소리도 멈춰버린 지금, 세상이 갑자기 두 개로 갈라졌다. 나는 불현듯 머나먼 옛날의 깃발과 봉화가 보이는 듯했고, 양쪽 군사들이 서로 대치하면서 노려보는 얼굴들이 보이는 듯했다.

만리장성 밖으로 더 멀리 나가야만 허베이河北하북 성 경계에 이를 수 있다. 만리장성 밖에는 내몽고뿐만 아니라 동북도 있다. 머나먼 동북 지역을 생각하면 내 가슴속에서 진실 된 그 뭔가가 올라왔다. 그것은 바로 오직 동북 사람만이 느낄 수 있는 느낌인데, 한쪽 밖으로 내몰려 있으면서 안으로 들어가고 싶어도 들어갈 수 없는 그런 느낌이었다. 원래 만리장성에 오면 진시황의 대공정을 볼 수 있고, 맹강녀가 울면서 넘겨졌다는 벽을 볼 수 있을 줄 알았다. 그런데 뜻밖에도 만리장성은 내 마음속에 갑자기 거대한 돌처럼 자리 잡았다. 그것은 자랑도 아니고, 또한 분노도 아닌 어떤 장애물처럼 느껴졌다.

그 다음으로 갔던 만리장성은 산하이관이었다. 산하이관 만리장성은 마치 노래가 흐르다가 일시적으로 멈춘 것 같았다. 또한 산하이관은 중원과 동북에게 있어서는 하나의 개념이자 암시였다. 동북을 등지고 걸어가면 산하이관에 도달하고, 중원을 등지고 걸어가다 보면 산하이관을 빠져 나오게 된다. 사람들이 이곳에 와서 여기에 서 있다 보면 어디가 나의 집이고, 어디가 객지인가 하는 생각에 잠기게 될 것이다.

1996년의 한 여름이었다. 관광객들 사이에 끼어서 산하이관 성루에 서니 몇 년 전 빠다링에서 느꼈던 그 느낌이 다시 밀려왔다. 하지만 산하이관은 나에게 내가 누구인지, 나는 어디서 왔는지를 더욱 명확히 알게 해 주었다. 산하이관은 내 마음속에 있는 그 장애물의 느낌을 더욱 강하게 느끼게 해주었다. 이곳에서 나는 동북을 더욱 뚜렷이 볼 수 있었고, 동북이 무엇이고, 관외關外[4]가 무엇인지를 더 명확히 알게 되었다.

산하이관 성루를 따라 걷다 보니 내게 처음으로 만리장성에 대해 이야기해 주었던 선생님과 그 작은 역사책이 생각났다. 예전에 나는 역사는 그냥 역사이므로 고칠 수 없다고 생각했었다. 초등학생들이 보는 역사책도 그러할 것이라고 생각했었다. 지금 생각해 보니 너무 웃긴다. 역사는 먼지가 두껍게 쌓여 있으니 끊임없이 분별하고 탐구해야만 본래의 모습을 찾을 수 있는 것이었다. 그냥 써 내려가기만 한 역사는 역사가 아니다. 역사는 영원히 의구심을 품어야 하는 것이다.

어찌되었든 만리장성은 중국에서 2천7백 년 이상의 역사를 가지고 있고, 성벽을 쌓아 온 역사만도 2천 년이 넘는다는 것을 나는 처음 알았다. 그리고 만리장성은 하나만 있는 것이 아니고, 또한 1만 리가 넘는다는 것도 알게 되었다. 중국에서 최초로 장성을 쌓은 사람은 북방 사람이 아니라 춘추시대 강남의 초楚나라였다. 초나라가 쌓을 당시에는 장성長城이라 부르지 않고 방성方城이라 불렀다. 나는 지난번과 이번에

---

4) 산하이관(山海關산해관) 동쪽 또는 자위관(嘉峪關가욕관) 서쪽 일대를 지칭하는 말로, 중국의 동북 지역을 뜻한다.

올랐던 장성이 명明나라 때의 장성이었으며, 진시황과 맹강녀와는 아무런 관련이 없다는 것을 이제야 알게 되었다. 명나라 때의 장성은 중국의 마지막 장성이었으며, 또한 가장 견고한 장성이었다.

산하이관에 서 있다 보니 마치 역사의 페이지를 뒤에서부터 앞으로 펴는 것처럼 느껴졌다. 장성은 마치 한 마리 한 마리 물고기가 되어 내 눈앞에서 베틀의 북처럼 왔다 갔다 하는 것 같았다. 중국의 북방에서 얼마나 많은 장성들이 중원으로부터 동북을 향하여 뻗어 갔던가! 장성이 있었기 때문에 중원과 동북은 영원히 끊을 수 없는 관계가 되었고, 장성은 동북에게 있어서 하나의 메시지였다. 이렇게 말이다.

'동북이여, 너는 중원이 영원히 걱정하고 기억하고 있으며, 또한 항상 방어를 취하는 곳이며, 문밖에 내보내 놓고도 억지로 품안으로 끌어들이려고 하는 존재이다.'

동북은 우월했고, 늘 중원 사람들로 하여금 식은땀을 흘리게 했다. 또한 동북은 중원 사람들이 항상 이민족으로 보기 때문에 비극적이기도 했다.

관외의 한 여자로서 산하이관에서 관외를 보고 있자니 담벼락에 기대어 우리 집 뜰을 바라보고 있는 익숙함을 느끼는 한편으로 낯선 느낌이 들었다. 나는 한 번도 이런 시각으로 동북을 바라본 적이 없었기 때문이다. 동북의 수많은 경치들은 희미하고 그림자만 있는 듯했는데, 오늘은 신기하게도 너무나 뚜렷하게 보인다.

가장 오래된 장성은 연燕나라의 장성이다.

연나라는 전국시대의 여러 제후국 중 하나다. 연나라는 가장 먼저 남쪽 경계선에 장성을 쌓아서 조趙나라를 방어했고, 후에 북쪽 경계에 장성을 쌓아서 동호東胡를 방어했다. 남쪽 경계의 장성을 쌓을 때 적은 조나라 하나만 있는 것이 아니었다. 남쪽에는 제齊나라도 있었고, 서쪽으로는 강대한 진秦나라도 있었다. 연나라의 수도는 역수易水[5]의 북쪽 강변과 멀지 않은 곳에 있었다. 장성은 그야말로 생명을 지켜 주는 호신부와 같았다. 그러나 연나라 왕 희喜에 이르러 나라는 쇠락의 길을 걷고 있었다. 일찍이 진나라에 인질로 잡혀 가서 모든 굴욕을 당했던 연나라 태자 단丹은 최후의 승부수를 두었는데, 바로 자객 형가荊軻를 보내어 진나라 왕을 살해하려 했던 것이다. 그리하여 역수 강가에서는 천고에 보기 드문 이별이 있었는데, 고점리高漸離[6]의 비장한 연주와 친구였던 형가의 죽음을 기리며 울려 퍼진 노래가 그것이다.

'바람은 쌀쌀하고 역수의 물은 차갑네. 대장부 한 번 가면 다시 돌아오지 못하리.'

그러나 진시황 암살 계획은 실패로 돌아가고, 자객인 형가는 죽임을 당한다. 그 후 형가를 이어서 고점리도 죽임을 당했다. 진시황에게 잔뜩 겁을 먹은 연나라 왕 희는 태자 단을 죽였으나 연나라와 함께 진나라의 칼에 멸망하고 말았다. 이 이야기는 장성에서 일어난 최초이자 가장 비극적인 이야기였다.

---

5) 허베이(河北하북) 성 이현(易縣) 근처에서 시작하여 대청(大淸)강에 합류하는 강 이름.
6) 전국시대 말기 연(燕)나라 사람. 축(築, 비파와 비슷한 현악기)의 명수였다. 형가(荊軻)의 친구로, 형가와 함께 진시황을 살해하려는 음모에 가담했다.

연나라 남쪽 경계의 장성은 동북까지 이어지지는 않았지만 동북에는 타이쯔허太子河태자하라는 강이 있다. 연나라 태자 단이 진나라 군사로부터 추격당할 때 숨었던 곳이고, 또한 여기서 죽임을 당했다고 하여 붙여진 이름이다. 타이쯔허는 연나라 장성의 확장이기도 했는데, 동북 사람들은 이 강을 통해 연나라 장성의 부드러운 면을 볼 수 있었다. 연나라의 북쪽 장성은 랴오시에서 이어졌다. 랴오시에서 장성을 본 적이 있는데, 그것은 마치 먹다 남은 물고기 뼈 같았으며, 랴오시의 민둥산 자락에 보일 듯 말 듯 이어져 있었다.

연나라는 처음에 동호와 싸워서 이길 수 없음을 알고 동호의 요구에 따라 연나라의 명장인 진개秦開[7]를 동호에 인질로 보냈다. 진개의 몸은 동호에 있었지만 그의 마음은 늘 연나라에 가 있었다. 그는 다시 연나라로 돌아온 후에 군사를 일으켜 동호를 북쪽 1천여 리 너머로 쫓아냈다. 진개가 인질로 잡혀 있을 때, 연나라는 북쪽 장성을 쌓을 수 있는 구실을 얻게 되었다. 그러나 진개만으로도 동호를 퇴각시킬 수 있었으니 굳이 장성을 쌓지 않아도 되었을 것이다. 동호는 동북의 후룬베이얼 초원에 있다가 나중에 흉노에 의해 멸망하게 된다. 결국 연나라 장성에 관한 이야기는 많았으나 그 최후는 미미했다.

동북으로 뻗은 두 번째 장성은 진나라 장성이다. 『사기史記』「몽염전蒙恬傳」에 의하면, 진나라는 이미 천하를 통일시켰음에도 불구하고 몽염[8]에게 30만 대군을 줘서 북쪽의 융戎과 적狄을 쫓아 하남을 정복하

---

7) 중국 전국시대 연(燕)나라의 장수.
8) 진시황 때의 장수. 진시황이 죽은 뒤 조고(趙高)가 조서(詔書)를 위조하여 그를 사사(賜死)하려 하자 자살하였다.

고 장성을 쌓게 했다. 지형에 따라 험준한 곳을 요새로 하여 린타오臨洮임조로부터 랴오둥遼東요동까지 1만여 리가 이어졌다. 진나라 장성은 동북에 있는데, 적봉赤峰으로부터 랴오시, 랴오둥으로 이어 갔다. 그때 진시황은 이미 천하를 통일시켰음에도 불구하고 북쪽의 흉노 때문에 늘 불안했다. 그로 인해 진시황은 그저 얻어먹기 식으로 진나라 장성과 조나라 장성, 연나라 장성들을 이어서 동과 서를 가로지르는 만리장성을 만들게 되었다. 이때부터 만리장성이라 불리기 시작했던 것이다. 마치 천하의 장성은 모두 진시황이 지은 것처럼 만리장성은 그의 명함이 되었고, 그가 만든 명품이 되어 버렸다. 심지어 박식하다는 건륭제도 속아 넘어갈 정도였으니, 그는 산하이관을 진나라 장성의 시작점이라 여기어 시를 쓰기도 했다.

'진시황의 관은 산하이관이로다, 빈 유적을 남겨 심곡의 연나라를 방어하고 있구나.'

더욱 재미있는 것은 산하이관 밖 멀지 않은 곳에서 맹강녀의 묘를 볼 수 있는데, 묘 안에는 망부석도 있었다. 여행자들은 향불을 들고 경건하게 옛 전설과 만난다. 그러나 사실 맹강녀와 진시황의 장성은 그 어떤 관련도 없다. 역사학자들의 고증에 의하면, 맹강녀는 춘추전국시대 제齊나라 사람이었다. 제나라 장공莊公이 거莒나라를 공략할 때 기량杞梁을 선봉으로 내보냈는데, 불행히도 전쟁터에서 죽고 말았다. 기량의 처는 제나라에서 잘 우는 여자로 유명했는데, 이것이 나중에 전설로 내려오는 모델이 되었다고 한다. 즉 맹강녀와 진시황은 근본적으로 같은 시대 사람이 아니었다. 맹강녀는 진시황보다 몇 백 년 전 사람이다. 그리고 진나라 장성은 명나라 장성 북쪽에 있어서 명나라 장성과는 5백여 리나 떨어져 있고, 산하이관의 장성은 명나라 때 축성된 것이니, 어찌 맹강녀가 2천 년의 세월을 뛰어 넘어 찾아와 울 수 있단 말인가? 이것은 전혀 말도 안 되는 것들을 꿰어 맞춘 것에 불과하다. 이러한 꿰맞추기는 필요에 의해서 만들어진 것으로, 진시황이 너무 잔혹했기 때문에 이런 이야기만이 그것을 덮을 수 있었기 때문이었다.

진시황과 진나라 2세 황제 모두 랴오시에 간 적이 있는데, 이는 사실인 것 같다. 현재 쑤이중綏中수중 현[9] 지역 해변 근처에 갈석궁碣石宮 유적이 남아 있는데, 당시 그들이 머물렀던 행궁이다. 갈석궁 맞은편 바다 위 암초에는 여러 개의 비석이 있는데, 진시황이 동쪽에 왔을 때 세운 갈석비碣石碑였다. 진나라 때의 벽돌과 기와, 갈석 모두 여전히 생생하게 남아 있다. 저 땅 깊은 곳에는 2천 년 전 제왕들의 사치를 담은 냉장 항아리가 매장되어 있는데, 진나라 왕이 매번 동쪽으로 순행했을 때 머물렀던 시간이 꽤 길었음을 증명하고 있었다. 동북은 중국의 첫 황제부터 이미 가장 기름지고 가장 뜨거웠던 먹잇감이었다. 제왕들이 동북을 얻은 후 동북은 더 이상 평온을 얻을 수 없었다.

한漢나라의 장성은 진나라 이후 동북으로까지 이어졌다. 갈석궁과 멀지 않은 곳에 한무제漢武帝가 머물렀던 관하이타이觀海台관해대라는 유적지가 있다. 진나라와 마찬가지로 한나라의 황제들도 동북에 많은 관심을 보였는데, 어떤 황제는 직접 동북을 다녀오기도 했다. 한나라

---

9) 랴오닝(遼寧요녕) 성 후루다오(葫蘆島호로도) 시의 현으로, 남쪽으로는 보하이(渤海발해)
  만에 접해 있고, 서쪽으로는 산하이관(山海關산해관)과 접해 있다.

장성이 방어하고 있는 것은 여전히 강대한 흉노였다. 그러나 그 돈대墩台 식의 한나라 장성은 평화를 지키지 못했고, 평화를 지킨 것은 오히려 사람들이었다. 랴오시遼西요서와 동몽東蒙은 그 당시 한나라의 우북평군右北平郡이었으며, 서한西漢의 대장군 곽거병霍去病, 장건張騫, 이광李廣 등이 이곳에 왔었다. 그들은 이곳에서 출발하여 흉노를 공격하거나, 혹은 태수太守로서 적의 침입에 대비하여 변경 지역에 머물러 있었다. 그들이 없었다면 한나라의 강산도 없었다. 그들의 공로는 한나라 유씨劉氏 황제들 못지않았다.

그러나 가장 칭송할 만한 이는 여인이었으니, 바로 그 흉노의 선우單於를 따라 변경을 나선 왕소군王昭君이다. 전쟁에서 도저히 싸워 이길 수 없을 것 같으면 중국의 황제들은 바로 화친이라는 정치적 수단을 사용하기 시작했다. 지금은 전쟁에 여자를 내보내지 않지만 그때는 적들을 퇴각시킬 묘책이 없으면 여자를 내세웠다. 이와 관련된 옛 시구를 보면 이렇다.

'한나라 역사의 한 장면이도다. 장성 만 리 길에 봉화가 있어도, 어찌 비파 소리보다 좋으리. 북소리가 끊긴지 오십 년이 넘었도다.'

만리장성에 있어서 여자는 마치 평화를 의미하는 한 마리 비둘기와도 같았던 것이다.

쑤이중 지역 해변을 다녀왔던 사람은 진시황과 한무제 말고도 또 한 사람이 있었는데, 그는 바로 위魏나라 무제武帝 조조曹操였다. 동한東漢 말기에 조조는 원소袁紹를 대패시킨 후 북방을 통일하고 천하를 얻기 위해 직접 오환烏桓으로 출정했다. 조조는 장성을 쌓지는 않았지만 장성 밖의 오랑캐에게 매료당했다. 조조가 평정했던 오환 지역은 오늘의 차오양朝陽조양 일대였다. 그곳에서 오환의 왕 탑돈塌頓을 죽이고 대승하여 돌아왔다. 남하하는 도중에 그는 몇몇 갈석비를 보게 되었는데, 이에 감정이 북받쳐 중국 문학사에 길이 남게 된 강산을 삼킬 기세의 「관창해觀滄海」를 지었다.

東臨碣石동임갈석, 以觀滄海이관창해.

水何澹澹수하담담, 山島竦峙산도송치.

樹木叢生수목총생, 百草竦茂백초풍무.

秋風蕭瑟추풍소슬, 洪波湧起홍파용기.

日月之行일월지행, 若出其中약출기중.

星漢燦爛성한찬란, 若出其裏약출기리.

幸甚至哉행심지재, 歌以詠志가이영지.

동으로 와서 갈석을 보고 망망한 바다를 보노라.

물결은 드세고 산들은 섬이 되어 물속에 서 있네.

나무들이 빼곡히 자라나고 백초들로 무성하노라.

가을바람이 차갑고 거대한 파도는 높이 솟아오르네.

해와 달의 움직임도 그 안에 있노라.

별들도 찬란하니 그 안에서 나온 듯하네.

기쁨이 지극하여 이렇게 내 포부를 노래하노라.

조조가 남긴 20여 수의 시 중에서 4수가 랴오시에서 돌아오는 길에 쓴 것이다. 그의 시 중에서 '늙은 천리마가 구유에 머리를 숙이나 뜻은 천리에 있으니, 영웅은 황혼의 나이가 되어도 포부는 식을 줄 모르도다' 라는 시구도 그의 포부를 보여주었으며, 오직 동북만이 그에게 이러한 정서를 주었다. 동북에서 영웅이 많이 나타났으며, 동북은 중원에서 온 영웅도 환영하며 맞이했다. 동북은 영웅이 자신의 재능을 발휘하는 곳이기도 하고, 그에게 예술적 감성을 주기도 했다.

명나라 장성은 중원이 동북을 막기 위한 최후의 방어선이었다. 그때는 동북이 이미 많은 장성을 보았고, 경험도 상당했다. 또한 그 당시의 장성들은 모두 허물어지고 제 모습을 찾기 어렵게 되어 반드시 천추에 영원히 남을 수 있는 것으로 만들어야 했다. 그러니 명나라 장성은 견고할 수밖에 없었다. 빠다링은 척계광戚繼光이 쌓았고, 산하이관은 서달徐達이 쌓았다.

그런데 명나라 황실에서 두 사람을 보내 장성을 보수하는데 군사를 사용했다는 건 곧 전쟁을 의미하는 것이었다. 이 세상 그 어디에도 이러한 왕조는 없었다. 2백7십여 년을 통치하면서 그 기간 동안 계속 장성을 보수해 왔으며, 단 한 번도 멈춘 적이 없었다. 장성을 보수한다는 것은 바로 그 왕조의 내적 세계가 공허하다는 것을 말한다. 그들이 어찌 공허하지 않을 수 있겠는가? 그들은 장성의 북쪽에서 누가 매일 칼을 갈고 있는지를 너무나도 잘 알고 있었다.

중국 사람들의 마음속에 있는 장성은 동쪽의 산하이관에서부터 서쪽의 자위관까지 2백7십 년 동안 보수해 왔던 명나라 장성이다. 하지만 이것만이 명나라 장성의 전부는 아니다. 산하이관에서부터 압록강까지, 그리고 천리 길 떨어진 랴오둥의 장성이 있음에도 장성이라 부르

주먼커우(九門口) 장성.

지 않고 변장邊牆이라 부르는 이유는 바로 그것이 항토장夯土牆[10], 석체
장石砌牆[11] 등으로 연결된 성벽이기 때문인데, 이는 오히려 동북의 특
색이 되어버렸다.

끊어질 듯 말 듯 이어진 변장 중에서 내 시선을 사로잡은 것은 바로
주먼커우九門口구문구[12]였다. 쑤이중 지역의 서남쪽으로 산하이관과는
어느 정도 거리가 있으며, 랴오둥 변장의 시작점이기도 하다. 그것 역
시 하나의 관關이었는데, 첫 번째 관외였다. 멀리서 바라보면 마치 독
수리 한 마리가 몸통을 골짜기 바닥으로 내리꽂고, 두 날개는 산봉우리
의 정상에 있는 듯했다. 그러니 몸은 관關이고, 두 날개는 성城이며, 위

10) 흙으로 쌓은 성벽.
11) 돌이나 벽돌로 쌓은 성벽.
12) 랴오닝 성과 허베이 성의 분기점에 위치한 장성이다.

엄한 연산燕山과 연이은 랴오시의 사이를 가르고 있다. 골짜기 아래에서는 주먼허九門河구문하가 흐르고 있었는데, 성관城關은 사실 물을 흘려보내기 위한 성문이기도 하다. 관문이 아홉 개여서 '주먼커우'라고 부른 것이다. 여장女墻[13]은 허베이河北하북 쪽에 있고, 성첩城堞[14]은 랴오시 쪽에 있다. 그때 갑자기 이런 생각이 들었다.

'무엇 때문에 총구가 동북쪽을 향해 있을까?'

'아, 동북은 관외였구나.'

그러니 총구는 여진족의 기마부대를 향해야 했을 것이다.

때는 정오였으며, 나는 홀로 주문허 강가에서 그 높고 큰 성관을 바라보고 있었다. 여기는 너무 외진 곳이라 여행자의 발길이 드물어서 사과나 약재, 들나물을 파는 할머니와 아낙네들이 나를 둘러쌌다. 이곳에 사람이 오기는 오는 것 같은데, 여행자들이 거의 보이지 않았다. 그런데 여행자를 기다리는 상인들은 너무 많았고, 나를 에워싼 것은 바로 그들의 초조함이었다. 나는 사과 몇 개를 사서 씻어 먹을 요량으로 강가로 향했다.

역사적으로 주먼커우는 이렇게 조용한 적이 없었다.

여기서 멀지 않은 곳에 원숭환의 휘하 장수 주매朱梅의 묘가 있다. 영원寧遠전투에서 주매는 원숭환과 함께 누르하치의 침입을 물리쳤고, 나중에는 황타이지皇太極황태극도 격퇴했다. 황타이지는 원숭환을 몹시 증오했는데, 그의 선조 완안올술이 이간책을 써서 조구趙構로 하여금

---

13) 성벽 위에서 적의 공격으로부터 은신할 수 있는 방패 역할을 하면서 활이나 총을 쏘기 위해 구멍이나 사이를 띄어서 쌓은 작은 성벽.
14) 성 위에 낮게 쌓은 담.

악비 장군을 죽이게 한 것처럼, 숭정제崇禎帝로 하여금 원숭환을 죽이도록 했던 것이다. 주매는 산하이관 전투에서 큰 공을 세웠고, 그가 죽은 후 명나라 조정에서는 주먼커우 장성 자락에 그의 무덤을 만들도록 했다. 주먼커우에는 성벽과 하나의 관문이 있는데, 이곳에 서 있기만 해도 비극이든 희극이든 어떤 극이 펼쳐질 것 같았다.

이자성李自成[15]도 왔었다. 명나라 황제들은 장성만 있으면 자자손손 마음껏 이용할 수 있을 것이라 생각했지만, 그들은 한 왕조가 어리석고 부패한다면 언제든지 사방에 적들이 생길 수 있다는 것을 몰랐다. 관내關內[16]의 농민과 관외關外의 청나라 군에 의해 양쪽에서 협공을 당하자 숭정제는 징산景山경산[17]에서 스스로 목을 매어 자결했다. 이자성은 저우먼커우에서 청나라 황족 도르곤多爾袞다이곤과 만났다. 산하이관의 수장 오삼계吳三桂가 자신의 애첩이 이자성의 부장에게 잡혀 갔다는 이유로 명나라를 배반하고 청나라에 투항함과 동시에 성문을 열어 도르곤이 입성할 수 있도록 한 것을 이자성은 전혀 몰랐던 것이다. 불쌍한 이자성의 농민군은 명나라 군은 이겼지만, 청나라 군에 패함으로써 오히려 관내에서 청나라 군에게 큰 도움을 주게 되었다. 이로써 누르하치의 꿈은 현실이 되었다. 청나라 군은 손끝 하나 까딱하지 않고 관내의 주인이 되었던 것이다.

---

15) 중국 명나라 말기의 농민 반란 지도자(1606~1645). 1631년 연수(延綏)의 기근을 기화로 봉기하여 반란군의 수령이 되었으며, 시안(西安)을 점령하여 신순왕(新順王)이라 칭하고 대순국(大順國)을 세웠다. 1644년 명나라를 멸망시켰으나 오삼계 등이 이끄는 청나라 군에 패했다.
16) 중국 동북 지역 이남을 지칭하는 말.
17) 베이징 자금성 북쪽의 언덕.

장성은 무엇인가? 북방의 유목민들에게 장성은 원대한 목표였다. 장성이 길면 길수록, 견고하면 견고할수록, 자극적이면 자극적일수록 그들의 전쟁에 대한 욕망과 점령욕은 더욱더 불타올랐다. 이것이 바로 장성을 쌓은 사람들의 비극이자 장성 자체의 곤혹스러움이다.

어떤 사람들은 중원의 농경 민족이 북방의 유목 민족을 두려워하여 장성을 만들었다고 한다. 그러나 사실은 유목민들도 중원을 두려워했고, 유목민 스스로도 서로를 두려워했다. 나는 산하이관에서 중원에서부터 동북으로 향하는 장성을 보았을 뿐만 아니라, 동북의 소수 민족들이 쌓은 장성도 보았다. 곰곰이 생각해 보니, 장성은 중국에서 일종의 모방과 경쟁의 대상이 되었던 것 같다. 장성을 쌓는 일은 이미 중원문명의 확장처럼 되어버렸고, 모든 중화 민족이 너나 할 것 없이 함께 쫓아 하는 일이 되었다. 각각의 장성들은 한 민족의 노래가 되었으며, 한 민족의 흥망을 좌우하는 생명의 끈이 되었다. 장성의 기복은 곧 한 민족의 흥망성쇠와 같았고, 그 민족의 역사가 되었다.

고구려는 당나라의 침입이 두려워 사신을 보내 공물을 바치는 한편, 동북의 부여성으로부터 서남쪽 해안까지 1천 리에 걸쳐 장성을 쌓았다. 고구려 사람들은 가무에 능하고 장성도 잘 쌓았다. 그들은 장성은 물론 산성山城도 쌓았는데, 환런桓仁환인 지역의 오녀산성, 지안集安집안 지역의 환도산성, 진저우金州금주[18] 지역의 비사성 등이 있다. 천리장성의 성들은 모두 다롄 만으로부터 지린吉林길림까지 뻗어 있어 동북 일

18) 랴오닝 성 다롄(大連대련)에 있는 구(區).

대의 경관이 되었다. 장성과 산성 모두 고구려 민족의 용맹함과 불굴의 개성을 잘 보여주고 있다. 그러나 결국은 당나라에 의해 멸망하는 운명을 피하지는 못했다.

거란인들은 모두 세 개의 장성을 쌓았다. 『요사, 태조본기遼史, 太祖本紀』에는 '장성을 쌓아 동해구東海口를 지킨다.'라는 기록이 있다. 여기서 동해구는 바로 랴오난遼南요남 발해의 산골에 있는 난꾸안링南關嶺남관령이다. 이 장성은 그 길이가 얼마나 되고, 또 어디서부터 시작되었다는 등의 문헌 기록이 그 어디에도 없다. 두 번째 장성은 후룬베이얼胡倫貝爾호륜패이 초원에 있는데 마치 금색의 띠처럼 보인다. 동쪽에서 서쪽으로 1만여 리에 이르는 장성을 모두 흙으로 쌓았는데, 제 아무리 용맹한 말이라도 뛰어 넘을 수 없을 정도로 높다. 그리고 마지막 세 번째 장성은 송화강 강변에 있는데, 이는 여진족을 방어하기 위한 장성이라는 것을 한눈에 알 수 있다. 이 장성은 짧고 작은데, 미처 다 쌓지 못했거나 혹은 여진족을 크게 신경 쓰지 않았다는 것을 알 수 있었다. 그럼에도 불구하고 요遼나라는 결국 여진족에 의해 멸망하고 말았다.

완안完顔 씨가 금나라를 세울 때 몽고인들은 뒤에서 호시탐탐 노리고 있었다. 그래서 금나라는 몽고와의 접경 지역에 장성을 쌓았다. 기록에 따르면 이들은 장성이라 하지 않고 계호界壕[19]라고 부르거나 '칭기즈칸의 담벼락'이라 불렀다고 한다. 왜냐하면 이는 칭기즈칸을 두려워하여 그를 막기 위해 만든 것이기 때문이다. 그런데 결과적으로 마치 예언처럼 훗날 여진족의 묘를 파헤친 사람이 바로 칭기즈칸이었다.

19) 경계를 구분 짓는 도랑이라는 뜻.

금나라에서 쌓은 또 하나의 장성은 다싱안링 북쪽 기슭에서 시작해 후룬베이얼 초원을 지나 막북漠北의 늪과 못이 있는 지역까지 뻗어 있는 명창고성明昌故城인데 올술장성兀術長城이라 불리기도 했다. 장성은 마치 운명처럼 항상 무언가를 위해 방어하면 꼭 그 사람에 의해 멸망을 당했다.

나는 원나라의 만리장성을 본 적이 없다. 어떤 사람은 몽고인들이 그 전 시대의 장성을 보수한 적이 있었다고 말했지만, 이는 몽고인의 성격과 맞지 않는다. 몽고인들에게는 뼈 속 깊은 곳까지 변경邊境이라는 인식이나 개념이 없었다. 그들은 초원에서 달리는 것이 몸에 익숙한 사람들이기에 그냥 말을 타고 가다가 다른 사람들이 쌓아 놓은 장성을 짓밟는 것이 더욱 어울리는 사람들이다. 그들이 타던 말을 남산에 풀어 놓고 긴 시간 동안 그 답답한 장성을 쌓았을 것 같지는 않다. 또 말을 묶어 놓고 장성을 쌓았다면 그들이 그 먼 곳까지 달릴 수 있었을까?

청나라 왕조가 쌓은 유조변柳條邊[20]은 장성이 아닐 뿐더러 전쟁을 위한 것이 아니다. 유조변에 심은 초록색 버드나무가 집안의 뜰과 같은 분위기를 자아내면서 관내 사람들이 동북의 인삼, 가죽, 녹용 등을 마음대로 가져가지 못하게 하려 함이었다. 이처럼 만주족은 관외 3대 보배를 보호하기 위해 버드나무를 심어 안과 밖의 경계를 두었다. 이로 인해 동북은 또 하나의 별칭이 생기게 되었는데, 그것은 바로 '변외邊外'이다.

---

20) 유조변(柳條邊)은 조자변(條子邊)이라 부르기도 하는데, 너비와 높이가 각각 3자 길이에 흙으로 쌓은 제방이다. 제방 위에는 버드나무를 심었다고 해서 '유조변'이라 불렀다.

우리는 이와 같이 장성을 통해 여러 소수 민족과도 만나게 되었다. 한 민족으로서 그들은 한때 비교할 수 없을 정도로 생동감이 넘쳐났었다. 그러나 끝이 없는 전쟁과 약탈은 그들을 화려하게 만들었고, 위축시키기도 했으며 쇠락시키기도 했다. 또한 종횡으로 내뻗은 장성은 그들에게 광활함도 주었고 협소함도 주었다. 관외 밖에는 또 변외가 있어 동북은 한층 더 바깥으로 밀려났을 뿐만 아니라 아주 멀리 떨어지게 되었다. 동북은 마치 누에가 고치를 만드는 것처럼 자신을 한 겹 한 겹 암흑 속으로 감싸 안게 되었다. 동북의 만리장성은 마치 그물망처럼 펼쳐져 있었다.

내가 장성에 대해 글을 쓸 수 있었던 것은 중원의 장성이 생각보다 많지 않았기 때문이었는데, 동북에 이렇게 많은 장성이 있을 거라고는 생각지 못했다. 또한 장성은 오로지 중국만의 것이며, 이 세상 그 어느 나라에서도 이러한 방식으로 자신의 나약함이나 강대함을 알렸던 나라가 없었기 때문이다. 2천 년 동안 20여 개의 제후국과 봉건 왕조가 장성을 쌓아 왔다. 만약 모든 장성을 연결한다면 지구를 한 바퀴 돌 수 있을 것이다. 그래서 중국인들이 어디를 가든 옆에서 장성이 뱀처럼 감고 지나갈 것이다. 장성을 너무 오래 봤더니 두려움마저 생겼다.

중국의 문학가이자 사상가 루쉰魯迅노신도 장성을 주제로 160여 글자의 글을 썼는데, 그는 장성에 대해서 할 말은 많지만 길게 말하고 싶지 않았던 것 같다. 그는 장성은 힘든 노역으로 수많은 사람들을 죽음으로 몰았음에도 불구하고 오랑캐를 막지 못했고, 사방으로 둘러싼 장성에는 옛 벽돌에 또 새로운 벽돌이 쌓여지면서 거대한 담벼락이 되어 사람들을 포위하고 있으니, 참으로 위대하면서도 저주스럽다고 표현했다.

위대하면서도 저주스러운 것이 바로 장성이다. 내가 읽은 장성에 관한 글 중에서 가장 훌륭한 글이었다. 그러나 나는 장성을 보면서 연민의 감정이 더 많이 생겨났다. 이러한 연민은 맹강녀의 울음 때문이 아니다. 일단 장성은 하나의 두꺼운 벽으로 사람들을 감싼다. 그래서 그 사람들이 날아가지도 못하게 하고, 심지어는 날 줄도 모르게 만들어 버린다. 오로지 천천히 걷게 하고, 많은 우여곡절을 겪게 한다. 사실, 전쟁은 빨리 시작되고 빨리 끝나는 것이다. 하지만 전쟁의 시간이 상당히 길었기 때문에 사람들은 유유자적한 일상처럼 장성을 쌓았다. 그래서 장성은 형태가 있는 벽이면서 무형의 방패이기도 하다. 반드시 전쟁을 해야만 하는 것은 아니지만 방어는 해야 했다. 이미 중국 사람들의 마음속에는 장성이 하나의 대피소이자 정신적인 갑옷이 되었다. 또한 장성은 중국의 조상들이 가장 먼저 공개한 사생활이기도 하다. 장성은 영원히 다른 사람에게 가까이 가지 않았고, 다른 사람이 가까이 오지 못하게 만들었다.

산하이관은 천하 제 1관으로서 동북 사람에게는 아주 특별한 의미가 있다. 동북에 있는 모든 장성들이 방어의 힘이 사라졌다고 해도 산하이관은 여전히 남아 있을 것이다. 산하이관은 단순한 풍경이 아니라, 아주 무겁고 열기 어려운 문이다. 산하이관은 대대손손 동북 사람들의 마음과 이념, 그리고 행위와 생활방식 등 모든 것에 영향을 주었다. 마치 그곳에 서서 동북 사람들에게 '너는 관외에 있으니 들어오지 못한다.'고 말해 주고 있는 것 같았다. 또한 동북 사람들에게 관에 갇혔으니 자수하라고 하는 한편, 그들을 맹수와 싸우도록 하여 더욱 야만적인 사람으로 만들었다. 게으른 성향은 동북 스타일의 한량을 키워 냈고, 야성은 동북식의 산적으로 길러냈다. 동북 사람들의 거친 모습, 그들의 자존심, 자족하는 마음과 동북의 비옥함, 그리고 황량함은 산하이관으로 인해 더욱 뚜렷해졌다. 전쟁을 치르거나 전쟁 포로가 되지 않는 이상 동북 사람들이 관내로 들어오는 일은 없었다. 관내로 들어왔다고 해도 어디를 가든 부자연스러웠다. 지금도 동북 사람이 남쪽에 가면 한눈에 알아 볼 수 있다.

산하이관은 동북 사람이 들어오지 못하게 했을 뿐만 아니라, 중원 사람들도 나가지 못하게 했다. 산하이관을 나오게 되면 집에서 멀어지게 되는 것이다. 관내로 들어가는 것보다 관외로 나가는 경우가 더 많았다. 청나라 팔기군에 속한 만주족 사람을 제외하고 동북 사람은 거의 모두 관동 지역의 유랑민이거나 그의 후손들이었다. 또한 동북에는 한 무리의 특수한 사람들이 있었는데, 정처 없이 떠돌아다니는 부랑자 무리로 혹은 범죄자로 부르기도 했다. 동북은 역사적으로 줄곧 위험한 길로 여겨졌다. 폭설, 황무지, 맹수 등 마치 또 다른 세계와도 같았다. 오늘날 동북으로 오는 사람들은 대다수가 힘든 일을 하는 노동자들이다. 동북에는 콩과 수수밭이 있고, 석유 채굴 기계도 있다. 하지만 동북은 여전히 꽁꽁 얼어붙은 동토凍土이니 누군가는 와서 파야 한다.

이 모든 것들은 멀리 떨어져 있어서가 아니다. 다만 장성이 너무 밀집되어 있고 산하이관이 너무 험준하기 때문이다. 그것들은 동북 사람들의 마음속에 길고 긴 어두운 그림자를 드리워 주었다. 이 글을 쓰면서 생각했다.

'동북 사람들의 영혼이 언제쯤이면 장성을 뛰어넘고 또 산하이관을

뛰어넘어 상상의 나래를 펼치며 이 세계에서 자유롭게 날아다닐 수 있을까?'

인류는 기원 후 2천 년을 함께 달려왔다. 수많은 옛 담벼락들이 무너져 세상을 향해 열려 있다. 중국도 열려 있는 지금, 동북 사람들은 왜 아직도 쓸데없는 체면을 세우며 우물쭈물하고 있는 것인가!

05

아이후이의 비극
: 열강의 약탈 속에 사라져 간 도시

나는 아이후이愛琿애혼[1]에 갔었던 그날의 시간과 강렬한 느낌을 떠올리곤 한다. 그동안 단 한 번도 역사가 내게 가져다주는 고통을 이렇게 절실히 느껴 본 적이 없었으며, 이렇게 무거운 역사를 짊어질 것이라는 생각도 해본 적이 없었다. 나는 늘 내가 여자이기에 역사와는 거리가 멀 수도 있다고 생각했다. 그러나 그날 정오, 내 마음은 그동안 경이원지敬而遠之[2]했던 역사에 의해 타버리고 재만 남게 되었다.

이것은 결코 응석을 부리는 게 아니다. 중등 이상의 교육을 받았던 중국인이라면 누구나 아이후이를 알 것이다. 또한 아이후이에 가보았던 사람이라면 누구나 좋지 않은 기분을 느꼈을 것이다. 아이후이의 슬픔은 바로 중국의 슬픔이며, 또한 인류의 슬픔이었다. 왜냐하면 이 세상에서 발생했던 모든 일들은 인류가 공동으로 쓴 것들이며, 그것의

1) 중국 동북부 헤이룽장(黑龍江흑룡강) 성의 도시.
2) 겉으로는 공경하는 체하면서 속으로는 꺼리어 멀리함.

과거와 현재는 모두 인류가 함께 부딪쳐야 할 일들이기 때문이다. 아이후이에 가면 분명 「아이훈조약」[3]을 체결했던 장면과 큰 화재를 마주하게 될 것이고, 큰 화재로 불타버리기 전 코사크Cossack[4]의 칼과 흑룡강 위에 흘린 피를 보게 될 것이며, 또한 지금의 자그마한 아이후이의 역사관을 마주하게 될 것이다.

작은 정원과 주변의 풍경은 나를 놀라게 했다. 어떻게 아이후이의 모습이 이렇게 되었단 말인가? 지금도 여전히 흑룡강 강변의 작은 마을이긴 했지만, 조용하고 담담히 흐르던 강물의 모습이 내게 준 인상은 황량함이었다. 일찍이 세계를 놀라게 했던 고성古城이었으나 지금은 마치 아무런 이야기도 없는 시골 동네 같았다. 아이후이 역사관이라 불리는 작은 정원도 어쩌면 그저 역사의 한 흔적일 뿐이었고, 그때의 대화재로 불타버리고 남은 허름한 성곽일 뿐이었다. 이 정원에 들어서면 극심한 고통 이후의 곤혹감을 느끼게 된다.

그 작은 정원에 들어서자 내 마음은 답답하고 우울해졌다. 여기에 남아 있는 건 중국 역사에서 영원히 치유될 수 없는 상처뿐이다. 그것은 나로 하여금 역사 저 너머로 더욱 멀리 바라보게 했다. 그곳은 많은 사람들이 나와 함께 동행할 수 있는 곳이 아니라는 것을 나는 알고 있다. 역사책에서는 아이후이의 비극이 네르친스크Nerchinsk의 산비탈에서 시작되었다고 보지 않기 때문이다. 그러나 그 순간 내 생각은 이미

3) 아이훈 조약(愛琿條約). 1858년 5월 헤이룽장 성 북쪽 흑룡강 연안의 아이후이에서 러시아와 청나라가 맺은 조약. 이 조약에 따라 청나라는 헤이룽장 성 이북의 60만 제곱킬로미터를 러시아에 내주었다.

4) 카자크(Kazak). 15세기 후반에서 16세기 전반에 걸쳐 러시아 중앙부에서 남방 변경으로 이주하여 자치적인 군사 공동체를 형성한 농민 집단. 20세기 초기에는 전국에 걸쳐 11개의 코사크 군단이 각 지방 군관구에 소속되어 있었다.

활시위를 떠난 화살처럼 아이후이에서 저 멀리 떨어져 있는 네르친스크를 향해 날아가고 있었다.

이제와 보니 중국 역사의 그 틈은 바로 덕망 높은 강희제가 만든 것이었다.

가장 먼저 바다로 나간 사람은 중국인이었지만 가장 먼저 세계를 재패한 사람은 유럽인이었다. 가장 먼저 원양항해도遠洋航海圖를 그린 사람은 중국 명나라의 '정화鄭和'라는 사람이며, 가장 먼저 선단을 이끌고 나간 사람도 정화였다. 모두 똑같은 항해였지만, 정화는 그저 중국 황제의 명을 받들어 다른 국가에 명나라의 존재를 알리기 위함이었다. 또한 그것은 일종의 조공朝貢을 위한 요청이었다. 조공을 바친다면 명나라는 몇 배 이상의 상을 줄 것이고, 영원히 중국에 감사하게 될 것이라고 했다. 중국은 대국이면서도 겸손한 군자였다.

정화 이후로 포르투갈, 스페인, 영국에서도 선단을 출항시켰다. 그들의 목적은 단순한 관찰이 아닌 정찰을 위한 것이었고, 또한 초청이 아니라 점령하려는 것이었다. 그들의 땅은 너무나 작았다. 콜럼버스는 아메리카 신대륙을 발견했을 당시 도착하는 지역마다 그곳을 스페인령이라고 선언했다. 중국 사람은 절대로 정복자가 되지 않았을 것이다. 그것은 해적들이나 하는 행위였기 때문이다. 중국 사람들은 바다를 항해했지만, 해상 도적은 되지 않았다.

육지에서도 가장 멀리 간 사람이 중국인이었는데 그가 바로 칭기즈칸이다. 그는 중국의 황제로 불리었으며, 그의 손자가 중국을 통일했을 그때는 그와 그의 자손들이 몽골의 초원을 나와 중앙아시아와 동유럽을 원정한 이후였다. 그래서 근대 중국의 사상가 루쉰은 중국 역사에 그의 공적을 싣는 것을 반대했다. 중국 사람들은 자기들끼리 집안싸움을 잘한다. 한 민족이 왕이 되면 다른 민족을 신하라 불렀고, 간혹 여러 제후들이 함께 일어나 서로 양보하지 않기도 했다.

중국인들은 강희제 때에 이르러서야 러시아인들과 바이칼 호에서 조우했다. 러시아인들은 육지의 도적이었고, 해적보다도 더 굶주림에 시달리고 있었다. 이 또한 강희제의 운명이었으며, 동북의 운명이자 청나라의 운명이었다.

모허漢河막하 베이지촌北極村북극촌[5]의 흑룡강에서 만난 어떤 사람이 맞은편에 있는 산을 가리키며 알려 주길, 산 너머 저곳은 그 옛날 야크사雅克薩아극살[6]라고 했다. 멀리서 바라보니 가장 먼저 코사크 군사를 이끌고 흑룡강으로 쳐들어 온 보야코프가 떠올랐다. 그는 코사크 산적들을 거느리고 살육을 하면서 아주 멀리 나갔다가 식량이 떨어지자 현지 다우르인達斡爾人달알이인[7]들을 잡아먹기도 했다. 이런 악마들이 러시아 영토의 개척자가 되었다. 그의 이름은 흑룡강 건너편 마을의 이름이 되기도 했다. 나는 건너편 마을로 가서 블라고베셴스크Blagoveshchensk[8]광장에 있는 그의 동상을 보았다. 그는 한 손에 아무르 주의 지도를 쥐고 있었는데, 지도에는 '아무르 주는 과거도 현재도 모두 러시아의 것'이라는 글이 쓰여 있었다. 보야코프 동상 앞에 서니, 이런 생각이 들었다.

---

5) 헤이룽장 성 다싱안링(大興安嶺대흥안령) 지구에 있는 현(縣)으로, 중국에서 최북단에 위치한 마을.
6) 중국 동북 방면 국경에 인접해 있던 도시.
7) 내몽고자치구 동쪽과 흑룡강 서쪽에 거주하는 소수 민족.
8) 러시아 동부 아무르 주의 주도(州都). 중국 동북 지역의 아이후이(愛琿)와 마주하고 있다.

'만약 강희제가 이 글을 보았다면, 그도 여전히 네르친스크만으로 만족해했을까?'

보야코프가 없었다면 하바로프[9]도 없었다. 그는 보야코프의 계승자로, 현재 러시아 동부 제 2의 도시인 하바롭스크는 그의 이름을 따온 것이다. 하바롭스크 역 앞 광장에는 여전히 악명 높은 하바로프의 동상이 세워져 있다. 그가 벼락부자였다는 사실을 아는 사람은 거의 없다. 또한 그는 절도죄로 감옥살이도 했었다. 코사크의 도적들을 데리고 다우르족의 수장 라푸카이가 지키는 야크사 성을 점령한 것도 바로 하바로프였다. 그로 인해 코미디처럼 끝나버린 야크사 전쟁[10]이 있었고, 강희제의 늦은 대응이 있었다. 보야코프와 하바로프는 강희제와 같은 연령대의 사람들이었는데, 강희제는 비쩍 마른 초상화만 겨우 몇 장 있는 데 반해, 이 두 침략자는 동상까지 세워져 기세등등하게 흑룡강 강변에 서 있었다.

많은 중국인들이 강 건너편에 가보긴 했지만, 이 두 강도의 동상을 지날 때 가슴 속에 울컥하는 것이 무엇인지는 잘 모르고 있었다. 나 또한 그 느낌을 말로 설명하기가 어려웠다. 분노와 증오가 너무도 얄팍해 보였다. 내가 생각하기에 가장 이해되지 않는 건 강희제였다.

강희제는 중국 역사상 가장 자부심이 강하고 침착한 황제다. 그는 장성을 쌓지 않고 대대적으로 사원과 장원莊園을 지었다. 원명원圓明園[11]과 피서산장避暑山莊[12]이 모두 그의 대표작이다. '덕으로 백성을 다

---

9) 레나 강과 아무르 강을 탐험했던 러시아의 탐험가.
10) 17세기 청나라 강희제 재위 때 러시아와 치른 전쟁
11) 베이징 서쪽에 이화원과 이웃하고 있는 청나라의 황실 정원.
12) 허베이 성 청더(承德승덕)에 있는 청나라 황실의 피서지.

스리고, 예의로 나라를 안정시킨다' 는 그의 말은 대제大帝의 도량이며 계책이었다. 그래서 흑룡강이 피바다가 되었을 때도 당시는 오삼계吳三桂의 난[13]을 평정하고, 대만 수복과 준가얼準噶爾준갈이[14) 평정에 치중한 나머지 북쪽 변경 지역은 돌볼 틈이 없었을 것이라고 역사학자들은 말했다. 그들은 정말로 자신들의 황제를 사랑하고 있었다. 그들은 이구동성으로 청나라 조정의 부패와 무능을 욕하면서도 한 목소리로 강희제를 중국에서 가장 뛰어난 황제라고 말했다. 천하제일의 황제라도 결점이 없었겠는가? 하지만 있다고 해도 아주 가볍게 넘겨 버렸다. 분명 내란이 있다는 걸 알고 있었어도 조정에서는 먼저 외적을 물리쳐야 했었다. 그 당시 코사크는 청나라 군의 상대가 되지 않는다는 것을 알고 있었기 때문이었다. 또한 강희제는 대국이라는 자만심에 고취되어 오직 정복만 할 줄 알았지, 영토 개념은 없었다. 하지만 역사학자들은 도리어 강희제를 위해 갖가지 구실을 만들어 주었다. 역사책을 과연 이렇게 편찬해도 되는 것인지 묻고 싶다.

강희제는 10년 동안 남방으로 바삐 돌아다니다가 러시아인들을 토벌하기로 작정한다. 그가 마침내 북쪽으로 왔을 당시, 청나라 군은 이미 하바로프와 야크사에서 몇 차례 전쟁을 치렀었는데, 청나라 군은 싸우러 왔다가 매번 도시만 불태우고 승리의 노래를 부르며 돌아갔다. 코사크 군사들은 청나라 군이 멀리 사라지는 것을 보고 다시 돌아와 성을 쌓았다. 그러면 청나라 군은 다시 쳐들어 와서 불을 지르고 퇴각했

13) 명나라의 무장(武將)으로, 청나라(후금)의 공격을 막기 위해 산하이관에서 방어하다 이자성이 주도하는 농민 반란군이 베이징을 함락하자 오히려 청나라에 도움을 요청하여 베이징을 공격했다.
14) 중국 신장웨이우얼자치구 서부에 있는 분지.

다. 이러니 야크사는 영원히 새로운 성이었으며, 코사크는 한 번도 그곳을 떠난 적이 없었다. 그때서야 강희제는 야크사의 심각성을 깨닫고 다시 많은 군사를 보내게 되었는데, 이로써 중국과 러시아가 바이칼 호 옆에서 역사적인 조우를 하게 되었다.

슬픈 것은 폐쇄적이었던 중국인들은 그 당시 서양에서 이미 자본주의 사상이 팽창해 있었다는 것을 모르고 있었다. 서유럽의 해적들이 큰 바다를 가로질러 항해하고, 중국에서 멀리 떨어져 있던 동유럽 민족들도 지구의 북쪽을 따라 우랄 산맥을 넘어 조심스럽게 아시아 대륙을 향하고 있었다는 사실을 중국인들은 전혀 모르고 있었다는 점이다. 또한 그들은 바이칼 호에 진을 치고 동쪽을 향해 가면서 끊임없이 점령했고, 작은 마을을 재빠르게 파괴하면서 목동의 노래 소리를 멈추게 만들었다. 하지만 중국인들은 그들의 행동이 오랫동안 자리 잡아 왔던 대국의 꿈을 박살낼 수 있다는 것을 전혀 모르고 있었다. 중국인들은 너무나도 자기중심적이었다. 이미 변화가 시작된 바깥 세상에 대해서 정신적으로도 물질적으로도 아무런 준비가 되어 있지 않았다.

그 한 차례의 만남은 제정 러시아가 야크사 전쟁에서 패한 후 중국에 화해를 청하는 만남이었다. 이것은 역사가 중국에게 주는 절호의 기회였다. 그러나 청나라 조정은 내란 때문에 협상 시간을 무려 3년이나 늦추었다. 이로 인해 역사는 새롭게 쓰이게 되었다. 그 시간은 투항하면서 불쌍한 모습을 보여주던 러시아인들로 하여금 당당하게 청나라 조정과 마주할 수 있도록 만들었다. 회담은 네르친스크 성 밖의 산비탈에서 진행됐다. 양국 간에 협상의 평등함을 알리기 위해 두 나라는 각자 자신의 천막을 짓고 두 천막을 연결시킴으로써 쌍방의 사신이 자신의 천막에 앉아 서로 얼굴을 맞대고 협상을 벌였다. 그들 뒤에는 러시아 화총을 든 군대와 중국의 변발 부대가 서 있었다. 협상 장면은 장엄하면서도 희극적이었는데, 훗날 역사에서는 당시 현장에 있었던 사람들을 매정하게 풍자했기 때문이다.

협상은 매우 어렵게 진행되었다. 그 당시에는 청나라 왕조가 주도적인 위치에서 수세적인 위치로 바뀌었기 때문이다. 쌍방이 한창 협상을 하고 있는데, 준가얼에서 또 다시 내란이 일어났다. 강희제는 청나라 대표인 어얼투額爾圖액이도에게 명을 내려 바이칼 호와 어얼구나허額爾古納河액이고납하, 아르군 강[15] 사이에 있는 (본래 중국에 속했던) 땅을 통 크게 러시아에 양보하도록 했다. 얼마 지나지 않아 바로 강희제의 위대한 업적이라 할 수 있는 조약이 체결됐다.

그 후 100여 년 동안 중국인들은 평안한 날들을 보내게 된다. 하지만 이렇게 조용한 날들의 이면에는 반드시 대가가 있다는 것을 역사는 잘 알려 주고 있었다. 그 세월 속에 숨겨진 것은 아주 커다란 비극의 복선이었다. 그 날들은 일종의 훈련 같은 것이었다. 승리의 즐거움을 만끽하던 러시아인들은 아주 가까운 곳에서 다시 한 번 기회를 기다리고 있었다. 다만 강희제는 이 모든 것들을 보지 못했고, 그의 자손들이 모든 재난을 감당해야 했을 뿐이었다.

역사에는 이렇게 쓰여 있었다.

네르친스크는 하나의 화근이었으며, 또 하나의 시작이었다. 청나라와 러시아 간의 협상은 계속 진행되었으며, 청나라는 땅을 떼어 주는

---

15) 중국 네이멍구자치구 북동쪽 변경에 있는 강.

조약을 맺게 되었다. 역사책에는 「네르친스크 조약」에 대해 '조심스런 양보'라고만 표현하고 땅을 떼어 주었다고 직접적으로 쓰여 있지 않다. 또한 그런 조약을 '평등조약'이라고 하면서 그 조약으로 인해 일련의 비극이 일어나게 된 사실도 말하지 않았는데, 나는 그 이유를 도무지 알 수가 없다. 게다가 그 조약 자체가 비극이었고, 무서운 허영심이었다. 이 허영심 뒤에는 대국의 체면과 한 왕조의 나약함이 있었다. 이로 인해 국가는 위기에 처했고, 동북이 최초의 희생양이 되었으며, 아이후이를 약탈당했다.

아이후이에 관광을 목적으로 가거나 혹은 추모하기 위해 방문하는 중국인들이 '국가'라는 개념에 함축된 속뜻을 알게 된다면 모욕감, 비분함, 고통 비슷한 감정을 느끼게 될 것이다. 아이후이에 가까이 다가갈수록 중국의 상처 가장 민감한 부분으로 가까이 다가가는 것 같았다. 실제로 보았던 아이후이는 교과서에 나온 것보다 더욱 서정적이어서 감정적으로 받아들이기가 더 힘들었다.

나는 아이후이와 흑룡강이 고통 속에 있는 한 쌍의 연인과 비슷하다는 생각이 들었다. 아이후이의 이야기는 바로 흑룡강의 이야기다. 흑룡강은 물이 맑고 차가우며 깊다. 또한 그 색은 신비롭고 아름다운 검은색을 띠고 있으며, 세계에서 열 번째로 큰 강이자 중국의 3대 강 중의 하나다. 특히 아이후이에 흐르는 흑룡강이 가장 아름답다. 그 아름다움은 마치 아이후이를 위한 것 같았다. 이곳에서 흑룡강은 동서 방향으로 흐르다가 갑자기 남북으로 방향을 바꿔서 호탕하게 흘러간다. 강물은 신기하게도 곧게 뻗어 있으며, 10여 리나 계속된다. 10리나 되는 긴 강에 당연히 뭔가가 꼭 벌어져야 할 것만 같았다.

청나라 군이 마지막으로 야크사를 공격할 때 흑룡강의 장군 살포소 薩布素는 맞은 편 강가에서 원나라와 명나라 시대의 옛 유적지 위에 아이후이 성을 쌓은 후, 흑룡강을 지키는 장군의 저택으로 삼았다. 그리고 그 성을 '강동江東 아이후이'라고 불렀다. 나중에 그곳은 강이 가로막고 있어서 청나라 조정에 서신을 한 번 보내는데 아무리 빨리 달리는 말이라도 10여 일이 걸렸다. 그리하여 강 서쪽에 또 하나의 성을 쌓아 장군의 저택을 강서로 옮겼다. 이 성은 '강서江西 아이후이'라 이름 지었다. 아이후이가 넝쿨이라면 흑룡강은 나무다. 중국에게 있어 아이후이는 하나의 표지이며 상징이다. 아이후이가 이렇게 번화하고 아름다울 때, 하얼빈은 그저 물고기를 잡고 낚시만 하던 곳이었다.

그날 정오, 흑룡강 강변에서 무심히 흐르는 강물을 바라보며 한참을 앉아 있었다. 동북을 여행하는 동안 하도 많이 걸어 다녀서 어디를 가든지 그곳의 음식을 먹는데 익숙해졌다. 그런데 그날 정오에는 아무것도 먹고 싶지 않았다. 나는 동북 여행을 시작한 후 처음으로 역사적이고 정치적인 감성에 아주 깊이 빠져 있었다.

아이후이는 네르친스크와 그리 멀지 않았다. 그 육지의 강도들은 아이후이를 훔쳐보면서 지나갔다. 그들의 시선은 바로 머나먼 동쪽의 타타르 해협과 블라디보스토크Vladivostok를 향하고 있었다. 그들은 서유럽의 해적들이 너무나 부러웠던 것이다. 문만 나서면 대서양의 따뜻한 기류가 흘렀으며, 그 어느 곳을 약탈해서 내다 팔아도 모두 순풍에 돛단배처럼 순조로웠다. 그러나 러시아 앞에 놓인 건 북극해의 얼음 바다여서 전함과 상선 모두 얼음에 묶여 있었다. 그들은 오직 중국을 통해서만이 영원히 얼지 않는 바다로 갈 수 있었다. 그래서 친히 「네르친스크 조약」을 허락한 러시아 황제 표트르 1세는 조약 체결 후 펜을 놓자마자 반드시 흑룡강 어구에 러시아 왕국을 세우고야 말겠다고 다짐했다. 그의 뒤를 이은 예카테리나 2세[16]는 아예 코사크 군사를 네르친스크 변경에 주둔토록 했다. 당시에 그녀가 상대해야 할 사람은 중국의 건륭제였다. 성욕과 권세욕이 강했던 독일 여자들은 결코 경거망동하지 않았다. 알렉산드르 1세부터 니콜라이 1세는 스파이 몇 명을 흑룡강에 잠입시켜 지리 조사와 측량을 한다는 핑계로 군사 정찰을 했다. 그들은 결국 1840년이 될 때를 기다렸다.

아편전쟁은 강철 같았던 중국의 봉건 사회를 한순간에 반봉건, 반식민지 사회로 만들었다. 중국은 마치 날벼락을 맞은 것처럼 그 머나먼 고대 사회에서 현란하고 정신없는 근대 사회로 끌려 온 것만 같았다. 이 시기의 청나라는 더 이상 대국의 자태를 찾아볼 수 없었고, 튼튼한 배와 강력한 대포 앞에서 다리에 힘이 풀리듯 순식간에 꿇어앉고 말았다. 서양 열국들은 밀물처럼 들어왔고, 마치 동네 마트에서 장을 보듯 필요한 것들을 싹쓸이 해갔다.

이러한 중국의 상황을 두고 어떤 지식인은 태평양에서 독수리 한 마리가 날아왔고, 시베리아에서 곰 한 마리가 걸어왔다고 표현했다. 홍콩은 독수리에게 물려갔고, 흑룡강은 곰에게 먹혔다. 한 손에는 팔면 용 깃발[17]을 들고, 가슴에는 커다란 '용勇' 자가 그려져 있었던 왕조는 이

---

16) 러시아 제국 로마노프 왕조의 여황제. 표트르 1세의 두 번째 부인으로 남편 사망 후 러시아의 황제가 되었다.
17) 팔면용기(八面龍旗)

때부터 모든 사람들이 잡아먹을 수 있는 순한 양이 되어 버렸다.

코사크 군사는 또 한 번 그 익숙한 길을 따라 흑룡강으로 들어왔다.

때는 1858년의 봄이었다. 청나라는 이미 영국 군함에서 홍콩을 할양하는 「난징조약」을 체결한 상황이었다. 흑룡강의 「아이훈 조약」에는 두 포격자가 동시에 나타났다. 러시아 측은 동시베리아의 총독인 니콜라이 무라비요프Nikolai Nikolaevich Muraviyov였고, 청나라 측은 흑룡강 장군 이산奕山혁산이었다. 무라비요프는 이미 흑룡강 서안을 점령하고 나서 전함을 이끌고 협상하러 온 것이었다. 마음이 연약한 이산 장군은 맛있는 음식으로 손님을 접대하는 전통을 잊지 않고 풍성한 연회를 준비했다고 한다. 무라비요프는 음식을 실컷 먹고는 배를 내밀고 트림을 하며 "오늘은 연회이니 내일 봅시다!"라고 말하고는 돌아갔다.

다음 날, 무라비요프는 전혀 다른 얼굴을 하고 나타났다. 이산 장군이 「네르친스크 조약」을 근거로 흑룡강 서안은 중국 황제의 땅이었다는 것을 주장했지만, 그의 손에 쥐어진 것은 강압에 의해 체결된 조약의 최후통첩뿐이었다. 10여 년 전 광저우우성廣州城광주성에서 영국인에게 백기를 들었다는 이유로 처벌받았던 이산 장군은 이번엔 러시아인에게 머리를 숙여야 했다. 이로 인해 중국의 판도는 외싱안링外興安嶺외흥안령으로부터 순식간에 흑룡강으로 축소되었다.

「아이훈 조약」을 체결하고 2년 후에 「베이징 조약」을 체결하게 되었는데, 이로써 중국의 판도는 사할린으로부터 우수리烏蘇裏오소리 강[18]으로까지 내려왔다. 그리고 줄곧 서양에서 동양을 바라보던 두 사람이

---

18) 흑룡강의 지류로 중국 동북 지방의 남동쪽이 해당된다.

환호했다. 마르크스는 아편전쟁에서 러시아인들을 도와 타타르 해협과 바이칼 호 사이의 비옥한 땅을 얻었다고 했다. 엥겔스는 러시아가 중국으로부터 프랑스와 독일 두 나라를 합친 크기의 땅과 도나우 강[19] 만한 길이의 강을 얻었다고 했다. 더욱 슬픈 것은 동북에서 막힘이 없으니, 서북의 이리伊犁[20] 지역과 카스카얼[21] 지역에서는 더욱 제멋대로였다. 동북과 서북은 몇 십 년 동안 무려 150여 제곱킬로미터의 땅을 러시아에게 빼앗겼다. 세계 근대사 그 어디에서도 찾아보기 힘든 일이 중국에서 벌어졌던 것이다.

「아이훈 조약」은 이산 장군이 청나라를 대표하여 러시아와 체결한 조약이다. 나중에 이산은 함풍제咸豊帝[22]에게 이곳은 본래 사람이 살지 않는 광야라고 거짓 보고를 했다. 이 또한 10여 년 전 그가 광저우성에 있을 당시 그의 상관이었던 기선琦善[23]과 얼마나 비슷한 꼴인가! 도광제道光帝[24]는 광저우에서 온 직예直隸[25] 총독 흠차대신인 기선을 맞이하며 이렇게 물었다.

"듣자하니 영국인들이 홍콩을 자국에 넘기라고 하였다는데, 홍콩은 크기가 얼마나 되는 땅인가?"

기선은 이렇게 대답했다.

"매우 작습니다. 중국은 하나의 계란 모양으로 되어 있는데, 홍콩은

---

19) 다뉴브 강. 독일 남서부에서 흘러 흑해로 들어가는 유럽에서 두 번째로 긴 강이다.
20) 중국 신장웨이우얼자치구 서부 지역으로, 카자흐스탄과 국경을 접하고 있는 도시.
21) 카슈가르. 중국 신장웨이우얼자치구 남서부에 있는 도시.
22) 청나라 9대 황제.
23) 청나라 말기의 정치가
24) 청나라 8대 황제
25) 중국 명나라와 청나라 때 베이징 인근 지역을 부르던 명칭.

그 계란의 작은 점에 불과하여 소매로 한 번 쓱 닦으면 지워집니다."

가엾은 중국이여. 너에게 이런 황제가 있었고, 이런 신하가 있었으니 홍콩과 아이후이의 비극이 왜 생기지 않았겠는가!

내가 이곳저곳을 다니면서 찾고 있었던 것은 바로 아이후이의 어제였고, 한때 '인구 4만, 부자 3천'이었던 아이후이를 찾기 위해서였는데, 그 어디에서도 찾을 수 없었다. 어쩌면 이제는 더 이상 진정한 아이후이를 찾을 수 없을지도 모른다. 그것은 역사의 어느 한 순간에서 사라져 버렸다. 이 세상에서 많은 도시들이 사라졌다. 고대 도시 폼페이가 베수비오 화산의 뜨거운 용암에 삼켜져 없어진 반면, 인위적인 소실도 있는데 그게 바로 인류의 방화에 의해 사라진 도시 아이후이다. 러시아인들은 단지 이틀만에 아이후이를 지구상에서 없애 버렸다.

1900년 여름부터 가을까지의 역사는 러시아인들에게 또 한 번의 기회를 주었다. 여러 열강들이 여전히 중국을 뜯어가고 있을 때도 중국 정부는 여전히 분노를 모르고 있었지만, 중국의 농민들은 이를 참지 못했다. 의화단의 반제국주의 바람이 수도권에서부터 동북으로까지 번져 갔다. 줄곧 동북을 러시아의 한 행정구로 만들고 싶어 했고, 동북 사람을 황색 러시아인으로 만들고 싶었던 코사크는 기뻐 날뛰며 말했다.

"이는 우리가 만주를 점령할 수 있는 좋은 구실이다!"

이로써 근대 인류사의 재앙이 일어났다. 하이란파오海蘭泡해란포의 대학살이 있었고, 강동江東의 64개 마을에서 수많은 사람들이 죽었으며, 아이후이에서는 하늘을 찌를 듯한 큰 불이 났었다.

이것이 바로 코사크식의 학살이었다. 하이란파오는 중국인들이 거주하던 곳이었는데, 1858년에 러시아에 강제로 점령당한 후 '블라고베셴스크'라는 이름을 갖게 되었다. 「아이훈 조약」때문에 하이란파오의 중국인들은 하루아침에 주인에서 화교로 전락하고 말았다. 1900년 여름, 니콜라이 2세의 명령에 의해 42년을 화교로 살아왔던 중국인들은 코사크의 칼에 의해 흑룡강 주변으로 강제 이주를 해야 했다. 아이후이의 현지 기록에 의하면, 러시아는 무수히 많은 화교들을 흑룡강으로 내몰았는데 그 울음소리가 온 들판에 울려 퍼졌다고 한다. 러시아 군사들은 칼과 도끼를 마구 휘둘렀다. 시체가 잘리고 뼈가 부서지고, 통곡 소리가 하늘을 찔렀다. 어떤 사람은 그 자리에서 죽고, 강에 빠져 죽고, 강에 몸을 던져 죽은 사람들의 시체가 도처에 널려 있었다고 한다.

아이후이의 현지 기록에 의하면, 러시아에서 먼저 촌락에 불을 질렀고, 미처 빠져나오지 못한 중국인들을 큰 방에 가두어 놓고 불태워 죽였다. 주민들은 아이들의 겁에 질린 비명소리, 노인들의 구슬픈 울음소리를 들으면서 서로 부축해 아이후이로 도망을 왔지만, 큰 강이 가로막고 있어 그들의 울부짖음이 그렇게도 비참할 수가 없었다고 한다. 그날 물에 빠져 죽은 사람만 7천여 명이 넘었으며, 미처 도망가지 못한 사람은 전부 피살되었고, 가옥 또한 모두 불타버렸다. 심지어 러시아 정부는 우리 쪽으로 강을 넘어온 사람들이 다시는 돌아가지 못하도록 그들의 땅을 몰수해 버렸다. 다행히 살아남은 사람들도 있었지만, 자신들이 살던 곳으로 돌아가지 못한 채 먼발치에서 바라만 봐야 한다는 현실이 죽음만큼이나 고통스러웠을 것이다. 그곳은 자신들이 대대손손 살아왔던 곳이었다.

아이후이에서 발생한 화재는 두 차례의 학살이 끝난 후였다. 코사크는 두 곳에서 마음껏 사람들을 죽인 후, 또 다시 두 눈에 쌍불을 켜고 직접 흑룡강을 넘어 강서江西의 아이후이로 달려왔다. 1860년에 영국과 프랑스 연합군이 원명원圓明園에 불을 지른 후, 1900년 여름에 유럽인들은 또 한 번 중국 땅에서 최대의 학살과 방화를 자행했다. 2백 년 이상 된 나무로 건축된 아이후이 성과 그곳 사람들은 방화에 의해 모두 불타 없어지고 말았다. 가장 먼저 현대 문명을 이루었던 유럽인이었지만, 그들은 야만적인 만행을 서슴지 않고 자행했다. 재물에 눈이 어두워진 유럽의 벼락부자들은 인류 역사에 영원히 씻을 수 없는 범행을 저질렀다.

역사를 거슬러 올라가 이러한 학살과 대화재를 바라본다면, 더욱 의미심장해진다. 학살되거나 강제 점령을 당한 사람들은 글자도 모르는 사람들이었다. 아랍인들은 중국의 장인匠人들을 잡아가서 중국의 화약과 인쇄술을 유럽으로 전파시켰다. 그 후 유럽인들은 대포와 군함을 만들면서 중국을 향한 전쟁의 불을 지폈다. 이런 것들이야말로 정말 크나큰 풍자거리다. 19세기 이후 중국인들은 모두 어디로 갔을까? 함풍제는 영국인들의 대포에 놀라 피서산장으로 피신했다가 그곳에서 죽게 된다. 서태후는 8국 연합군이 베이징으로 쳐들어오자 허겁지겁 시안西安서안으로 도망갔다. 8국 연합군은 겨우 몇 천 명에 불과했는데도 수백만 명에 이르는 청나라 군은 마치 큰 산이 붕괴하듯 무너졌다.

아이후이로 가기 전에 미리 중국 근대사를 읽어 보았다. 아이후이에서 돌아와 다시 읽어 보니, 미처 주의 깊게 보지 못했던 경악을 금치 못할 장면들이 더 보였다. 나는 드디어 중국에서 언제부터 간첩과 매국

노가 생겼는지를 알 것 같았다.

　1894년 4월 청일전쟁의 한 모습을 보았다. 이는 중국인들이 일본인들의 계략에 넘어간 것이었다. 중국의 장군들은 평양에서 이미 자신의 의무를 저버리고 화위안커우花園口화원구에서부터 뤼순커우旅順口여순구까지 물러났다. 비록 덩스창鄧世昌[26])과 시방다오徐邦道[27])가 있었지만 도망은 여전히 감투 쓴 자들의 특기였다. 내 친구 중에 하나가 시방다오에 관한 책을 쓰고 싶어 했는데, 쓰다 보니 그가 갑자기 진저우金州금주에서 뤼순旅順여순까지 퇴각한 후에 사라졌다는 것이다. 많은 장수들이 바다로 뛰어 들어 달아나는 바람에 뤼순커우에 또 한 차례의 대학살이 있었는데, 시방다오 역시 도망가는 무리 속에 섞여 있었던 건 아닐까? 훗날 『청사고清史稿』에 적혀 있기를 그는 뤼순커우에서 단둥丹東단둥으로 갔다고 한다. 그리고 단둥에서 등에 욕창이 생기는 병을 얻어 조용히 죽었다고 한다. 한때의 영웅호걸이 이렇게 최후를 맞이하게 되다니 참으로 한심했다.

　또 1904년 4월에 있었던 러일전쟁의 한 모습을 보았다.

　러시아, 독일, 프랑스가 요遼 지역을 내놓으라고 간섭하면서 중·일 간의 문제가 잠시 막을 내린 듯했다. 러시아인들은 이로 인해 중국의 일등 공신이 되었다. 이로써 리훙장李鴻章[28])의 상트페테르부르크 행이 성사되었다. 그는 중국 황제를 대신하여 니콜라이 2세의 대관식에 참석했다. 러시아인들이 그에게 수만 루블을 뇌물로 건네주자 그는 중국

---

26) 청나라 말기의 수군 장수.
27) 청나라 말기의 무장.
28) 청나라 말기의 정치가.

동북에 철길을 깔고 은행을 세울 수 있는 비밀 조약을 러시아와 체결한다. 이로써 중국 동북에 러시아 스타일의 건물들이 들어선 하얼빈 시가 생기게 되었다. 또한 이로써 중국 땅을 노리는 개들의 싸움 같은 러일전쟁이 터졌다. 중국의 황제는 강경하지 못했고, 중국의 대신들은 비굴하게 무릎만 꿇기에 바빴다. 양무운동[29]은 리훙장이 시작했지만, 그 배상금 지급을 약속한 사람 역시 리훙장이었다. 중국 근대사에서 그는 그야말로 이해하기 어려운 인물이다.

러일전쟁에서 또 다른 중국의 모습을 볼 수 있었다. 러일전쟁이 한창일 때, 중국의 군인들은 조용히 관내로 들어와 제3자의 입장에 서서 구경만 하고 있었는데, 그 이유인즉 동북에서 싸움을 하되 관내로 들어와 황제만 건드리지 않으면 된다는 의미였다.

그리고 중국인들은 배상금을 낼 돈은 있어도 군인들에게 줄 돈은 없다고 했다. 매번 조약을 체결할 때마다 청나라 조정은 뭉텅이 돈을 전쟁 주범들의 주머니에 넣어 주었고, 매번 전쟁이 끝날 때마다 청나라 장수들은 부자가 되었다. 전쟁을 벌이는 중에 그들은 살찐 돼지가 되었지만, 병사들은 끼니도 제대로 챙겨 먹지 못했다. 관리들이 도망가는 마당에 배고픈 병사들이라고 도망가지 않을 수 있었을까? 물론 이 모든 것을 강희제 탓으로 돌릴 수는 없겠지만 청 왕조는 안과 밖 모두 썩을 대로 썩어 있었다. 그로 인해 위에서부터 아래까지 부패 정치가 만연했고, 굴욕적인 근대사가 있었던 것이다.

중국의 굴욕은 이때부터 시작해서 1931년 9월 18일 선양潘陽심양의

---

29) 19세기 후반 중국 청나라에서 일어난 근대화 운동으로 서양의 문물을 수용해 부국강병을 이루려고 했다.

북대영北大營, 1937년 7월 7일 허베이河北하북의 노구교盧溝橋[30], 난징南京남경 우화대雨花台, 1937년 말에서 1938년 초의 난징까지 이어갔다. 장제스蔣介石장개석의 비저항주의는 동북을 잃게 만들었으며, 나라를 도탄에 빠지게 했다.

아이후이 역사관 앞에 선 필자.

같은 중국인들끼리 싸우며 나라가 바뀌는 것은 일종의 아픔이다. 그런데 외국인들이 중국을 도살장으로 여기고, 중국인들을 칼자루 밑의 고기로 여기는 것은 또 다른 아픔이다. 이런 아픔은 분노와 함께 실망을 준다. 소리 내어 울지 못하고, 눈물도 흘리지 못하게 한다. 이런 느낌의 괴로움에 결국 실성한 웃음만 나온다. 중국은 그야말로 너무 컸고, 중국인들은 너무 많았다. 만약 그렇지 않았다면, 결코 반식민지에서 멈추지 않았을 것이다. 진즉에 동서양 열강들에 의해 하나도 남김없이 싹쓸이를 당했을 것이다.

큰 화재를 겪은 아이후이에는 오직 한 그루의 나무와 하나의 누각만

30) 1937년 일본, 중국 양국 군대가 노구교에서 충돌하여 중일전쟁의 발단이 된 사건.

이 남았는데, 모두 아이후이 역사관 정원에 있었다. 그 나무는 그저 한 그루의 소나무였다. 과거의 화려함은 사라지고, 이름도 없이 그저 작은 나무 팻말에 '견증송見證松'이라 쓰여 있었다. 이 나무는 그 당시의 화재 속에서도 살아남았다. 하지만 다시는 아름다움을 되찾지 못하고 수백 년을 침묵과 외로움 속에 살면서 고통을 받고 있다. 나이로 봐서는 당시의 강제 조약과 화재를 모두 목격했을 것이다. 그러나 한낱 나무인데 뭘 할 수 있었겠는가?

오늘날 이 나무의 가치는 그저 단순히 사람들에게 자신의 모습을 보여주면서 과거의 화려하고 아름다웠던 모습을 상상하게 하여 과거의 아이후이를 그려 보게 하는 것뿐이리라. 과거의 아이후이와 중원은 모두 이런 식이다. 대화재로 인해 모두 폐허가 되었고, 지금은 오직 괴성루魁星樓만 남았다. 나무를 보면서 아이후이의 울창함을 상상하고, 누각을 보면서 아이후이의 찬란함을 상상한다는 것은 참으로 가슴 아픈 마음의 상처다. 나는 누각에 올라서야 괴성루가 코사크의 큰 불은 피했지만, 러시아 홍군이 일본군을 공격했던 대포는 피하지 못했다는 것을 알았다. 지금의 괴성루는 수십 년 전에 중건한 것이었다.

그렇다면 나무 한 그루, 누각 하나를 가지고 '아이후이'라고 부를 수 있을까? 지금의 아이후이는 텅 비어 있었다. 나는 역사관 관장에게 아이후이에 관한 문헌 자료를 요청했다. 그러자 관장은 고개를 가로저으며 자신이 직접 쓴 기부 연설문을 건네주었다. 그는 국내외에서 이곳으로 참관하러 오는 사람이 수백만 명이 넘는다고 말하면서 어떤 사람들이 이곳에 왔었는지를 말해 주었다. 그러고는 모두들 이곳에 와서 가슴을 치며 통탄하지만, 현재의 아이후이는 여전히 이 모양일 뿐이라고 탄식했다. 나는 아이후이 역사관 정원을 걸어 나오면서 나 자신에게 말했다.

'그래, 어쩌면 지금 이대로의 모습이어야 하지 않을까? 이 모양 이 꼴이어야만 아이후이가 더 비극적인 색채를 띠게 될 테니까……'

06

사라진 여인
: 한 시대의 마지막 여인 '완룽'

내 글에는 항상 시골 여인과 도시 여인이 뒤엉켜 나온다. 게다가 나는 항상 그녀들에 대한 다양한 감정에 휩싸여 있다. 어느 날 갑자기 그녀들에게서 벗어나고 싶었다. 그녀들로부터 도망치고 싶었던 나는 혼자 동북으로 향했다. 동북은 야성적이며 남성적인 곳이다. 나는 남성미가 넘치는 동북에서 거친 공기를 마시며 예전의 나약함과 유순함에 강한 무언가를 집어넣어 내 인생을 굳세고 강인하게 만들고 싶었다.

그러나 동북에 가서도 여전히 여인과 마주했고, 위황궁僞皇宮 박물관에서 그 여인을 만났다. 침대도, 연탑煙榻[1]도 모두 그녀의 것이었다. 연탑 위에 누워 있는 몸은 비록 석고로 만든 것이었지만 여인이었다. 또 여러 방을 둘러보았는데 어디를 가든지 모두 그녀의 음울한 그림자가 있었고, 그녀가 소리 죽여 흐느끼는 울음소리와 날카로운 비명이 들리

---

1) 아편 도구가 갖춰진 침상.

는 듯 했다.

내가 만난 여인은 아주 특별한 사람이었다. 그녀를 향해 가까이 다가갔을 때, 나도 모르게 멈추어 섰다. 그리고 이 여인에게서 벗어나지 못하리라는 것을, 내 펜은 이 여인을 이야기할 운명이라는 것을 깨달았다.

그녀는 황후다. 그것도 마지막 황후다. 동북으로 와서도 한 동안 위황후偽皇后로 지냈다. 그녀는 한때 화제의 인물이 되어 텔레비전이나 영화 속 주요 인물로도 등장했다. 게다가 그녀 역할을 맡았던 여인들은 모두 대스타였다. 그러나 배우들은 황후를 연기하면서도 자신의 스타일과 분장을 너무 과하게 하여 오히려 황후의 진면목을 제대로 찾아볼 수 없게 만들었다. 스크린 속의 황후는 너무나 고귀했고 성숙했다. 그녀의 모습은 이미 예술적으로 변해버렸고 낯설어졌다. 사실 나는 진정한 황후에게 다가가고 싶었고, 진실 된 완룽婉容완용[2]에게 가까이 가고 싶었다. 나는 어쩌면 중국의 특수했던 역사 속으로 들어가서 이 여인과 조우하고 싶어서 동북으로 왔는지도 모른다.

어느 날 오전이었다. 위황궁 박물관으로 가던 사람들이 갑자기 문옆에 있는 텔레비전 앞에서 발걸음을 멈추었다. 중국 국가대표 육상선수 왕쥔샤가 애틀랜타 올림픽 주경기장 육상 트랙을 달리고 있었다. 이미 하나의 금메달을 따낸 그녀는 장거리 종목을 뛰다가 갑자기 몸에 이상이 왔는지 남은 몇 백 미터를 다 뛰지 못했다. 텔레비전을 둘러싼 사람들은 이 장면을 보고 의견이 분분했다. 그래서인지 위황궁은 비교

2) 만주 정백기(正白旗) 사람으로, 중국 정식 이름은 곽포라(郭布羅). 청나라 마지막 황제 푸이(溥儀부의)의 황후이자 만주국(滿洲國)의 황후였다.

적 한산했고, 나는 친구 집에 놀러 온 것처럼 완룽의 방에 좀 더 오래 머무를 수 있었다. 나는 분명히 현대를 살아가는 사람의 눈으로 완룽을 보고 있지만, 나도 모르게 그녀에게서 고전적인 모성에 대한 이해와 연민을 느꼈다.

벽에는 그녀의 사진들이 걸려 있었다. 사진 속의 그녀는 미처 다 자라지 못했고, 텔레비전에서 본 것처럼 그렇게 아름답지도 않았다. 아름다움이란 건강하고 소탈한 것이다. 아름다움에는 빛이 있다. 하지만 그녀에게는 그런 아름다움이 느껴지지 않았다. 사진 속의 그녀는 턱을 아래로 내린 채 어깨를 움츠리고 놀란 듯한 눈으로 바라보고 있었다. 그녀의 눈빛은 아이의 눈빛이었고, 황실 공주의 눈빛이었다. 그녀의 조심스러움과 당혹스러움, 부드럽고 연약함과 차분함은 그녀로 하여금 작고 푸른 하늘만 바라 볼 수 있게 했지만, 그것은 그녀만의 세계였다. 이것이 하늘이 그녀에게 내려 준 선물인 동시에 그녀를 비극의 여주인공으로 만들어 버리기도 했다.

완룽은 혼혈이다. 그녀의 고향은 동북 눈강嫩江 강변의 나허訥河납하이다. 만주족이 아닌 다우르족達斡爾族달알이족[3] 출신이며, 조상들은 대대로 청나라의 충신과 명장들이었다. 그녀의 고조부는 전쟁에서 혁혁한 공을 세워 부도통副都統 자리까지 올라갔고, 증조부는 남영시위藍翎侍位에서 빠르게 출세하여 길림장군吉林將軍을 지냈으며, 함풍鹹豐·동치同治·광서光緒 3대 황제를 거쳤다. 『길림통지吉林通志』는 그녀의 증조부가 청나라 말기 지린吉林길림 성의 첫 정부 기관에서 주관하여 편찬한

3) 네이멍구자치구 동부와 흑룡강 서부에 거주하는 소수 민족.

지린 성 역사책이었다. 그녀의 조부로부터 시작하여 완룽의 집안은 아이신기오로愛新覺羅애신각라⁴⁾ 집안과 화친을 맺었는데, 그녀의 조모는 황실의 공주였다. 그러나 완룽의 집안은 그때부터는 아무도 관직에 오르는 사람이 없었다. 조부는 오로지 독서와 시 쓰기를 좋아한 문인이었다. 그녀의 부친은 물려받은 유산을 관리했는데, 그중에서도 고향 동북의 몇 천 마지기 토지를 지켜야 했다. 완룽이 태어난 그 순간부터 조상의 어두운 그림자가 뒤덮였고, 여러 역경은 그녀를 후궁에 들어가게 만들었다.

완룽은 고전적이다. 그녀의 이름은 그녀의 아버지가 조식曹植의 『낙신부洛神賦』라는 책에서 '翩若驚鴻편약경홍, 婉若遊龍완약유룡', 즉 '날렵함은 놀란 기러기의 자태 같고, 부드러움은 승천하는 용 같아라'라는 구절에서 따온 것으로, 자는 모홍慕鴻이라 했다. 이는 그저 딸 가진 부모의 평범한 바람이었다. (그녀가 갑자기 황후로 책봉되고, 그러한 면에서는 아이러니했지만) 당시에 그녀는 집 밖으로 나가지 않았고, 아무도 만나지 않았다. 동북에서 들어온 중원의 남자들도 모두 점잖고 고상하게 변했는데, 하물며 공주 신분인 그녀는 두말할 필요도 없었다. 그녀는 어쩌면 겨우 세 살에 즉위한 어린 황제가 여섯 살에 퇴위할 것을 예상했을지 몰라도 훗날 그녀 자신이 퇴위한 어린 황제의 황후가 될 것이라고는 꿈에도 몰랐을 것이다.

그 당시의 중국은 이미 제도와 연호가 바뀌어 아시아에서 첫 번째로 공화국이 되었다. 모든 관리와 군인들은 변발을 자르고 공화국 탄생을

---

4) 청나라 태조 누르하치가 태어난 부족의 이름으로, 청나라 왕조의 성씨가 되었다.

경축했다. 그녀는 부모를 따라 베이징의 황궁을 떠나 톈진의 별장에서 청나라를 그리워하는 망명 생활을 시작했다. 별장은 흰색과 회색이 섞인 서양식 양옥이었는데, 그녀는 외출하지 않고 두문불출했다. 그녀의 고전적인 성향은 운명이 정해 준대로 평생을 살아야 하는 여인으로 만들었고, 협소하고 작은 방안에서 얌전히 여인으로서의 일생을 살도록 만들었다.

완룽은 현대적이다. 중국의 역대 황후 중에서 오직 그녀만이 현대의 문턱을 넘어 현대 문명의 찬란함을 맛보았다. 조부의 기질은 샘물처럼 그녀에게 흘러들어갔으니, 그런 내성적인 시인의 우수어리고 감성적인 기질은 그녀를 고전적인 여인으로 살게 만들었고, 가끔씩은 책상에 엎드려 뭔가를 끄적거리게도 만들었다. 그녀는 『홍루몽』과 외국 소설을 읽었고, 그 안에서 사랑을 보았다. 그녀는 피아노의 하얗고 검은 건반도 두드려보았고, 사진을 찍을 때는 빨간색 솜옷 위에 빳빳한 양장을 걸쳤다. 여학교의 선생님은 그녀에게 '루이샤'라는 영어 이름을 지어주었다. 비록 그녀는 이런 것들을 낡은 상자 밑에 꼭꼭 눌러두었지만 언젠가는 폭발하고야 말 것들이었다. 단지 그녀 스스로만 자각하지 못했을 뿐이었다. 선통제宣統帝[5]의 황후가 된 후에도 그녀는 여전히 몰랐다. 나중에 그녀가 동북으로 들어가 만주국의 황후가 되었을 때 그런 것들이 비로소 맹렬히 깨어나기 시작했다. 그리고 그녀의 최후도 다가오기 시작했다.

완룽은 허영적이다. 처음에 그 허영은 완룽의 인성적인 것이었다.

---

5) 청나라 마지막 황제 푸이(溥儀부의).

어머니는 그녀가 두 살 때 세상을 떠났고, 아버지는 재혼을 했다. 영민했던 완룽은 금세 이해심이 많고 누구와도 잘 어울리는 성품으로 변했고, 뭐든지 뛰어나고 주도면밀한 성품을 갖게 되었다. 하지만 그녀는 자기 본연의 모습을 숨기고 또 다른 자신으로 살기 시작했다. 그녀가 그렇게 한 것은 죽은 어머니에게 힘을 실어 주고, 가족에게 무시당하지 않게 하려 함이었다. 만약 이런 것들이 그냥 한낱 여자 아이의 승부욕이라고 한다면 허영이란 것은 그녀가 황후가 된 뒤에 그녀의 내면 깊은 곳에서부터 표면으로 떠오른 것일 게다. 황후, 황후, 황후……. 그때부터 완룽은 오직 '황후'라는 한 가지 목표와 선택만이 있었다. 허영은 그녀로 하여금 다시는 되돌아올 수 없는 길을 가게 했다.

그때 어느 누구라도 완룽에게 중국은 이미 전제주의에서 벗어났고, 선통제는 그저 아무 의미 없는 하나의 칭호일 뿐이며, 이미 퇴위한 황제는 궁 안에 갇힌 신세이니 그런 황제의 황후가 된다는 것이 얼마나 황당하고 구차한 지를 말해 주었더라면 어땠을까? 또한 선통제 푸이와의 결혼이 제아무리 성대하다 할지라도 그것은 그냥 집안 잔치일 뿐이고, 우스꽝스럽게 몰락을 애도하는 코미디일 뿐이라고 알려 주었더라면 어땠을까? 하지만 그 누가 완룽에게 알려 줄 수 있었겠는가. 설사 알려 주었다고 하더라도 그녀는 자금성으로 들어가지 않았을까?

황후가 된다는 것은 운명이다. 그러나 곤녕궁坤寧宮에서 보낼 황후의 날들은 고작 2년뿐이었다. 그녀가 황제와 함께 있어도 그것은 그저 한 소년과 소녀의 모습일 뿐이었다. 그녀는 여인이라 하기에는 너무 어렸다. 찰랑거리는 황후의 왕관은 그녀를 어느 정도 득의양양하게 만들었다. 펑위상馮玉祥펑옥샹[6]은 바로 베이징정변을 일으켰고, 그녀는 황제와 함께 자금성에서 쫓겨나 생애 두 번째로 톈진天津톈진에 도착하게 된다. 그녀가 이미 2천 년 동안 계속되어진 중국 봉건 사회의 황후 초상화에 마침표를 찍어 주었으니 거기서 마땅히 서막을 내렸어야 했는데, 그녀의 행보는 의외로 동북으로 향했다.

그녀의 비극적 인생의 최고점은 바로 동북으로 들어온 후부터 시작되었다.

일본은 중국 땅에서 공개적으로 천자를 옆에 끼고 만주와 몽고의 독립을 목적으로 하는 꼭두각시 인형극을 펼쳤다. 만주국滿洲國[7]은 중국 현대사에 있어서 하나의 기형아다. 오직 동북 사람들의 생활만이 이 기이한 태아 속에 들어 있다. 일본인들은 일찍이 동북왕 장쮜린張作霖장작림[8]에게 공을 들였다. 그러나 그는 표면적으로만 의지하는 척했고, 일본을 욕하기 시작했다. 그가 말을 듣지 않았기 때문에 일본인들은 황구툰皇姑屯황고둔[9]에서 그를 죽였다. 그 후 일본인들은 또 다시 제 2대 동북왕인 장쉐량張學良장학량에게 관심을 돌렸다. 하지만 그의 마음속은 부모를 죽인 원수를 갚아 동북의 지도자가 되고 싶은 마음만 크고, 동북

6) 민주화를 지향했던 중국의 군인·정치가. 중국국민당에 입당하고 서북국민연합군 총사령관으로 북벌에 협력했으며, 반장(反蔣)운동(장제스 반대운동)을 펴다 실패하였다. 국공합작 이후 국방최고위원이 되었다.
7) 일본 관동군은 1931년 9월에 만주사변을 일으켜 중국 북동부를 점령한 후 1932년 3월 1일에 만주국 수립을 선언하였고, 청나라 마지막 황제 푸이를 집정(執政)에 앉혔다.
8) 중국의 군인 겸 정치가. 1919년경 펑톈(奉天봉천) 독군(督軍) 겸 성장(省長)으로서 전 동북의 실권을 장악하여 '동북왕(東北王)'으로 불리었다.
9) 랴오닝 성에 위치한 도시. 황구툰 사건은 1928년 6월 4일 일본 관동군이 당시 만주 최대 군벌이었던 장쮜린(張作霖)이 탄 열차를 선양 황구툰에서 폭파해 살해한 사건이다.

군을 난징南京남경 국민당 정부의 깃발 아래 두고 싶지 않았다는 것을 누가 상상이나 했겠는가. 그래서 일본은 9.18 사변을 일으켜서 공공연히 약탈을 일삼았다. 그러나 결국 이곳은 중국의 땅이었기에 그들은 3국 간섭이 다시 동북에 미칠까 두려워 이리저리 궁리하다가 톈진 조계지租界地10) 안에 숨어서 왕정 복위를 꿈꾸는 푸이에게 접근했다.

일본인들은 푸이에게 눈부신 미래를 제안했다. 그것은 만주 고향에 돌아가서 청 왕조를 회복하고, 다시 재기해서 중원으로 들어가는 미래였다. 이 제안은 정말로 유혹적이었다. 푸이는 선조의 유산이 자신의 손 안에서 파괴된 것을 몹시 가슴아파했다. 마르고 연약한 푸이는 자동차 트렁크에 몸을 숨기고 일본인에 의해 동북으로 들어갔다. 사실 푸이는 일본이 자신을 이용하려 한다는 것을 알고 있었지만, 꿈에 그리던 유혹을 떨쳐내지 못하고 일본인이 만들어 놓은 '용이 고향으로 돌아가는' 올가미에 순순히 들어갔다. 이러한 그의 행동은 훗날 그를 매국노의 길로 들어서게 만들었다.

나는 완룽은 오지 않아도 된다고 생각했다. 그녀에게는 그럴만한 충분한 이유가 있었다. 푸이는 그녀를 배신하고 일본인과 동북으로 왔다. 이런 일은 어쨌든 그녀에게는 상처였다. 사실 그녀는 줄곧 텅 빈 궁 안에서 고독하게 있었고, 그런 고독함 속에서도 그녀는 이미 여인으로 성숙해져 있었다. 푸이를 떠난다는 것은 그녀에게 있어서는 일종의 해방이다. 그녀는 일찍이 주돈이周敦頤11)를 모방하여 『애련설愛蓮說』이라

---

10) 19세기 후반 영국, 미국, 일본 등 8개국이 중국을 침략하는 근거지로 삼았던 개항 도시의 외국인 거주지. 외국이 행정권과 경찰권을 행사하였다.

11) 북송 시기의 유학자(儒學者).

는 글을 지었다. 그리고 한때는 속세를 떠나고 싶어 하기도 했지만, 그것은 단지 그녀가 홀로 창가에 섰을 때의 독백일 뿐이었다. 그런데 그녀는 왜 동북으로 오려고 했을까?

그러나 완룽은 완룽이었다. 그녀의 고전적인 면은 자신에겐 구속이 되었다. 그녀의 허영심은 그녀가 반드시 황후의 꿈을 이루어야 한다고 종용했다. 하지만 그녀 스스로 동북을 박차고 나갈 수 없었기에 그녀에게 있어 마지막 황후는 선택의 여지가 없는 운명이었던 것이다. 그녀가 동북을 선택한 것은 그녀 자신에 대한 종용이었다. 그녀는 하루 종일 울고불고하면서 꼭 푸이를 쫓아가야 한다고 했고, 꼭 그의 황후가 되어야 한다고 했다. 아무도 그녀를 막을 수 없었다. 산하이관을 지나는 그 장면도 푸이와 마찬가지로 몸을 움츠려 가와시마 요시꼬[12]를 찾으러 가는 자동차에 올라탔다. 그녀는 기꺼이 동북의 함정 속으로 들어갔다.

마지막 황후의 도망은 매우 황급했다. 위황궁 역시 황급한 모양새였다. 사실 친민루勤民樓근민루는 공무를 보는 건물이고, 지시루緝熙樓집희루는 숙소로 사용된 건물이었다. 위황궁 안을 걷다 보니 많은 얼굴들이 떠올랐고, 언젠가 보았던 인형극이 생각났다. 인형극 꼭두각시들 중에서도 가장 생동적이고 개성적인 인물이 바로 완룽이었다. 완룽은 하나의 정치 부호이지만 정치에 속해 있지는 않다. 그녀는 위황궁과는 관련이 있지만 또 모든 음모와는 관련이 없다. 그녀는 이곳에서 한 이야

12) 청나라 황족인 숙친왕(肅親王) 의 열네 번째 딸. 청 왕조 부흥을 위해 일본에 협력하다 2차 세계대전 이후 스파이 혐의로 처형된 인물. 동양의 '마타하리'로 불리기도 했다. 중국 이름은 진비후이(金璧輝금벽휘)다.

기의 결말을 위해, 한 인물의 완성을 위해 존재하고 있을 뿐이다.

　그녀는 미쳤다.

　그녀는 미치지 않을 수 없었을 것이다. 그녀는 톈진에서 총애를 얻기 위해 자신보다도 더 약하고 작은 원시우文繡문수[13]를 핍박했다. 마침내 그녀는 원시우에게 푸이와 이혼하라고 강요했는데, 원시우 때문에 행복하지 않다고 여겼기 때문이다. 어찌 자신이 불행한 것이 그녀 자신 때문이라는 것을 모를 수 있단 말인가! 이로 인해 푸이는 더욱 더 그녀를 냉대했다. 동북에서 그녀의 불행은 이중으로 그녀를 힘들게 했다. 그녀는 푸이뿐만 아니라 일본인들로부터도 냉대를 받았기 때문이다. 그렇게 웅장했던 만주국 황제의 그늘에서 황후의 자리는 없었다. 모든 사람들의 안중에 완룽은 없었다. 그녀는 푸이처럼 감시를 받았고, 일본 여인들에 의해서도, 그리고 황족 집안의 여인들에 의해서도 감시를 받았다. 위황궁은 그녀가 발을 들여 놓은 그 순간부터 사실상 그녀의 감옥이었고 지옥이 되었다.

　그녀에게 황후가 되고 안 되고는 더 이상 중요하지 않게 되었다. 모든 고전적인, 모든 허영적인 것도 더 이상 그녀를 어찌하지 못했다. 그녀 안에서 어떤 한 신경이 되살아났고, 그녀는 후회하기 시작했다. 일찍이 그녀는 이런 음산하고 공포스러운 위황궁을 벗어나고 싶었지만, 그녀가 찾아간 사람들로부터 도움을 받을 수가 없었다. 그녀는 절망한 듯이 말했다.

13) 청나라의 마지막 황제 선통제(푸이)의 후비.

"다른 사람들은 모두 자유를 얻는데, 왜 나만 자유롭지 못하단 말인가?"

그녀가 자신이 진정으로 원하는 것이 무언인지 알게 되었을 때, 그녀는 연탑 위에 쓰러졌다. 그녀는 더 이상 이 세상과 마주할 힘이 없었다. 그녀는 죽을 듯이 아편을 피웠다. 톈진에서도 이미 피웠었고, 위황궁에서는 따로 전용 공간을 마련할 정도였다. 매일 독서와 글쓰기, 그림 그릴 때를 제외하곤 아편을 피웠다. 매번 한 모금에 한 곰방대를 피웠고, 하루에 2냥씩 매일 그렇게 피워댔다. 자신의 조부처럼 내성적이고 민감한 시인의 기질을 가진 완룽은 다재다능했고, 또한 슬프고도 귀여웠다. 하지만 그녀는 스스로를 망가뜨렸다. 그녀는 그렇게 미쳐 갔다. 그랬기에 그녀는 비할 데 없이 생동적이기도 했다. 그녀가 아편을 피우는 모습, 울부짖는 목소리, 산발인 짧은 머리카락, 매우 수척하고 초췌한 그녀의 얼굴을 당신에게 보라고 한다면, 당신 또한 호기심어린 눈으로 그것을 즐겼을 것이다.

그녀는 미쳐 갔으며, 또한 자유로워졌다.

그녀가 미친 것에 대해 많은 사람들이 푸이가 쓴 『나의 전반생我的前半生』이란 책에 쓰인 것을 읽고 뜬 구름 잡는 소리를 해댔으며, 어떤 이들은 위황궁에서 생활했던 사람들에게서 주워들은 허무맹랑한 이야기들을 지껄여댔다. 한때는 각종 간행물에서 완룽이 어떤 사람과 밀회를 가졌던 일로 온 세상이 시끌벅적했다. 카메라 감독들은 더욱 관심을 가졌고, 완룽은 스타들에 의해 섹시하고 풍류를 즐기는 황후로 그려졌다. 완룽이 도대체 무엇을 했는가? 그녀의 감정은 자신을 미치게 만들었고, 외로웠던 완룽은 자신만의 감정이 있었을 것이다. 그녀가 미친 이유는 너무도 복잡하고 심오했다. 사람들은 단편적으로 감정을 과장시켰고, 감정을 거칠게 세속화하고 통속화했다. 이것이 정말 완룽의 비애인지 아니면 현대인들의 비애인지 모르겠다.

그해 여름, 전 세계의 반파시즘이 막바지에 이르렀다. 미국, 영국, 중국 연합은 포츠담 선언을 발표했다. 미국의 트루먼 대통령은 원자폭탄을 투하하라는 명령을 하달했다. 두 개의 거대한 구름 버섯이 히로시마 상공에 떠올랐을 때, 일본 천황은 연합군에 투항했다. 중국 동북 만주국의 작은 조정도 나무가 넘어지면 원숭이도 흩어진다는 속담처럼 종적을 감추었다. 그때의 꼭두각시들은 혼비백산하여 도망갔다. 그해 펑위샹馬玉祥풍옥상이 황궁을 덮쳤을 때, 여섯 살에 한 번 퇴위를 했었고 이제는 도망갈 곳이 없었던 푸이는 모기와 파리가 창궐하는 수로에서 다시 한 번 퇴위를 선포했다. 그 후 푸이는 지린 성 퉁화通化통화에서 선양瀋陽심양으로 호송되었고, 결국 자신의 조상들이 일궈낸 곳에서 손이 묶인 채 소련 홍군의 포로가 되었다. 한 왕조의 시작이 바로 마지막이 되고 말았다.

이때, 남편에게 버림받고 병들고 약해진 완룽은 실소하면서 고위 전범 가족의 신분으로, 그녀의 증조부인 길림장군이 다스렸던 지역에서 인민해방군에 의해 아주 긴 여정을 시작하게 되었다.

나는 창춘長春장춘에 오기 전에 완룽의 비틀거리는 듯한 발자취를 따라서 퉁화, 지린吉林길림, 옌지延吉연길에 갔다. 가는 도중에 그녀의 최후 소식을 물어보고, 사람들이 전해 주는 말을 통해 그녀의 처량함을 상상할 수 있었다. 그때 그녀는 이미 똑바로 서서 걸을 수 없을 정도였고, 그녀를 압송해 간 군인들은 그녀를 부축하면서도 그녀의 생명을 연장하기 위해 아편을 피울 수 있도록 해주었다. 그녀와 함께 갔던 사람들 중에는 사가 히로嵯峨浩[14]와 딸이 있었고, 복귀인福貴人인 이옥금李玉琴[15]이 있었다. 나는 창춘에 오자마자 바로 이옥금과 통화를 했었지만, 그녀에게 자신에 관한 이야기를 해달라고 말하고 싶지 않았다. 그저 우리가 책에서는 볼 수 없었던 완룽의 마지막 날들을 이야기해주길 원했다.

그녀는 입을 떼자마자 기관의 소개장이 있느냐고 물었다. 내가 없다고 하자 인터뷰 요청을 거절했다. 수화기 너머로 그녀는 한 마디도 하지 않았다. 전화를 빨리 끊기 위해 큰 소리로 냄비가 탄다고 소리쳤다. 그리고 전화는 끊겼다. 그녀는 푸이의 마지막 첩이었다. 그녀는 이미 세상을 등지고 사는 듯한 날들을 보내고 있었다. 나는 전화기 너머로 그녀가 나와 통화를 하면서도 한편으로 장난꾸러기 손자를 꾸짖는 소리를 들었다. 그녀는 자신의 이름으로 완룽의 글들을 발표했지만, 완룽은 그녀의 삶 속에서도 이미 사라지고 없었다.

그렇다. 과거의 날들은 죽었고, 완룽도 죽었다. 내가 통화에 있을 때, 사람들은 완룽이 지린에서 죽었다고 하고, 또 지린 사람들은 그녀가 옌지에서 죽었다고 했다. 사실 그녀는 옌지에서 죽었고, 옌지에서 그녀의 사망 기록을 내가 직접 확인했다. 성명 란에는 영씨榮氏, 개요 란에는 위황후僞皇后, '6월 10일 석방, 6월 20일 오전 5시 사망'이라고 적혀 있었다. 그렇게 큰 종이에 겨우 몇 글자뿐이라니. 이 몇 글자만이 마흔 살

14) 일본 후작 가문의 딸로, 청나라 마지막 황제 푸이의 친동생인 푸제(溥潔)의 아내.
15) 푸이의 네 번째 부인.

한 여성의 마지막을 보여주고 있었다. 마흔 살의 황후는 이미 늙었고, 마흔 살 여인의 생명은 오히려 이제 막 풍만하게 필 나이이지만 황후인 완룽은 더 일찍 초췌해져 갔다. 여인으로서의 완룽은 아무것도 시작하지 못하고 바로 끝나버렸다. 참으로 불공평하다.

완룽은 그해 초여름 아침에 죽었다. 그녀가 어디에 묻혔는지는 지금까지 아무도 모른다. 옌지 사방의 산들을 보면, 옌지는 장백산 아래에 있고, 장백산으로 포위되듯이 에워싸여져 있다. 내 생각으로, 그녀는 분명 장백산에 있을 것이다. 장백산은 청 왕조의 선산이고, 완룽은 그 집안의 여자다. 그녀가 장백산에 묻혔다는 것은 그녀의 염원 혹은 고집이었을 것이다.

완룽의 최후의 날들 중, 어느 누가 그녀의 미친 소리를 들었을까? 마침 옌지에서 연고가 없는 완룽에게 묘를 만들어 주기로 했다. 정말 완룽을 위해서일까? 아니면 다른 누군가를 위해서일까? 산속에서 이미 수십 년 동안 잠들어 있던 완룽은 갑자기 자기 옆에 또 다른 완룽이 만들어져 있는 걸 보게 될 것이다. 그녀가 얼마나 어이없고 난처하고 어색해 할까?

옌지에 머물고 있을 때, 내 눈앞에서 어른거렸던 것은 항상 완룽의 그림자였다. 중국에는 수백 명의 황후가 있었지만, 그녀가 마지막 황후다. 중국 역대 황제의 전집을 읽고, 또 중국의 역대 황후 전집을 읽었는데 거의 모두 중국 봉건 사회의 통사通史를 읽는 것 같았고, 중국의 궁정사宮廷史를 읽는 것 같았다. 중국의 황궁에서 역대 황제와 황후의 역할은 밖은 황제가 맡고, 황후는 안을 맡는다. 황제의 권한은 하늘에서 주는 것이고, 제왕의 존귀한 지위가 바로 황제이다. 그러나 황후는 바로 그 사람 아래, 모든 사람의 위에 있는 여인이다. 바로 6궁六宮[16]을 통솔하는 천하의 여인인 것이다.

그런데 완룽은 중국 역사상 어떤 황후와도 비교할 수가 없다. 왜냐하면 그녀는 마지막 황제의 황후이고, 그녀에게 황후로서의 지위와 권한은 단지 1제곱킬로미터의 범위도 안 되었기 때문이다. 그녀를 어머니로 받들 수 있는 천하가 없었을 뿐만 아니라, 심지어는 통솔할 수 있는 후궁도 없었다. 마지막 황제에게는 오직 왕비 한 명과 첩 한 명뿐이었다. 완룽이 통솔할 수 있었던 것은 오직 그녀보다 약했던 후궁 원시우뿐이었다. 그녀는 청나라 왕조가 무너지고 베이징에서 쫓겨나는 것을 보았다. 그리고 만주국이 신징新京신경에서 무너지고 모든 것이 지옥의 나락으로 떨어졌을 때, 그녀는 휘청거리며 고향 땅에서 유랑하고 있었다. 그래서 나는 늘 완룽이 한 번도 진정한 황후가 된 적이 없고, 황후라는 그 배역은 그녀에게 여인으로서 누려야 할 즐거움과 행복을 잃어버리게 만들었다는 생각이 들었다.

완룽의 비극은 그녀의 성격에 원인이 있었다. 하지만 그 시대에 태어난 여인, 황후가 된 여인의 힘은 얼마나 미미하고, 부친의 권세와 남편의 권세, 황제의 권세는 또 얼마나 거대한가. 그들은 모든 것을 뒤덮고 완룽에게 무대로 올라가도록 강요했고, 그녀를 속이고 망쳤으며 파괴했다. 그녀에게 그 시대의 순장을 요구하면서 그 시대와 함께 사라지도록 만들었다. 아름다움과 추함은 함께 희생되었다. 이것이야말로 인간 세계에서 가장 큰 비극이다. 나는 믿는다. 언제라도 누군가 그때

16) 옛 중국 궁중에 있었던 황후의 궁궐과 부인 이하의 다섯 궁실.

의 중국 역사를 회고한다면, 분명히 제정신이 아닌 가련하면서도 생동적이었던 완룽을 볼 수 있을 것이다.

완룽은 한 시대의 마지막 여인이다. 이제 다시는 이런 여인을 볼 수 없을 것이다. 이 세계에는 여전히 고전이 있고, 여전히 허영이 있으며, 여전히 한 가지 물건에 집착하여 잘못에서 깨어날 줄 모르는 여인이 있을 것이다. 여전히 여인을 함정에 빠뜨리는 것이 있다. 여인의 비극에는 여러 가지가 있겠지만, 다시는 완룽과 같은 삶이 되풀이되지는 않을 것이다.

빈집

: 동북왕, 장 씨 부자 이야기

내가 보기에 선양瀋陽심양은 비극적인 색채가 짙은 도시다.

선양 구시가지에는 유명한 건축물 두 곳이 있다. 두 건축물은 같은 시대에 속하지는 않지만 서로 가까운 곳에 지어져 있다. 하나는 청나라 왕조 애신각라愛新覺羅 가문이 관외關外에 남긴 고궁이고, 다른 하나는 동북 지역 군벌 장쭤린張作霖장작림이 '동북왕'이라 불릴 때의 수부帥府[1]다. 그날, 고궁을 나서자마자 바로 수부로 이어지는 것이 고대에서 순식간에 현대로 넘어온 듯한 느낌을 받았다. 마치 수백 년의 역사가 이곳 작은 골목길에 응축되어 있는 것 같았다. 그리고 좁은 골목길에서 두 건축물은 동병상련의 느낌을 준다. 이 건물들은 아주 오래되었지만 과거에 황제의 별궁이자 주둔지였다. 이 건축물들은 한 시대의 시작이면서 또 그것의 끝이기도 하다. 이 건축물들의 주인은 비록 몸

---

1) 동북 지역의 군벌이었던 장쭤린과 장쉐량(張學良장학량) 부자가 살았던 관저 겸 사택으로, 오늘 날의 '장 씨 수부 박물관'을 가리킨다.

은 관외에 있었지만, 약속이라도 한 듯이 중원中原²⁾에 뜻을 두었기 때문이다. 그들이 유일하게 서로 다른 점이 하나 있다. 관외에서 중원의 주인이 되는 역할은 항상 토착 유목민이나 사냥꾼이 되었는데, 청 왕조 가문은 그중 마지막 하나였을 뿐이다. 반면, 대장군 장쭤린은 이민자의 후손이자 순수 한족漢族³⁾으로서, 생계를 위해 관동關東⁴⁾ 지역에 뛰어든 한족에게 선례를 남기고 싶어 했다. 그래서 일부 지역 소수 민족의 모습을 모방해서 중원의 주인이 되었다. 하지만 그가 베이징에 머문 기간은 2년에 불과했고, 낙심한 채 기차를 타고 수부로 돌아오다가 황구툰皇姑屯황고둔⁵⁾에서 목숨을 잃었다.

무엇이 잘못된 탓일까, 아니면 운명의 장난이었을까? 동북에서 중원의 주인이 된 영웅호걸은 그 기간이 길든 짧든 간에 하나같이 출발만 했을 뿐, 그 누구도 돌아오지 못했다. 그들의 옛집은 유적 혹은 폐허가 되거나, 그저 기억으로만 남게 되었다. 반면, 청 왕조 애신각라 가문과 장 씨 가문의 옛집은 잘 보존된 편이다. 지금에 이르러서도 두 건축물은 비워진 채로 각각 고궁古宮과 고거故居라는 명분 아래 (이 건축물들 때문에 유명하면서도 비극적인) 도시에 진열되어 있다.

선양은 로마 양식 기둥이 늘어선 가운데 아직까지 짙은 청기와로 뒤덮여 있는 곳도 남아 있다. 그 옛날 누르하치와 홍타이지 부자가 패왕의 기세를 발산했었기 때문인지, 장쭤린과 장쉐량 부자가 왕으로서의

---

2) 중국 허난(河南하남) 성을 중심으로 산둥(山東산동) 성 서부, 산시(陝西섬서) 성 동부에 걸친 황하강(黃河江) 중·하류 유역이 이에 해당한다.
3) 중국 인구의 대부분을 차지하고 있는 주요 민족으로, 사실상의 중국인을 가리킨다.
4) 요녕 성, 지린 성, 헤이룽장 성, 그리고 네이멍구자치구에 걸친 중국의 동북 지역을 일컫는다.
5) 랴오닝(遼寧요녕) 성에 위치한 지방 도시.

위세를 널리 떨친 적이 있어서인지 다른 곳에서는 볼 수 없는 구도를 보여준다. 선양에 온 사람은 대부분 이 시대를 뛰어넘는 좁은 골목을 지나가고 싶어 한다. 그리고 이 골목을 걸었던 사람들 대부분은 마치 역사의 지름길을 걷는 듯한 신기한 기분을 느낀다. 이 지름길의 양 끝에 서 있으면 거대한 옛 유적을 보고 감탄이 터져 나오면서도, 아무도 없는 텅 빈 집을 보고는 안타까운 감정을 느끼게 되기 때문이다. 역사는 마치 영웅호걸을 악순환 속에 빠뜨리기 위해 태어난 마법사처럼 그들을 무대 위에 올려놓을 수도, 사라지게 할 수도 있고, 꽃을 피우게 했다가 무덤으로 데려가기도 한다.

그날은 난생 처음으로 장 씨 수부에 간 날이었는데, 뜻밖에도 예전에 와 본 것처럼 익숙했다. 마치 아주 오래전에 헤어졌다가 다시 만난 것 같은 기분이 들었다. 사실 나는 책과 역사 속에서 이곳을 수없이 스쳐 지나왔고, 이 정원을 거닐었던 사람들과 이곳에서 발생했던 이야기들을 마주했다. 또한 누구든지 동북을 향해 오는 사람은 반드시 이 정원과 장 씨 부자를 만나게 될 것이란 걸 알고 있다. 장쭤린과 장쉐량 부자는 동북에 그치지 않고, 나아가 20세기 전반 중국의 정치 무대에서 세계의 이목을 집중시키는 역할을 했다. 그들은 자기 자신을 너무나도 잘 드러냈다. 그들 각자의 비극적인 결말은 정말 예상치 못한 일이며, 유일무이한 것이었다. 마침내 사람들이 의연하게 그 역사의 한 편을 되돌아볼 수 있게 되고, 어떤 한 사람의 공과에 대해 공평한 잣대로 책상 위에서 책으로 써 낼 수 있게 되었을 때, 장 씨 부자는 필연적으로 현대인의 마음속 특수한 위치에 자리 잡게 되었고, 자유롭게 비난하고 숭배할 수 있는 인물이 되었다.

나는 줄곧 동북 사람이 장 씨 부자를 보는 게 사실은 자기 자신을 보고 있는 것이라고 생각했다. 왜냐하면 오로지 동북이라는 땅에서만 이런 아버지와 아들이 태어날 수 있기 때문이다. 오로지 동북이라는 땅에서만 이런 사람들이 모여들 수 있기 때문이다. 동북 사람의 성격과 인격에는 동북 지역의 성향이 분명하게 드러난다. 동북 사람에게는 태생적인 비장함이 묻어난다. 본디 깊고 무거운 색을 띠는 이 땅부터가 비장하기 때문이다.

이러한 동북의 모습을 보여주는 것이 바로 장 씨 수부다.

붉디붉은 중국식 삼진사합원三進四合院[6], 회청색 로마풍의 대청루大靑樓와 소청루小靑樓, 그리고 붉은색 북유럽 풍의 작은 건축물이 장 씨 수부를 구성하고 있다. 그러나 이것이 전부는 아니다. 수부 정원 담 밖으로는 수부 무도회장과 변업은행邊業銀行이 있다. 또한 일본식으로 지어진 아담한 자오이디趙一荻조일적 부인 생가도 있다. 여기서 우리는 그 옛날의 수부는 주인의 지위 상승에 따라 끊임없이 변화했다는 것을 알 수 있다. 나아가 변화를 거치면서 점점 더 커졌을 뿐만 아니라 동양에서 서양으로, 전통식에서 현대식으로 바뀌었다. 나는 수부의 색채와 디자인이 건축의 관점에서 보면 특별한 형식이 없다는 것을 발견했다. 하지만 형식이 없는 것 자체가 바로 수부만의 형식이다. 수부의 형식은 바로 시대의 변화에 맞춰 변화하는 임기응변, 그리고 팽창과 폭발

6) 사합원(四合院)은 네 채의 건물이 모여서 가운데 마당을 중심으로 이루어진 집으로, ㅁ 자 형태의 중국식 전통 주택을 말함. 삼진사합원(三進四合院)은 사합원에서 확장된 구조로, 앞뒤로 전원(前院)과 후원(後院)이 추가되어 目 자 구조를 보임. 전원부터 후원까지 3개의 문을 통과해야 해서 '삼진(三進)사합원'이라 불린다.

이다.

수부를 보면 웃음이 나기도 하고, 슬프고 처량해 보이기도 한다. 수부는 자기만의 형식이 있으면서도 다른 것을 모방하여 꾸며졌다. 궁궐의 위세와 왕의 위엄을 잘 나타내면서도 활력이 부족하고, 그 면모는 흐리기만 하다. 이처럼 모순적이고, 구식과 현대가 공존하는 모습은 단숨에 20세기 초반 중국의 모습을 떠올리게 한다.

해외에서 돌아온 쑨원孫文손문은 중국에 삼민주의三民主義[7]공화국을 세우고자 했다. 그의 추종자들은 하나같이 잘 다려진 양복을 입고서 청 왕조가 역사에서 물러날 것을 규탄하며 중국의 세대교체를 이루고자 했다. 그러나 쑨원의 힘은 약했다. 따라서 여전히 변발을 땋고 중국 전통 의상을 입고 다니는 위안스카이袁世凱원세개[8]에게 대총통의 자리를 내줄 수밖에 없었다. 위안스카이가 국가를 장악하고 권력을 손에 쥐게 되었을 때 중국인들은 변발을 잘라내고, 군인들은 청나라 군대의 흑색 군복에서 중화민국의 제복으로 바꿔 입었을 뿐 큰 변화는 없었다. 중국 역사에도 북양北洋 군벌[9]의 통치 시대가 나타났고, 무력으로 권력을 장악하는 인물들이 등장하기 시작했다. 이 시기에 중국 도시에는 이미 외국의 조계지租界地와 영사관이 들어서 있었고, 길거리에는 서양 군인과 신사들이 돌아다녔다. 이는 곧 중국 본토에서 나고 자란

---

7) 쑨원이 제창한 중국 근대 혁명과 건국의 기본 정치 이념으로 민족(民族), 민권(民權), 민생(民生)을 말한다.
8) 중국의 군인·정치가. 청일전쟁에 패한 뒤 서양식 군대를 훈련시켜 북양 군벌의 기초를 마련하였고, 신해혁명 때 청나라 조정의 실권을 잡고 임시 총통이 되어 스스로 황제라 칭했다.
9) 청나라 말기 위안스카이(袁世凱원세개)가 육성한 신식 육군을 바탕으로 중화민국 이후에 베이징 정권을 장악한 군벌의 총칭.

삼처사첩三妻四妾을 거느린 군벌들이 전통을 버리고 맹목적으로 서양을 숭배하게끔 했다.

장쭤린의 사합원은 청나라 왕부王府의 양식을 모방한 데 반해, 대청루는 톈진天津천진의 조가화원曹家花園[10]을 모티브로 지어졌다. 물론 중화민국 총통을 지낸 적이 있는 차오쿤曹錕조곤[11]도 마찬가지로 톈진의 서양 사람을 따라 그대로 본떠 조가화원을 지었다. 내가 수부를 통해 본 것은 군주제를 폐지하고 난 후 중국의 무질서하고 해학적인 역사, 그리고 야심만만하면서도 나약하기 그지없는 북양 군벌이었다.

나는 가장 먼저 고풍스러운 사합원에 들어갔다.

사합원은 수부의 중심이다. 동원東院은 대청루와 소청루이고, 서원西院은 홍루紅樓가 여러 채 모여 있다. 사합원은 그 중심부에 위치한 최초의 수부다. 장쭤린 일가가 사합원으로 이사 올 당시 그는 봉천독군奉天督軍 겸 봉천성장奉天省長[12] 직을 맡고 있었다. 사람들도 이때부터 그를 '대장군', 그의 집을 '수부'라고 불렀다. 이는 중국 전통의 고전 양식 건물로서 청색 벽돌과 빨간 기와를 사용해서 건축되었다. 기둥과 대들보는 화려하게 장식되어 있고, 비첨飛簷[13]에는 치문鴟吻[14]을 달아 처마가 높게 들린 모양을 하고 있으며, 바닥에는 네모진 벽돌이 깔려 있고 얼

---

10) 톈진에 있는 화원. 청나라 말기에 군수업자 손중영(孫仲英)이 지은 것으로 '손가화원(孫家花園)'이라 불리었다.
11) 중국의 군인·정치가. 위안스카이에게 발탁되어 북양군의 각지 사령관을 역임하였다.
12) 봉천(奉天)은 선양(瀋陽심양)의 옛 이름이고, 각 명칭은 직책을 말함.
13) 날아갈 듯이 높이 들린 처마.
14) 전각이나 문루 등 큰 건물의 용마루나 지붕골의 끝에 없는 기와의 하나.

장쭤린(張作霖)의 대수부(大帥府) 사합원(四合院) 내부 전경.

굴이 낯익은 사자 석상도 한 쌍 놓여 있다. 삼진원三進院[15])의 정방正房,
상방廂房, 문방門房, 심지어 산장山墻[16])의 판벽과 주춧돌 위에도 깊은 의
미를 내포한 석조가 상감되어 있다. 이 석조는 부귀영화나 명예, 지위
등에 관한 내용으로 누구나 알만한 역사 전고를 담고 있다. 눈에 잘 띄
지 않는 곳에는 용으로 꾸며진 석조화도 그려져 있다. 용은 조정의 상
징이며, 당시 청나라 조정은 아직 자금성에서 특별대우를 받고 있었다.

따라서 이 저택의 주인은 훨씬 전부터 속으로 자기 분수에 만족하지
않았음을 알 수 있다. 가장 흥미로운 점은 동북 농촌에서 가장 많이 생
산되는 무, 배추, 가지, 고추, 조, 수수, 심지어 장쭤린 고향의 갈대, 참
게를 석조와 벽돌, 목조에 새겨 수부의 벽을 장식했다는 점이다. 나는

15) 삼진사합원의 내부 건축물 중 하나인 삼진원을 말함.
16) 건물의 양측 끝 벽. 산(山) 모양의 지붕면 벽을 말함.

이것이 바로 장쭤린이라고 생각한다. 그는 평생토록 전방의 먼 곳을 바라보면서도 시골의 기질을 절대로 벗어날 수 없었다. 무와 배추에서 그의 순박한 면을 엿볼 수 있는 것이다.

예전에 나는 그와 같은 시대를 살았던 영국의 역사학자 매코맥 Mccormack이 쓴 『Chang Tso-Lin in Northeast China』라는 책을 읽은 적이 있다. 이 책은 서두에서 다음과 같이 말한다.

"장쭤린은 외진 변경 지역의 도적 집단 우두머리다. 문맹에다 몸집이 작고, 겉모습이 나약해 보이며 팔자수염이 있다. 아편을 피우고, 밤을 새워 가며 도박을 하는 와중에도 그는 종종 중국 황제가 되는 꿈을 꾸었다. 비슷한 꿈을 품었던 다른 이들과 달리, 그는 그 꿈을 실현하는 데 가장 가까운 자였다. 왜냐하면 '군벌'이라 불리는 괴인 중에서도 그는 가장 큰 세력의 군벌이었기 때문이다."

매코맥은 분명 장쭤린을 만나본 적이 없음에도 불구하고 그 멀고 먼 영국 땅에서 자신이 바라본 장쭤린을 묘사했다. 여기서 우리는 그 당시 장쭤린이 국제적으로 영향력 있는 인물이었다는 것을 알 수 있다.

장쭤린을 실제로 만나 본 적이 있는 중국의 한 역사학자는 이렇게 기록했다.

'장쭤린은 몸집이 작지만 눈빛은 형형하게 빛나며, 용모에서 총명함과 용맹함이 드러난다. 무관 출신이지만 여느 선비 못지않게 품행이 올바른 사람이었다. 어떤 일에 부딪혀도 정확히 분석해 신속히 처리했으며, 다른 사람보다 기민했다. 또한 그는 일단 화가 나면 불같이 화를 내서 그 누구라도 뒷걸음질 치게 했다. 그래서 사람들은 그의 위엄을 두려워하면서도 그의 은혜로움을 품었다.'

중국인이건 외국인이건 간에 장쭤린을 묘사한 사람은 모두 그의 생김새에 흥미를 느꼈고, 선 몇 가닥만으로도 생동감 있게 그를 그려냈다. 세계 정치사에서 작은 몸집의 남자는 독특한 매력을 가지고 있는데, 장쭤린 역시 그런 남자 중의 하나였다.

역사학자라 할지라도 장쭤린은 동북 특유의 현상이라는 것을 인정해야 한다. 그는 가난뱅이에서 도적으로, 작은 도적에서 큰 도적으로, 조적에서 관리로, 그리고 다시 말단 관리에서 고위 관리가 되었다. 그의 인생은 신비하고 입지전적이면서 불가사의하다. 임어당은 자신의 책 『中國人중국인』에서 중국인을 남과 북 두 종류로 나누고 남방 사람은 상인, 북방 사람은 강도라고 했다. 남방 사람은 이해타산이 빠른 반면, 북방 사람은 강탈에 능하다는 의미다. 북방 사람 중에서도 동북 사람이 이에 훨씬 정통하다. '강도'라는 단어는 품위 있게 표현한 말이다. 동북에서는 이를 '토비土匪'라고 부른다.

동북에는 토비가 많다. 그리고 장쭤린은 동북 토비의 집대성자다. 그는 토비에 대한 인식을 한층 끌어올렸다. 토비를 주인공으로 만들어 그 역할을 잘 해냈으며, 심지어 사람들의 본보기이자 우상이 되었다. 그의 주변에는 훌륭한 무장이 많았는데, 그들은 대부분 토비 출신이었고, 그가 통솔한 봉군奉軍 역시 대다수가 그에게 복종하는 각 지역의 토비였다. 그들은 장쭤린의 하인이자 사병이었고, 그의 목숨이자 자산 전부였다. 그는 동북 지역에 독특한 토비 시대를 불러왔으며, 동북의 토비가 지역적·문화적인 특징을 갖게 했다. 이러한 모습들이 바로 장쭤린이다.

만약 장쭤린이 사합원의 주인 역할에 만족했다면, 역사는 완전히 바꿰었을 것이다. 하지만 그는 사합원에 만족할 수 없었다. 동북에는 이러한 전통이 없다. 동북의 전통은 말을 타고 중원으로 진출하는 것이다. 장쭤린은 이 전통을 계승했고, 그는 정말로 왕이 되고 싶었다. 산을 점령해 왕이 되는 것은 토비 시대의 이상이었다. 이러한 그의 이상은 줄곧 그가 멈추지 않도록 종용했다. 그가 동북왕이 된 후 나아가 중국의 왕이 되라고 종용했다. 왕은 그의 피 속에 흐르는 유일한 열정이 되었다. 따라서 그는 요遼, 금金, 원元, 청淸의 뒤를 이은 동북 최후의 기사였다.

　당시의 수부는 그가 중원 장악을 도모하기 위한 발판이자, 토비 출신 부하들을 지휘하고 호령하기 위한 총사령부였다. 그는 수부 정원에서 두 번의 봉직전쟁奉直戰爭[17]을 일으켰다. 두 차례의 전쟁에서 봉천파에 속하는 그와 직예파의 우페이푸吳佩孚오패부는 이기고 지기를 반복했다. 하나는 토비 출신에 총을 잘 다루었고, 다른 하나는 엘리트 출신으로 글을 잘 썼다. 우페이푸는 글재주를 부려 고문으로 전보를 치는 것만으로도 전쟁을 거의 승리로 이끌 수 있었다. 그는 장쭤린을 아니꼽게 보고 항상 토비와 관련된 일을 들먹이면서 그를 비웃으며 악담을 퍼부었다. 왜소하지만 유능한 장쭤린은 내심 열등감을 느끼면서도 겉으로는 이 엘리트에게 약한 기색을 전혀 보이지 않았고, 우페이푸는 더 이상 말을 잇지 못했다.

　그러나 1차 봉직전쟁에서 엘리트가 이기고 토비가 패했다. 싸움에서 진 토비는 관동의 어르신들을 볼 낯이 서질 않았다. 돌아가자마자 동북 3성 독립을 선언한 것도 이들을 달래며 훗날을 도모하기 위한 행

17) 장쭤린의 봉천파와 우페이푸가 이끄는 직예파 간에 벌어진 군벌 전쟁.

동이었다. 그리고 2차 봉직전쟁에서 토비가 이기고 엘리트가 패했다. 갈 곳을 잃은 엘리트는 배를 타고 남쪽으로 도망쳤다. 그러나 정치에서는 영원한 적도 친구도 없다. 훗날, 그들은 다시 동맹을 맺고 연합해서 다른 이를 공격했다. 이것이 바로 여러 군벌이 할거하는 대혼란의 시기다.

나는 이 두 엘리트와 토비에 관한 이야기에 매료되었다. 그리고 여기서 장쭤린이 가장 두려워하는 게 자신이 토비였다는 사실이 폭로되는 것이라는 걸 알았다. 그는 줄곧 기민함을 숨기면서도 계속해서 자신의 영역을 구축했다. 또한 입으로는 항상 무인은 정치를 모른다고 말하면서 모든 사람을 쓰러뜨렸다. 나는 북양 군벌들이 하나하나 주마등처럼 사라지고 장쭤린만이 최후까지 남아 웃는 것을 보았다. 그는 평생 세 번에 걸쳐 관내로 진출했고, 마침내 마지막 세 번째에 중화민국군정부中華民國軍政府 육해공 대원수로 취임하면서 북양 군벌의 마지막 정부를 장악했다. 다시 말하면, 매코맥이 말했던 가장 황제에 근접한 꿈을 이룬 것이다.

산중 토비에서 '대원수'라는 왕좌에 올랐음은 그가 정치적으로 성공했다는 것을 의미한다. 단지 너무 늦게 성공했을 뿐이다. 오랜 군벌인 그가 막 취임하려 할 때, 북벌군北伐軍의 포성은 이미 하늘을 뒤흔들 듯이 울려 퍼졌다. 곧이어 신 군벌 세력이 사면초가처럼 한꺼번에 공격해왔다. 그는 다시 토비의 모습을 드러내며 삼십육계 줄행랑을 쳤다. 정복자는 결국 또 다른 정복자에게 정복되는 법이다. 그는 집으로 돌아가고 싶었다. 이는 아마도 그의 인생 전체에서 가장 비장한 순간이었을 것이다.

그러나 역사는 더 이상 그에게 기회를 주지 않았고, 그의 시대는 이처럼 빠르게 끝이 났다. 이와 관련해서 매코맥은 다음과 같이 말했다.

"그가 베이징 정치와 전국적인 사안 속으로 점점 더 깊게 휘말렸고, 이 휘말림은 결국 그가 무너진 원인이 되었다."

역사에 만약은 없다지만, 나는 꼭 다음 몇 가지 가정을 상상해 보고 싶다. 만약 장쭤린이 관외로 물러나 국경을 지키고, 국민을 보호하라는 궈쑹링郭松齡곽송령의 충고를 받아들였더라면, 만약 그가 중원에 개입하지 않았더라면, 베이징의 왕좌를 차지하기 위해 싸우지 않았더라면 같은 가정들 말이다. 그랬다면 후원後院은 공허하지 않았을 것이고, 일본인들이 창궐하지 않았을 것이며, 황구툰의 비극도 발생하지 않았을 테고, 9.18사변도 일어나지 않았을 것이다. 청 왕조는 중원에 진출해 천하를 차지할 생각에만 매달려 러시아에게 빈틈을 제공했다. 장쭤린은 진심으로 중국 총통이 되고 싶어 했지만 일본에 의해 목숨을 잃었고, 결국 나중에는 그 본거지마저 철저히 소탕되었다. 그는 바랐던 것이 너무 많았다. 그의 실패는 그의 탐욕으로 귀결된다. 그의 실패는 왕의 실패였다.

길고 먼 중국 역사에서 수많은 왕의 유해와 왕의 숨겨진 증오가 사라졌고, 장쭤린과 같은 드라마틱하고 비극적인 이야기가 사라졌다. 왕들은 다시 돌아오지 않았고, 그들의 궁궐은 유례없이 조용해졌다. 이러한 조용함은 왕의 이야기를 더욱 처량하게 만든다.

수부에서 북쪽을 향하자 고궁의 봉황루鳳凰樓가 보였다. 나는 돌연 고궁이 늙어버렸고, 더 이상 기다리지 않는 것처럼 느껴졌다. 고궁은 이미 역사의 한 장소가 되어버렸다. 역사의 한가운데에서 더 이상 누가 오가길 기다리지 않고, 누구든 들어와 볼 수 있게 된 것이다. 마치 아득히 먼 사물처럼 느껴졌다. 그러나 고거故居는 기다림의 의미를 지닌다. 고궁처럼 중요하지는 않지만 조용히 역사의 한켠에 서 있다. 작고 초라하며 원시적이고 친근한 이곳은 영원히 차분하고 조용하면서도 초조하다. 주인을 혹은 주인의 자손을 기다리는 듯했다. 그 매일의 사명은 간절히 기다리는 것이다.

고거는 모성적이고, 고향의 의미가 있다. 모든 사람은 집을 필요로 하지만 그렇다고 집에 안주하지는 않는다. 집이 일종의 유혹이라면, 세계 역시 일종의 유혹이다. 하지만 고향을 떠나서 타지에 살게 되거나 진정한 떠돌이가 되면 돌아갈 집이 없다는 것이 얼마나 고통스러운지를, 그리고 집이 있어도 돌아갈 수 없는 것은 또 얼마나 더 고통스러운지를 알게 될 것이다.

대청루에 들어선 그 순간, 나는 장쉐량의 마음속 그 아픔을 느꼈다.

왜인지는 모르겠지만 장 씨 수부는 장 씨 부자가 공동으로 사용했던 고거라는 사실을 분명 알면서도 사합원은 장쭤린, 대청루는 장쉐량의 고거인 것 같았다. 대청루에 다가가야만 비로소 장쉐량에 다가간 듯하고, 그들 부자가 분명 서로 다른 배경 속 인물이라고 생각하게 되는 것이다.

대청루는 고상하고 화려해서 좁고 복잡한 사합원보다 훨씬 더 쓸쓸하고 슬픈 느낌이었다. 이곳의 주인은 66년 전의 그 봄날 집을 떠나 베이핑北平북평[18]에서 육해공 부총사령관으로 부임한 뒤, 다시는 돌아오

18) 베이징(北京북경)의 다른 이름.

지 못했다. 그해, 그는 겨우 30세였다. 그가 집을 떠났던 시간은 매우 길었다. 결혼이나 빚쟁이로부터 도망치려고 떠난 것은 아니었고, 살인을 저질러 도망친 것은 더더욱 아니었다. 그는 결코 집을 떠날 생각이 없었고, 매번 집을 나갈 때마다 곧바로 돌아왔다. 부친이 있을 때 그는 아버지의 아들이었고, 부친이 없을 때 그는 동북 어르신들의 아들이었다. 그는 줄곧 자신에게 아들이라는 역할을 부여했고, 그는 이 역할을 좋아했다. '아들'은 젊음, 충성, 그리고 미

장쉐량(張學良)이 거처했던 소수부(少帥府) 대청루(大靑樓) 앞에 선 필자.

래를 의미했다. 더 나아가 아들은 가족과 고향에 대한 책임을 의미했다. 그는 그해 4월 18일 집을 떠났고, 9월 18일 갑작스레 들이닥친 사고로 다시는 집에 돌아올 수 없게 되었다. 동북은 망아산望兒山의 어머니처럼 하루아침에 흰 백발이 되었다. 그리고 그는 집을 그리워하는 길 위에서 점점 늙어 갔다.

수부가 그 당시 얼마나 떠들썩하고 화려했는지 짐짓 상상이 된다. 비록 대장군은 죽었지만, 여전히 사람들은 이곳에 모여 대가족을 이루었다. 대장군이 남겨 놓은 집안의 물건들은 여전히 그 자리에 가지런

히 놓여 있었다. 장쉐량의 사무실 역시 그가 떠날 때의 모습을 그대로 간직하고 있었다. 그저 책상 위에 먼지가 약간 쌓였을 뿐이다. 이곳은 여전히 동북 정치의 중심이자 동북의 혼 그 자체다. 그러나 돌연 이 모든 것을 그는 다시 볼 수 없게 되었다. 일가족이 이리저리 흩어지면서 저택 전체는 폭도를 만난 것처럼 약탈당했다. 눈부시게 화려했던 수부는 순식간에 빈집이 되었다. 그리고 그는 졸지에 집도 없고 근본도 없는 사람이 되었다. 그는 부친과 달랐다. 장쭤린은 그래도 집으로 돌아오는 길에 죽었고, 어쨌든 집으로 돌아왔다. 그러나 장쉐량은 그가 살아 있는 동안 시대에 의해 추방되었다.

그는 마침내 이 세상에서 자신이 살 곳을 자유롭게 정할 수 있게 되었고, 그는 하와이를 택했다고 한다. 하와이는 태평양에 있다. 아름답지만 고독한 곳이다. 이 세기의 노인은 매일같이 하와이의 황금빛 햇볕을 쬐고, 끊임없이 은색 해변을 때리는 파도 소리를 들었지만 속으로는 분명 하와이보다 더한 고독을 느꼈을 것이다. 그와 동시대를 살았던 거의 대부분이 이미 세상을 떠나 누구도 그와 이야기를 나눌 수 없게 되어 그저 속으로 혼잣말을 되뇌거나 역사와 대화를 나눌 뿐이다.

나는 그의 부친이 죽고 난 뒤에서야 중국 역사의 거대한 운명 속에서 비로소 그가 부각되었다고 본다. 그의 성격에는 아버지의 야성이 녹아 있다. 그의 솔직함, 형제와의 의리, 그리고 죽음을 두려워하지 않는 용맹함은 모두 그가 동북 대토비大土匪의 아들이라는 사실을 증명해준다. 하지만 그는 중국 봉건제와 서구 문명이 결합되어 만들어진 남자였고, 이는 그를 그의 부친보다 더욱 복잡하고 대범하게 만들었다. 그는 왕이 되고자 했다. 혹은 이미 왕이었다. 그렇지 않고서야 장제스

蔣介石장개석가 임종 전에 후계자에게 '호랑이를 절대 놓아 주어서는 안 된다'고 충고할 리가 없다. 그는 한 마리의 순종 동북 호랑이다. 하지만 그는 기꺼이 협력할 줄 알았다. 인심을 저버린 폭군이 되는 것이 아니라, 모든 것을 국가를 위해 생각했다. 이것은 일종의 헌신이자 진정한 왕의 면모다. 다만 그의 협력에 대한 진심은 독재자에 의해 기만되고 모독당했을 뿐이다.

역사는 이처럼 불변하는 것이다. 그는 부친의 등 뒤에서 중국의 무대로 나가섰을 때, 비로소 독립된 한 사람이자 역사적으로 그의 부친보다 더 큰 영향을 끼친 사람이 되었다. 그의 정치 인생은 짧았지만 그가 한 일은 절대로 적지 않다. 그 많은 순간 중에 세 번의 전성기가 있었다. 이 세 번의 전성기는 감히 견줄 자가 없을 정도로 그를 중화 민족의 역사에서 빛나게 했다.

동북의 깃발을 바꾼 것은 장제스의 명령에 복종하는 것이면서 그의 마음속 깊은 곳에 있는 비밀이기도 했다. 일본은 그를 만주국의 황제로 두고 싶어 했지만, 그는 거부했다. 그래서 일본은 푸이를 황제로 내세웠다. 그의 수중에는 쑨원孫文손문 선생이 특별히 자신에게 써 준 사자성어가 있었다. 그것은 바로 '천하위공天下爲公'이다. 이것은 쑨원 선생의 절필이었고, 장쉐량은 이것을 자신에게 남긴 유산이라고 여겼다. 이때부터 그의 마음속에는 천하와 국가뿐이었다. 따라서 아버지의 자리를 막 물려받았을 때 그는 더 이상 부친처럼 그저 땅을 차지하는 것에만 급급하지 않았다. 이는 농민의 이기심과 같았기 때문이다. 그는 동북 하늘에서 북양 군벌의 오색기를 내리고 처음으로 국민당의 청천백일기를 띄웠다. 그는 동북의 독립을 원치 않았고, 일본과의 동침을 거부했으며, 결연하게 이러한 방식으로 마음속 깊이 묻어 두었던 아버지의 원수를 되갚으려 했다.

깃발을 바꾼 지 얼마 지나지 않아 장제스, 펑위샹馮玉祥풍옥상, 옌시산閻錫山염석산[19] 사이에 내전이 벌어지면서 중국 통일은 큰 위기를 맞게 되었다. 따라서 장쉐량은 20만 동북군을 이끌고 관내로 가서 장제스를 도와 내전을 멈추었다. 이전에 그는 부친을 도와 수년 동안 내전을 치렀었다. 부친의 명을 거역하기는 어려웠기 때문이다. 그러나 마침내 그는 자신의 의지대로 행동할 수 있었고, 직접 분쟁을 잠재울 수 있게 되었다. 그리고 내전은 그의 개입으로 인해 종식되었다. 그러나 이후의 역사는 이처럼 혼란스러웠던 시대에 그가 보인 선량함이 마치 풍차와 싸움을 벌인 돈키호테와 같았음을 증명한다.

이어서 세계를 뒤흔들었던 시안사변[20]이 발생했다. 장제스는 우선 내부를 안정시키고 후에 외적과 맞서 싸우려 했지만, 장쉐량은 오히려 그 반대였다. 이때 그는 시안에 있었는데, 시안은 중요한 역사의 전환점과 같았다. 산베이陝北섬북에서는 내전을, 동북으로는 항일전쟁을 치러야 했다. 만약 9.18사변 때문에 그가 집으로 돌아갈 수 없게 되었다고 한다면, 시안사변은 하루빨리 집으로 돌아가기 위한 것이었다. 집으로 돌아가고 싶은 마음은 그를 제멋대로인 아이처럼 굴게 했다. 그의 잘못은 아마도 칼날이 번뜩이는 살벌한 정치를 아이처럼 천진난만하게 대했다는 점일 것이다. 시안사변은 중국의 운명을 바꾸었고, 그 자

19) 근대 중국의 정치가. 반공 내전에 패한 후 타이완으로 건너가 총통부 자정 및 국민당 중앙 평위원이 되었다.
20) 1936년 12월, 중국 시안(西安서안)에서 동북군 지휘관인 장쉐량이 공산군 토벌을 격려하러 온 장제스를 감금하고, 내전 정지와 항일 투쟁을 호소한 사건.

신의 운명도 바꾸었다. 그는 중화 민족 천고의 공신임과 동시에 중국 역사상 가장 특수한 정치범으로 영원한 죄수가 되었다.

천고千古의 공신功臣. 이 영예로운 칭호는 아주 오랜 시간이 지난 후에야 붙여졌다. 그는 세상으로부터 질책과 오해를 받았고, 심지어 그가 신임하던 사람에게 간접적인 방식으로 배신을 당하고 버림받았다. 무엇을 보고 듣고 마주했는지는 오직 그만이 알 것이며, 그의 눈물이 어디로 흘러가는지 또한 알 수 없다. 20년 후, 저우언라이周恩來주은래[21]가 장쉐량을 평가할 당시 '천고의 공신'이라는 화려하면서도 추상적인 단어를 썼다. 공산당은 분명 장쉐량에게 감사해야 한다. 그는 공산당에게 기회를 주었고, 또 중국이라는 나라에도 기회를 주었기 때문이다. 중국은 그 덕분에 2차 국공합작을 이루어 내고, 서로 단결해서 항일전쟁을 벌였다. 덕분에 훗날의 모든 것이 존재할 수 있게 되었다. 이 모든 게 그날의 사변에서 시작됐기 때문이었다. 시안사변은 그의 정치적 생애 최고의 순간이었지만 동시에 마지막 순간이 되었고, 그를 중국의 정치 무대에서 사라지게 만들었다.

휘황찬란했던 한 거성의 추락이었다. 많은 사람이 그의 추락을 지켜보았다.

사실 그때는 인격이 없는 시대라고 생각한다. 지도자의 인격도, 졸병의 인격도 없다. 하지만 그는 영리한 남방 사람들에게 자신이 지닌 순수 동북 호걸의 인격을 보여주었다. 시안 술상에서 이미 불길한 징

---

21) 중국 역사상 가장 노련한 외교관이자 유능한 행정가, 헌신적인 혁명가, 그리고 실용적인 정치가로 유명하다. 특히 중국 역대 최장수 총리로 재직했으며, '영원한 인민의 총리'로 추앙을 받고 있다.

조가 있었지만 '남아일언 중천금'이라며 기꺼이 스스로 덫에 뛰어들려고 했을 뿐만 아니라, 절대 후회하지 않는다고 말했다. 이는 정말 난처한 상황이었다. 그가 형님이라 부르던 남방 사람에 의해 감금되고, 그의 자유가 남방의 습한 계절 속에 묶이고, 자신이 그 사변으로 인해 일생의 대가를 치르게 될 것이라는 걸 알게 된 상황에서 그는 자신이 동북 사람이라는 사실에 어떤 비애를 느꼈을까?

하와이 해변의 노인이여, 당신은 지금도 어릴 적 살았던 집을 그리워하나요? 말레이시아 화교 친구가 다음과 같은 이야기를 해 준 적이 있어요. 타이완의 한 신문사가 '아지랑이가 연못의 버드나무를 감싸고 있네煙鎖池塘柳연쇄지당유'라는 시의 한 구절을 실었었죠. 그러고는 독자들에게 다음 구절을 지어달라고 했어요. 구절은 대구對句를 만들어야 할 뿐만 아니라, 각각 '화금수토목火金水土木'을 부수로 해야 한다고 했죠. 만약 당신이 이 날짜 신문을 보았더라면, 곧바로 '대포로 하이청을 보호한다炮鎮海城樓포진해성루'라는 구절을 떠올렸을 거예요. 그 친구는 장군이면서 하이청海城해성 사람인 당신만이 이러한 구절을 떠올릴 수 있다고 말했죠. 그래요. 랴오닝의 하이청은 당신 아버지의 고향이자 당신 할아버지께서 돌아가신 곳이죠. 당신의 아버지도 그곳에서 세상을 떠날 뻔했었죠. 당신의 가족은 랴오난遼南요남에서 랴오시로, 랴오시에서 다시 선양으로 옮겨 왔죠. 그러니 사실 동북 곳곳이 당신 집이에요. 그리고 그 집들은 하나같이 당신이 없어 공허해졌어요. 이 나라가 바로 당신의 집이에요. 당신은 이곳을 위해 일하고 희생했죠. 그러니 당신은 당연히 이곳의 주인이에요. 당신이 돌아오지 않는 것은 이곳의 치욕이고, 이 집 모든 사람의 치욕이에요. 언젠가 하와이 해변에서 당신과 우연히 마주치게 된다면, 나는 붉어진 얼굴로 당신에게 이렇게 말할 거예요.

"우리는 모두 당신에게 빚을 졌어요. 너무나 많은 빚을 졌어요. 그러니 어서 집으로 돌아오세요."

그런데 당신은 태평양의 그 작은 섬에 서서 멀리 세상을, 고국을 바라보면서도 어째서 돌아오려 하지 않나요? 당신은 정말로 인류를 향해 진실을 알리기 위해 그곳에서 조용히 기다리고 있는 건가요? 아니면 당신은 지금까지도 억압되어 있고, 당신이 얻은 자유는 모두 허상이란 말인가요? 만약 그렇다면 당신의 고향은 이곳에서 당신이 오래도록 살기를, 당신이 주님의 세상에서 구원받고 나서 인간 세상에서도 구원받기를 희망할 거예요.

그렇지만 당신은 그 유명한 색소폰 노래를 들어본 적이 있나요? 그 노래의 제목은 'Going home'입니다. 이 노래를 들을 때마다 저는 당신이 생각나고, 코끝이 찡해져요. 왜냐하면 나는 당신이 집으로 돌아오길 기다리고 있으니까요. 우리 모두는 기다리고 있답니다, 당신이 돌아오기만을······.[22]

---

22) 장쉐량은 2001년 10월에 사망했으며, 저자가 이 책을 출간한 시점은 2001년 1월이다.

08

짙게 드리운 그림자
: 학살의 현장 뤼순커우의 아픈 역사

얼마 전에 친구를 만났다. 그 친구에게 뤼순커우旅順區여순구의 한 정부 관리가 백옥산탑白玉山塔1)을 허물자는 제안을 했다고 한다. 중국인들에게 치욕감을 주기 때문에 탑을 없애고, 그 자리에 다른 것을 짓자는 생각에서다. 일본은 또 어떻게 이 일을 알았는지 탑의 돌을 사겠다고 나섰다. 그 돌은 당시 도고 헤이하치로2)와 노기 마레스케3)의 고향에서 가져온 것이기 때문이다. 만약 그 탑을 정말로 철거할 경우, 일본은 중국과 합작해서 그 자리에 다른 것을 지을 계획도 가지고 있었다. 친구와 헤어지고 나서 나는 곧바로 전화를 걸어 물어보았다. 돌아온 대답은 확실히 그런 일이 있긴 했지만, 허가를 한 적은 없다는 것이다.

설령 그럴지라도 여전히 내 마음은 가라앉지 않았다.

1) 러일전쟁 후 일본이 자국 전몰장병을 위로하기 위해 지은 일본군 납골당.
2) 일본 제국 당시의 해군 제독.
3) 일본 메이지 시대(明治時代)의 육군 대장.

뤼순커우가 짊어진 짐은 매우 무거웠다. 그렇게나 작은 지역에서 세계 근대 역사상 가장 야만적인 전쟁이 두 번이나 발생했기 때문이다. 뤼순커우는 그때부터 유혈이 낭자했다. 중국 군인이 전쟁에서 패하고 도망치면서 놓고 간 철포, 지하 만리장성 같았던 격파된 러시아 요새, 일본이 전쟁 승리자로서 지은 탑과 기념비들은 분명 오늘날의 중국인들에게 위압감을 준다. 특히 백옥산탑과 그 곧게 뻗은 그림자는 마치 가시방석처럼 줄곧 중국인의 마음을 편치 못하게 쿡쿡 찌른다.

하지만 뤼순커우는 달리 다른 방법이 없다. 백옥산탑은 역사의 유물 중 하나이고, 역사는 제멋대로 뒤집을 수 있는 것이 아니다. 뤼순커우는 이미 그렇게 많은 치욕을 겪었는데, 오늘날 조그만 전쟁의 잔재도 용납하지 못한단 말인가? 일본이 남긴 탑과 비석은 이미 곳곳에 널려 있는데, 백옥산탑 하나 철거했다고 해서 굴욕스러운 과거를 청산할 수 있을까? 청일전쟁[4]과 러일전쟁의 옛 전장이었던 뤼순은 세계 근대사의 한 부분이 되었다. 따라서 치욕적일지라도 고통을 감내하고, 본래의 모습을 그대로 남겨 두어야 한다. 그대로 보존한다는 것은 자신감과 힘의 표현이다. 태연한 자세로 이를 마주하지 못하는 것은 나약함의 증거다. 이런 나약함이야말로 더욱 큰 치욕이 아닐까?

흑룡강 아이후이愛輝애휘로 갈 때, 몇 번이고 고개를 돌려 뤼순커우를 돌아보았다. 두 작은 도시는 닮은 점이 정말 많다. 그리고 지리적으로나 역사적으로 특수한 면이 있다. 이 특수한 위치 때문에 두 도시는 중국 근대사에서 비극적인 역할을 맡게 됐다. 아이후이와 뤼순커우는 침

---

4) 청나라와 일본 제국이 조선의 지배권을 놓고 1894년 7월 25일부터 1895년 4월까지 벌인 전쟁.

략자에 의해 피비린내 나는 학살을 당했었다. 청일전쟁부터 경자사변庚子事變[5]까지 6년 사이에 일어난 일이었다. 또한 두 도시는 이미 한 번씩 죽음을 맞은 적이 있다. 아이후이가 역사상 그 큰 재난으로 오늘날까지 계속 나를 고통스럽게 한다면, 뤼순은 갑오년 깊은 가을에 벌어졌던 참혹하기 그지없었던 학살로 나를 가슴 아프게 한다.

뤼순커우는 본래 오랫동안 조용한 나날을 보냈었다. 뤼순커우는 진나라 시대부터 마석진馬石津으로 불리었다. '소박한 항구'라는 뜻으로, 당시에는 범선 몇 척만 고요하게 오갈 뿐이었다. 당나라 때는 도리진都裏津이라 불리었는데, 군사적인 색채를 띨 뿐만 아니라 조금은 번화해졌다. 그 당시 '최흔崔忻'이라는 관리가 사신 자격으로 이곳을 경유해 발해로 나간 적이 있는데, 돌아오는 길에 이곳의 황금산黃金山 아래에서 수정 두 알을 캐 기념으로 삼기도 했다. 뤼순커우는 원나라 때 '사자구獅子口'로 명칭이 바뀌었다. 마침내 사람들이 황금산과 호미산虎尾山 사이의 비밀을 알아냈기 때문이다.

1371년, 명나라 장군 마운馬雲과 엽왕葉旺이 랴오둥遼東요동 지휘관에 봉해졌다. 그들이 산둥山東산동에서 바다를 건너 이곳으로 넘어올 적에 여정이 매우 순탄했다고 하는데, 이때부터 '뤼순커우'라 불리기 시작한 것이다. 나는 두 장군이 무사 귀환을 자축하고, 후손을 축복하기 위해 이런 이름을 지었다고 생각했다. 본래 상서로웠던 뤼순커우는 이때부터 다시 6백여 년간 평화로웠다.

그러나 뤼순커우의 평화로운 나날은 하루아침에 무너졌다. 청나라

---

5) 의화단(義和團) 사건. 청나라 말기에 의화단이 중심이 되어 부청멸양(扶淸滅洋)을 구호로 일어난 반 그리스도교, 반제국주의 농민 운동.

말기에 해군은 그들의 군함과 함께 황해로 가라앉았고, 육군은 후속 지원을 받지 못하는 바람에 진저우金州금주6)에서 곧바로 뤼순커우까지 후퇴했다. 청나라 최후의 군인들은 모두 흩어지고 도시에는 빈손뿐인 청나라 백성만 남았다. 저승사자가 강림했다. 서태평양의 손바닥만큼 작은 섬에서 막 상륙한 일본 군인들은 처음으로 살인의 쾌감을 느꼈다. 그들은 충동적이고 미쳐 있었다. 그들의 육신은 이처럼 큰 대륙을 접해 본 적도, 그토록 많은 힘없는 약자들을 마구 쏴 죽여 본 적도 없었기 때문이다. 그 서슬 퍼런 총검에 뤼순커우에 살던 2만여 명이 희생되었다.

이 학살로 뤼순커우에는 겨우 36명만이 살아남았다. 일본군이 일부러 이들을 남겨 시체를 수습하거나 태우도록 한 것이다. 그들은 생존자이면서 목격자였다. 하지만 그들은 그저 덜덜 떨면서 펜을 잡을 수 없다고 말할 뿐이었다. 그날의 광경을 글로써 기록한 사람은 영국인 제임스 앨런이었다. 당시 뤼순커우에 갇혀 있던 그는 아마도 기자였거나 기자를 사칭해 북양 함대에 무기를 팔았던 상인이었을 것이다. 4년 뒤, 그는 런던에서 『Under the Dragon Flag: My Experiences in the China-Japanese War』라는 책을 저술하여 출판했다. 이 영국인은 그날의 학살을 '청나라의 용 깃발 아래서'라는 말로 묘사했는데, 풍자의 의미가 어느 정도 담겨 있다. 그는 학살 장면을 다음과 같이 잔혹하게 묘사했다.

6) 중국 랴오닝 성 다롄(大連대련)에 있는 구(區).

호수는 수많은 일본 군인들에 둘러싸였다. 일본군은 수많은 난민을 호수 속으로 몰아넣은 후 사방에서 그들을 향해 총을 쏘았다. 물 위에는 시체가 둥둥 떠올랐고, 호수는 선홍빛 피로 물들었다.

난민 중에는 여자도 다수 섞여 있었다. 나는 아이를 안고 있는 여인을 보았다. 아이는 필사적으로 앞을 향해 돌진했고, 아이 엄마는 일본군을 향해 아이를 들어 올려 보였는데, 마치 살려달라고 애원하는 것 같았다. 그녀가 강변에 다다랐을 때, 한 일본 군인이 총검으로 그녀를 찔렀다. 그녀가 쓰러질 때 다시 한 번 찔렀고, 총검은 두 살 남짓 되어 보이는 아이를 관통했다. 조그마한 시체가 총검에 걸려 높게 들어 올려졌다. 아이 엄마는 일어나 아이를 되찾으려고 미친 듯이 발버둥 쳤다. 그녀는 이미 기진맥진하여 곧 숨을 거둘 것이 분명했다. 결국 그녀는 다시 호수 안으로 쓰러졌다. 그리고 그녀의 시신은 (사실상 손이 닿는 시체는 모두) 마구 베어져 토막이 났다. 새로운 피해자들이 끊임없이 강 속으로 던져졌다. 그리고 얼마 지나지 않아 호수 안이 꽉 차서 더 이상 던질 수 없게 되자 비로소 학살이 멈추었다.

일본군이 지나간 거리 곳곳에는 시체가 층층이 쌓여 있었다. 중국인들은 나이, 성별, 신분을 막론하고 무차별적으로 대량 학살을 당했다.

시체는 모두 머리가 잘렸다. 선혈이 낭자한 머리는 칸막이 진열대의 긴 참죽나무 장대에 걸려 있었다. 또 태어난 지 얼마 되지 않은 아기의 작은 몸에 날카로운 쇠꼬챙이를 찔러 넣어 진열대에 박아 놓았다. 땅속에 응고된 피와 잘려진 팔 다리만 해도 그 두께가 2~3인치는 족히 넘을 만큼 많았다. 일부 시체는 팔, 다리, 머리가 잘려져 여기저기에 버려졌다……

이렇듯 침착하게 인간의 학살을 묘사할 수 있었던 것으로 보아 인간 본성의 깊은 내면이 얼마나 딱딱한지 알 수 있다. 그러나 우리는 정말로 그에게 감사해야 한다. 그는 최소한 진실 되고 공정하며, 인도적인 시선으로 당시 중국에서 발생한 대학살을 세계에 알렸고, 여성과 아동이 살해당한 사실을 글로 썼으며, 뤼순커우 주민을 난민으로 묘사했기 때문이다. 100여 년이 지난 지금도 오직 제임스 앨런이 쓴 책을 통해서만 그날의 처참했던 광경을 볼 수 있다. 나는 마음 깊은 곳에서 말로 표현할 수 없는 깊은 슬픔을 느꼈다.

며칠 전 오후, 이 글을 쓰고 있을 즈음이었다. 나는 갑자기 갑오백년제甲午百年祭[7]를 올릴 때 새롭게 단장한 뤼순커우 만충묘萬忠墓[8]에 가고 싶어졌다.

아주 오래전, 나는 그곳에 가본 적이 있다. 그때는 외진 농촌의 초등학생이었는데, 큰 고통을 겪고 한에 사무친 사람이 과거를 회상하는 얘기를 듣기도 했고, 직접 실제 모습을 보러 가기도 했다. 나는 반 친구들과 먼저 다스차오大石橋대석교[9] 탄광에 갔는데, 그곳에는 1만여 명이 묻힌 만인갱萬人坑이 있었다. 나는 그렇게나 많은 사람의 뼈가 한 데 묻혀 있는 것을 처음 보았다. 선생님께서는 일본은 중국인을 붙잡아 강제

7) 청일전쟁 100주년을 기리기 위한 제사.
8) 1894년 뤼순커우에서 일본군에 의해 학살당한 2만여 명의 시신을 합장한 묘지.
9) 중국 동북 지방 랴오닝 성에 있는 도시.

노역을 시켰고, 그들이 죽으면 이곳에 버렸다며 이 구덩이에 묻힌 사람 수가 1만여 명에 이른다고 말씀하셨다. 여학생들은 모두 놀라 울음을 터뜨렸다.

그날은 큰 폭설이 내린 뒤였기 때문에 우리는 돌아올 때 다스차오에서 허가툰許家屯허가둔까지 기차를 타고 왔다. 허가툰에서 집까지는 수십 리 산길을 더 가야 했는데, 여기서부터는 걸어갔다. 어두운 밤의 하얀 눈길은 마치 악마의 얼굴 같았다. 나는 다시 그 죽은 사람들의 백골이 떠올라 눈을 감고 길을 걷기 시작했다. 얼마 지나지 않아 길을 걸으면서 잠이 들었다. 꿈속에서 일본군의 장검과 군화, 그리고 커다란 셰퍼드를 보았다. 얼마 후 나는 눈길 위에 쓰러졌고, 여전히 그 악몽을 꾸고 있었다. 다행스럽게도 뒤에 오던 사람이 발견해서 홀로 버려지지는 않았다.

여름이면 뤼순커우에 가서 만충묘를 보았다. 그 당시에는 뤼순커우 전체에서 만충묘 하나만 공개되었던 것 같다. 들어가기 전, 나는 만인갱이 다시 떠올라 눈을 뜰 용기가 나지 않았다. 선생님은 "무서워하지 마라. 이곳에는 그저 유골뿐이란다. 그리고 모두 땅에 묻혀 있단다."라고 말씀하셨다. 나는 그제야 실눈을 뜰 수 있었다. 해설하시는 분이 우리에게 몇 장의 그림을 가리키며 유골보다도 더 무서운 이야기를 해주었다.

그날 우리는 만충묘에서 나와 곧바로 시가지에 갔던 것으로 기억한다. 뤼순커우는 독특하면서도 낯선 장엄함이 느껴졌다. 건물은 각양각색이었고 길거리는 조용했다. 크고 음침한 동백나무 뒤편에는 하얀색 탑 꼭대기가 보였고, 층층이 난 계단과 난간에는 이끼가 자라나고 있었으며, 하늘에는 눅눅한 곰팡냄새가 은은하게 퍼져 더욱더 퀴퀴한 분위기를 풍겼다. 나는 놀랍기도 했고 슬프기도 했다.

일본인은 도대체 어떤 사람인 것일까? 그들은 어째서 그토록 많은 중국인을 죽인 것일까? 바로 이때부터 나는 학살에 매우 민감해졌다. 뿐만 아니라 누가 일본에 대해 말하면 내 눈 앞에는 바로 만인갱과 만충묘가, 일본군의 장검과 군화, 그리고 세퍼드가 나타났다. 이후, 나는 뤼순커우를 수없이 찾아갔다. 친구와 함께 가든 나 홀로 가든 매번 갈 때마다 다른 곳을 보러 갔지만, 그 뜰에는 더 이상 가지 않았다.

그리고 뤼순커우에 관한 글을 쓰기 위해 이곳을 다시 한 번 찾았다. 어두컴컴하니 곧 비가 올 것 같았다. 만충묘의 그 큰 무덤 앞에는 누군가가 놓고 간 꽃 한 송이가 놓여 있었다. 이미 정오가 지났고, 이곳을 방문한 사람은 나와 나를 따라온 친구 둘 뿐이었다. 나는 묘 앞에서 묵념을 했다. 수년 전의 공포감과 슬픔이 또다시 또렷하게 되살아나 내 마음을 할퀴는 듯했다.

책에서 본 바로는, 일본군은 학살 후 여봐란듯이 뤼순커우에 자리를 잡았다고 한다. 이후에는 러시아, 독일, 그리고 영국이 중국을 압박했다. 중국은 국고에 있는 은괴를 싹 털어내고 나서야 비로소 뤼순커우의 참극을 수습할 수 있었다. 그리고 나서 일본이 세운 '청국장사진망지묘靑國將士陣亡之墓'라는 목패木牌를 뽑아버리고 직예지주直隸知州[10] 후보 고원훈顧元勳의 친서 '만충묘萬忠墓' 세 글자를 비석에 새겨 넣었다. 하지만 청일전쟁 10년 후, 러일전쟁이 일어나고 일본이 다시 뤼순

---

10) '직예(直隸)'는 중국 허베이(河北하북) 성을 달리 이르는 말. 지주(知州)는 중국의 관직으로 주(州)의 장관(長官)을 이르는 말.

커우의 주인이 되면서 그들은 '만충묘'라는 글자에 불편함을 느끼고 그 비석을 뽑아 버렸다. 나는 이것이 진정한 공포라고 생각한다. 일본인들은 자신들이 학살자로서 뤼순커우에서 무슨 짓을 했는지 알고 있었던 것이다.

나는 신축된 전시관에서 인골이 붙어 있는 쇠꼬챙이, 쇠파이프, 목판을 보았다. 이 물건들은 당시 시체를 태울 때 쓰였던 지지대였다. 또한 다 타지 않은 어린아이의 두개골 조각을 보았다. 진열대에는 유골이 잔뜩 묻은 옥팔찌와 유리구슬 목걸이도 있었는데, 이는 노인들의 물건이었다. 나는 생각했다. 1894년 깊은 가을, 나라가 망하기 일보 직전인 상황인데도 이곳의 여자와 아이, 그리고 노인들은 아무것도 몰랐다. 그들은 소박하면서도 매우 도시적인 나날을 보내고 있었다. 이처럼 평화로운 나날은 어느 날 갑자기 그들의 목숨, 꿈과 함께 한 줌의 재가 되어 버렸다. 인간 세상의 비극 중에 이보다 더 비참한 일이 또 있을까?

그런데 우리는 일본이 뤼순커우의 무고한 백성을 무참히 학살한 역사를 줄곧 부인하고 있음을 분명히 알고 있으면서도 어째서 100년이 지난 뒤에야 무덤을 연 것일까? 우리는 희생자의 가족임이 분명함에도 어째서 오늘에 이르러서야 늙고 어린 유골을 떠올리는 것일까? 그날의 역사를 떠올리기 두려워서였을까, 아니면 그 참혹했던 광경을 잊고 싶어서였을까?

만충묘의 넓은 광장에 서면 백옥산탑을 볼 수 있다. 만충묘는 중국이 지은 것으로 그 밑에는 일본인에게 학살된 중국인의 유해가 묻혀 있다. 반면에 백옥산탑은 일본인이 지은 것으로, 탑 밑에는 러시아군과 뤼순커우 쟁탈전을 벌이던 중 사망한 일본군 전사자의 유해가 놓여 있다. 학살자도 죽음을 면치는 못한 것이다. 그곳에 서자 나의 슬픔은 중국인, 나아가 모든 인류를 위한 슬픔이 되었다. 인류는 죽음을 두려워하면서도 죽음을 발명했다. 인류 스스로 만든 죽음의 그림자는 한 번도 우리 머리 위를 떠난 적이 없었다. 역사의 시공간을, 인류의 영혼을 곧게 관통하며 드리워졌다.

그렇다. 이 세상에는 수없이 다양한 학살이 일어났다. 학살 중에서도 침략자의 학살이 가장 잔인했다. 그들은 희생자에게 어떠한 인간의 감정도 느끼지 못했고, 모조리 죽이고자 했으며, 그 후에는 또 다른 학살을 저질렀다. 이러한 학살은 파멸적인 것으로, 인류의 힘으로는 영원히 되돌릴 수 없는 재난이었다.

근현대 시기에 발생한 인류의 비극은 모두 중국에서 일어났다. 당시 중국은 마치 세계 최후의 노다지 대륙과 같았다. 아편전쟁이 중국에 가한 폭격, 8개국 연합군이 청 황실의 원명원圓明園에서 자행한 약탈, 일본이 뤼순커우에서 보인 광기, 러시아가 블라고베셴스크와 강동육십사둔江東六十四屯[11], 아이후이에서 저지른 참극 등은 늙고 병든 중국을 피바다 속에 빠뜨렸다. 1930년대까지도 중국은 여전히 학살의 장이었다. 평정산平頂山과 난징南京남경은 일본인들에게 다시 한 번 살인의 쾌락을 맛보게 해주었다. 사람을 죽이든 스스로 목숨을 끊든 간에 일본군의 얼굴에서 고통스러운 표정을 조금도 찾아볼 수 없는 모습을 보고서 나는 의구심이 들었다. 나는 그들이 인간으로서의 본성이 적거나

11) 흑룡강 왼쪽 해안 지역으로, 중국의 헤이허(黑河흑하) 시와 러시아의 블라고베셴스크 시 사이에 있는 옛 중국인 거주 지역.

아예 없다고, 그들은 한 무리 짐승 혹은 짐승에 가까운 인간일 거라고 의심했다.

1940년대의 전 세계 인류는 게르만인의 유대인 학살을 지켜봤다. 게르만인은 신경질적이고 병적이었다. 그들에게 유대인은 이 세상에서 살 권리조차 없는 열등한 민족이었다. 독일인들의 노예가 되어 땅을 일구고, 광산을 캐는 등 그저 몇몇 슬라브인만 약간의 쓰임새가 있는 정도였다. 히틀러의 고함 아래 나치는 죽음의 수용소를 무수히 지었고, 아우슈비츠의 굴뚝은 밤낮으로 죽음을 흩날렸다. 영화 「쉰들러 리스트」에서 빨간 코트를 입고 있던 꼬마 아가씨가 영원히 잊히지 않는다. 아이가 침대 밑에 숨자 나는 발각될까 걱정하기 시작했다. 그러나 마지막 시체 운반 차량에서 나는 그 선홍빛 그림자를 보았다…….

역사는 결코 잊히지 않는다. 20세기 전반기 서양의 게르만인과 동양의 일본인이 다른 한 민족에 저지른 잔혹한 학살은 극에 달했다. 그리고 그 학살이 인류에게 남긴 상처 역시 극에 달했다.

일찍이 일본 총리를 지냈던 나카소네 고로는 당시 미국 국무장관 키신저에게 '태평양 전쟁에서 상처받은 국민들의 기억은 백년이 지나도 사라지지 않을 것'이라고 말했다. 아마도 그는 미국이 히로시마와 나가사키에 떨어뜨린 원자폭탄을 말하고 싶었을 것이다. 하지만 일본이 미국의 진주만을 기습하지 않았더라면, 태평양 전쟁이 어찌 발발했겠는가? 만약 히로시마와 나가사키에 살던 무고한 시민들의 죽음이 없었더라면, 일본 천황이 투항했겠는가? 바로 이러한 것들과 악마 같은 파시즘이라는 괴물이 있었기에 인류는 마침내 이성과 인간성을 되찾았고, 스스로 총칼을 내려놓는 자각심을 가질 수 있었다.

이제는 군복을 벗어 던지고 서로에게 관용을 베풀고 평화롭게 포옹하는 이들이 점점 많아졌다. 이 세계에는 여전히 군국주의자와 인종차별, 그리고 이익 다툼이 존재하지만 더 이상 어떤 한 사람에게 좌우되지 않는다. 누가 어떤 일을 하든 그 모든 것을 전 세계인이 지켜보고 있기 때문이다.

뤼순커우 길거리를 걷다가 한 일본인 관광객 무리를 보았다. 뤼순커우의 대문은 굳게 닫혀 있었다. 반세기 동안 중국인은 줄곧 상처를 가리려는 듯이 외국인의 접근을 막았다. 그러나 지금, 뤼순커우는 세상에 문을 활짝 열어젖혔다. 일본인 관광객들은 이미 만충묘를 다녀온 것이 확실했다. 그들의 얼굴에서 말로는 표현할 수 없는 무겁고 답답한 감정이 느껴졌기 때문이다.

내가 하얼빈에 갔을 때, 일본군 731부대가 당시 남겼던 세균 폭탄 하나가 한 마을에서 터졌다. 그 마을은 '폭탄촌'이라고 불리었는데, 이런 폭발이 이전에도 여러 차례 있었기 때문이다. 사람들은 종종 땅을 뒤집거나 우물을 팔 때 수십 년 전의 폭탄을 발견했는데, 어떤 이는 심지어 폭탄을 바람막이 문으로 삼거나 닭장을 막는 데 사용하기도 했다. 이번 폭발로 또다시 농민 두 사람이 쓰러졌다. 이 때문에 한바탕 국제 소송이 벌어졌다. 중국 변호사와 일본 변호사가 함께 손잡고 도쿄 법원에 소송을 제기한 것이다. 중국을 침략했던 일본군 731부대의 범죄 증거물 전시관에서 일본 변호인단과 마주쳤다. 그들은 침묵한 채 자신들의 동포가 세균과 화학물질을 사용해 중국인들에게 자행한 생체 실험을 놀라워하며 관람하고 있었다. 그들은 또 폭탄촌을 방문해서 새로

지어진 무덤 앞에 무릎 꿇고 희생자를 위해 기도했다. 그 선량했던 얼굴들을 보니 어렴풋이 중국과 일본 사이의 깊은 인연이 떠올랐다.

　일찍이 육지가 서로 연결되어 있었지만, 빙하기가 끝나면서 해수면이 상승함에 따라 두 나라는 대륙과 열도로 나뉘게 되었다. 약 30만 년 동안 대륙과 열도는 네 번의 큰 변화를 겪었고, 마지막 분열은 1만 년 전에 일어났다. 바로 이 분열로 서복동도徐福東道[12]라는 멋진 전설이 탄생했다. 서복은 진시황을 위해 영주瀛洲[13]에 가서 불로장생약을 구해오겠다고 공언했었다. 비록 실제로 가지는 못했지만, 이 멋진 전설은 최소한 중국인들의 마음을 잘 보여준다. 반면, 감진鑑眞대사[14]는 실제로 일본에 갔었다. 감진대사는 불교 승려로서 서복보다 독실한 것은 당연했다. 그는 불가의 경전을 망망대해 위의 작은 섬들에 전해 주기 위해 몇 번을 시도했지만 매번 거센 파도에 밀려 실패했고, 심지어 나중에는 두 눈을 실명하기에 이르렀다. 하지만 다섯 번에 걸친 도전 끝에 성공적으로 일본에 도착했다. 일본 나라 현의 일본인들은 중국에서 온 대사를 위해 거대한 조각상을 세웠다. 서복동도 신화와 감전대사 이야기는 모두 같은 사실을 전하고 있다. 그것은 바로 중화 문명을 일본에 전한 것이다. 이것은 중·일 교류사에서 되돌아 볼만한 시기이다.

　중·일 양국 사이의 은혜와 원한에 대해 궈모뤄郭沫若곽말약[15]는 '歲

---

12) 서복은 중국 진나라 때의 방사. 진나라 시황제의 불로불사하려는 소원을 풀어 주기 위해 수천 명을 거느리고 영약(靈藥)을 찾아 바다 끝 신산(神山)으로 배를 타고 떠나 일본으로 건너갔다는 전설.
13) 옛날 신선이 살았다는 동해(東海)의 신산(神山).
14) 불교를 전파하기 위해 일본으로 건너간 당나라 때의 승려.
15) 중국 근현대 문학가이자 시인, 고고학자, 고문자(古文字) 학자. 역사가로도 활동함.

月兩千玉帛세월양천옥백, 春秋八十幹戈춘추팔십간극'이라는 2행시를 지은 적이 있다. 그렇다. 과거 2천 년 동안 좋은 이웃이기도 했지만, 유럽 서구 열강이 중국을 침략하고 난 뒤 마지막 파이를 차지하기 위해 파고든 것 역시 일본이었다. 그때 다급했던 그들은 포르투갈 해적이 버리고 간 조총 몇 정을 주운 후 군함 몇 척을 제작해 중국 대륙으로 진출하기 시작했다. 정서적인 측면에서 보면 이는 은혜를 원수로 갚은 것과 진배없다. 국제 관계에서 볼 때, 이것은 중·일 양국 모두에게 비극이었다.

사실 청일전쟁이 발발하기 전에 이토 히로부미는 중국에 온 적이 있다. 당시에 그는 이미 유럽 유학을 마치고 일본으로 돌아온 상태였다. 당시 일본은 계속해서 중국을 따라 배우다간 서구 열강에 뒤처진다고 생각해 탈아입구脫亞入歐[16]를 주창하며 개혁을 추진하고 있었다. 이토 히로부미는 당시 선의를 가지고 서방에서 보았던 것들을 중국에 전하고자 했다. 하지만 그는 궁궐 밖에서 한참을 기다리고 나서야 비로소 동치제同治帝[17]를 만날 수 있었다. 그가 동치제를 만나고 난 이튿날, 중국의 황제는 그의 모친 서태후西太后에 의해 감금되었다. 이 일이 이토 히로부미에게 또 다른 용기를 심어 주었는지, 이후 그는 중국 침략의 선봉장이 되었다. 이 한 번의 중국 탐방은 뜻밖에도 군사 탐방이 되었고, 일본이 청일전쟁에서 승리할 수 있었던 복선이 되었다.

겨우 강 하나 거리를 두고 있다 할 만큼 가까운 마음의 경계를 무너

16) 일본 개화기의 사상가 후쿠자와 유키치가 일본의 나아갈 길을 제시한 것을 가리킨다. 글자 그대로 '아시아를 벗어나 서구 사회를 지향한다'는 뜻이다.
17) 청나라 10대 황제.

뜨린 것은 일본이었지만, 침략과 수탈을 당한 것은 중국의 폐쇄성과 낙후성에서 비롯되었다. 마침내 몇몇 중국인들은 강대한 대국이 어째서 보잘것없는 소국에게 당했는지를 알기 위해 가까운 동양에 가서 서양을 배우고자 했다. 캉유웨이康有爲강유위[18]와 량치차오梁啓超양계초[19], 쑨원과 리다자오가 바로 그러했다. 그 당시 비록 중국은 일본에 패했지만, 여전히 그들은 국가의 치욕을 안고서 일본으로 가고자 했고, 중국에서 일본에 진출한 1세대 사상가 혹은 정치가가 되었다. 그러나 중국은 너무나도 컸다. 도대체 그들은 얼마나 많은 것을 배워야 중국이라는 낡아빠진 봉건제국을 이끌 수 있겠는가? 공거상서公車尙書[20]와 무술변법戊戌變法[21]이 일어났고, 결국 중국인이 중국인을 학살하는 유혈 사태까지 발생했다. 삼민주의와 공산주의 선구자들은 자기 죽음으로 희미한 한 가닥 서광을 비추었다. 그 당시 한동안 중국으로 유학을 오는 일본인은 거의 찾아 볼 수 없었다. 오히려 열도 곳곳에서 변발을 하거나 검은색 양복을 차려입은 중국 유학생들을 쉽게 찾아볼 수 있었다.

그러나 일본은 우리가 그들에게 배운다고 해서 침략과 학살을 멈추

---

18) 청나라 말기 및 중화민국 초의 학자이자 정치가로 '무술변법(戊戌變法)'이라 불리는 개혁의 지도자가 되었다.
19) 근대 중국의 사상가. 캉유웨이로부터 배우고 그의 입헌제 주장 및 대동설(大同說)에 공감하여 무술변법에 적극적으로 협조하였다.
20) 청나라 말기에 캉유웨이가 주도하여 외국과의 불평등한 조약 조인을 거부하고 여러 가지 개혁 방안을 건의한 정치개혁 건의서.
21) 1898년, 청나라 말기의 고위 관료 집단이 중심이 되어 일어난 정치, 사회 제도 개혁 운동.
22) 1937년, 일본·중국 양국 군대가 노구교에서 충돌하여 중·일전쟁의 발단이 된 사건.
23) 중국 장쑤(江蘇강소) 성 난징(南京남경)에 있는 구(區).

지 않았다. 선양 포로수용소에서, 허베이 노구교蘆溝橋[22]에서, 난징 우화대雨花台[23]에서 그들은 중국인들을 무자비하게 괴롭혔다. 나라가 부강하지 못하면 언제라도 공격당할 수 있다.

청일전쟁 전후로 일본과 교류가 가장 많았던 사람은 리훙장이다. 그는 친히 중국을 대신해 주권을 상실하는 굴욕적인 조약을 맺었다. 일본은 배상금을 줄이려는 목적으로 낭인을 보냈고, 그는 하마터면 일본에서 살해당할 뻔했다. 일본에서 돌아온 그는 황제에게 '일본은 중국의 영원한 위협자'라고 진언했다.

이 말은 틀리지 않았다. 중국이 다시 뒤떨어지게 되면 일본은 언젠가 다시 쳐들어 올 것이다. 뤼순커우 대학살과 같은 비극도 다시 재현될 것이다. 백여 년 전의 그 학살은 중국인들에게 한 가지 사실을 깨닫게 해주었다. 인간의 본성은 절대적으로 악의 한 면을 지니고 있으며, 이 악은 절대로 사라지지 않는다는 것이다. 이 세계는 여전히 역사의 어느 한순간에 갑자기 어느 한쪽으로 기울 수 있고, 학살 역시 역사의 어느 한순간에 갑자기 발생할 수 있다. 아무 힘없는 시민이 언제 또다시 약육강식의 학살에 유린당할지 모른다는 것이다.

나는 이런 상상을 할 수 있는 충분한 이유가 있다. 왜냐하면 뤼순커우 만충묘 광장에 서 있는 지금 바로 이 순간에도 내 주변에는 억울하게 죽어 간 수많은 동포의 영혼이 맴돌고 있기 때문이다. 그리고 지금, 나는 백옥산탑의 곧게 뻗은 그림자를 바라보고 있다. 그것은 마치 한 자루 칼처럼 뤼순커우의 심장을 찌르고 있다. 이 세상 구석 곳곳에 퍼져 있는 침략자가 남긴 화포, 성루, 비석 혹은 탑을 사람들은 온 힘을 다해서 보호하고 있다. 절대로 잊지 않기 위해서 말이다. 사실 이것은 인종과 국가를 초월한 전 인류의 의식이자 생명의 의식이다. 뤼순커우의 관리들도 이런 의식을 가지고 백옥산탑을 철거하겠다는 생각을 다시는 하지 않기를 바란다.

결국 인류도 언젠가는 사라지게 될 것이다. 그러나 나는 인류의 멸종이 인류 스스로에 대한 학살이 아닌 화산 폭발이나 대홍수에 의한 것이기를 바란다. 적어도 자연의 대재난 속에서는 노아의 방주가 있을지도 모르기 때문이다. 또 먼 훗날 지구에 새로운 인류가 나타날 수도 있기 때문이다. 그렇게 되면 우리는 그들의 창세기 신화 속 주인공이 될 것이다.

인간에 대한 학살이 다시 일어나서는 절대로 안 된다.

이것은 인류 전체가 반드시 지켜야 할 약속이다.

09

향수

: 삼림의 야생을 간직한 오로첸족

동행한 친구 라오바이와 함께 쒀얼치간索爾其斡색이기간 강변에 이르러 걸음을 멈추었을 때, 자그마한 마을이 우리 눈앞에 모습을 드러냈다. 마을은 조금 특별했다. 소싱안링小興安嶺소흥안령[1] 최북단의 조그만 산간 마을에는 빨간 벽돌집들이 가지런히 줄지어 자리를 잡고 있었다. 마을과 산봉우리 사이에는 들판이나 과수원 혹은 도로 같은 경계가 없었다. 마을 바로 옆에는 산이 있고, 산 위에는 삼림을 이루고 있는 모습이 마치 누군가가 인위적으로 이곳에 터를 잡은 것 같기도 했고, 어느 영화에서 보았던 세트장 같기도 했다.

'높디높은 싱안링興安嶺흥안령 산맥[2], 거대한 삼림, 그 삼림 속에 용감한 오로첸鄂倫春악륜춘족[3]이 살고 있네.'

---

1) 중국 동북 지방 북동부에 있는 산맥.
2) 몽골고원과 중국 동북 평원의 경계를 이루는 산맥.
3) 중국 내 55개 소수민족 중 하나로, 동아시아 북동부의 북방 퉁구스어계의 수렵 민족.

이것은 오로첸족의 민요다. 오로첸은 '산 위의 사람들' 이라는 뜻으로, 이것은 오로첸의 자기 자신에 대한 해석이다.

현재 오로첸족은 산과 삼림을 벗어나 새로우면서도 생뚱맞게 지어진 이 마을에 살고 있다. 잠시 흑룡강 근처에 머물거나 기념사진을 남길 때도 오로첸족은 여전히 머나먼 전설이었다. 그래서인지 우리가 그들 바로 앞까지 다가가고, 또 그들이 마을이라는 형태로 나타났을 때도 내게는 여전히 거짓처럼 느껴졌다.

강변길을 따라 젊은 여자가 혼자 걸어오고 있었는데, 그녀는 땋은 머리에 평범한 옷차림을 하고 있었다. 라오바이는 내게 그녀가 바로 오로첸족이라고 알려 주면서 그녀의 가슴에 무엇이 매달려 있는지 보라고 말했다. 그것은 자작나무로 만든 요람이었는데, 요람 안에는 어린아이가 잠들어 있었다. 꽃무늬를 새긴 자작나무 요람은 마치 활처럼 휘어졌으며, 널찍한 띠는 등 뒤에서부터 그녀를 휘감고 있었다. 그 낯선 질박함에서 나는 등심초와 순록고기 냄새를 맡았다. 오직 오로첸족 여자만 이런 식으로 아이를 키운다. 사냥을 하러 나가면 요람을 나무에 걸어 야생동물의 공격을 피하고, 이동할 때는 가슴팍에 매어 말을 타고 무리를 따라가는데 방해가 되지 않도록 하는 것이다.

우리가 만난 오로첸족 여자는 마을을 나와 요람을 안고서 강을 따라 걸어가는 중일 게다. 한가로이 걷고 있는 그녀는 한 손에 빨간 고추 한 다발을 들고 있었다. 라오바이가 내게 물었다.

"저 여자는 친정에 가고 있어. 친정과 시댁은 아마도 가까운 거리일 거야. 그렇지만 그녀는 강변을 돌아서 가려고 해. 왜일까? 어째서 강을 따라 걸어가는 걸까?"

나는 친구의 물음에 대답하지 못했고, 대답할 시간도 없었다. 바로 그 순간, 그녀가 내 어깨를 스치고 지나갔다. 어깨를 스칠 때, 나는 갑자기 그녀가 말을 타야만 할 것 같고, 그녀의 손에 들려 있어야 할 것은 빨간 고추가 아니라 말고삐여야만 될 것처럼 느껴졌다.

오로첸족은 산사람들이다. 지금으로부터 40년 전까지만 해도 그들은 산 속에 살며 사냥을 했고, 자작나무로 쌓아 만든 춰뤄쯔攝羅子촬라좌[4]에서 생활했다. 그들은 산짐승을 사냥해서 먹고살았던 용맹한 민족으로서 대대손손 산짐승과 싸워 이기는 것을 즐거움으로 삼았다. 동북의 산림은 그들과 짐승을 함께 보살폈지만, 그들과 짐승은 산림을 무대로 생사를 건 격투를 벌였다. 산림이 키워 준 은혜를 격투로 갚은 셈이다.

이 세상은 고대 사회에서 현대 사회로 넘어오면서 두 번에 걸친 세계대전이 일어났지만, 오로첸족은 이런 것들을 전혀 알지 못한 채 자신들의 방식대로 사냥을 하며 원시적으로 살았다. 만약 러시아인이 우랄 산맥을 넘지 않았더라면 시베리아, 더 나아가 사할린의 산맥과 삼림까지 모두 오로첸족의 터전이 되었을 것이다. 그들이 남쪽으로 내려온 이유는 맹수보다도 더 사나운 인간들 때문이었다. 같은 인간이었음에도 오로첸족은 그들 앞에서 토끼보다도 약했고, 두려움에 떨었다. 창과 화살을 들고 맞서 봤지만, 결국 그들을 막기엔 역부족이었다. 그들은 떠나는 수밖에 없었고, 그들이 향한 곳 역시 산림 속이었다. 산림은 그들의 나라였고, 부락은 그들의 집이었으며, 족장은 그들의 지도자였다. 그들은 샤머니즘을 따랐고, 자신들이 신봉하는 토템을 가지고 있었다.

4) 오로첸족의 전통 주거 시설로, 원뿔형으로 생겼다.

순식간에 천년의 세월을 뛰어 넘어 그들에게 마을이 생겼다. 색이 바랜 군복을 입은 공산당 간부들은 이 산 저 산 그들을 찾아다니며 마을을 지어 그들과 왕래하기를 기다렸다. 중국 정부는 더 이상 이 사냥꾼 무리가 산림에서 굶주리고 헐벗은 상태로 살아가는 것을 지켜볼 수만은 없었다. 행복한 생활이 오로첸족을 향해 고함치고 있었다.

하지만 그들은 분명히 거절했을 것이다. 그들은 야인이었고, 여전히 원시 사회에 살고 있었다. 그들은 위나라와 진나라는커녕 한나라가 있었는지조차 몰랐다. 그 대삼림 속에서 오로첸족은 중국 정부와 오랫동안 대치했지만, 결국 산에서 내려왔다. 문명은 항상 야만적인 것을 이기는 법이다.

1953년 가을, 베일에 싸여 있던 오로첸족이 마침내 한족漢族 마을로 내려왔다.

라오바이가 말하길, 오로첸족은 아주 오랫동안 마을 생활에 적응하지 못했다고 한다. 저녁이 되어 공산당 간부가 가고 나면, 그들은 집이 무너질까 두려워 몰래 도망쳐 나와 들판에 춰뤄쯔를 지어 잠을 잤다. 또한 그들은 농사짓는 법을 몰라서 옥수수쌀을 씨앗처럼 땅에 뿌리기도 했다. 오로첸족 노인들은 지금까지도 돗자리에 익숙하지 않아서 여전히 짐승 가죽을 깔거나 덮는다고 한다.

길을 걷던 중에 라오바이가 자신의 경험을 말해 주었다.

"한 번은 오로첸족 마을에 갔었는데, 저녁 무렵에 한 무리의 아가씨들이 강변에서 함께 노숙을 하자더군."

그는 아가씨들이 악의가 없다고 생각하여 약속대로 함께 갔다고 했다. 쉬얼치간 강가에서 아가씨들은 모닥불을 둘러싸고 노래를 부르며 춤을 추었고, 술과 고기를 즐겼다고 한다. 술기운이 달아오르자, 아가씨들은 서로의 뺨을 때리고 비웃으면서 장난을 치기 시작했다. 때리다가 비웃고, 비웃다가 때리고, 다시 술을 마시며 춤을 추었다. 모두가 만취해서 쓰러져 잠들 때까지 계속되었다.

그날 밤, 라오바이는 술에 취하지 않았고 슬픈 기분이 들었다고 했다. 왜냐하면 그녀들은 이렇게 술을 마시고 춤을 추지 않더라도 종종 강변에서 노숙을 하거나, 아까 마주쳤던 그 여자처럼 길을 돌아가게 되더라도 일부러 강변을 따라 걸었을 것이기 때문이다. 그저 강이 노래하고, 곤충이 우는 소리를 듣기 위해서 말이다. 이 강변을 중심으로 자리 잡은 그녀들의 부모는 7개 강 주변에 제각기 흩어져 살던 13개 부족 출신이다. 때문에 그들은 자신들의 강을 그리워했고, 그 강은 자신들의 친정이자 할머니이자 어린 시절의 꿈이었다. 그녀들은 이 마을에서 태어났지만 부모들은 원시림 속의 사냥꾼이었다. 따라서 그녀들 몸속에 흐르는 거대한 야성은 억누를 수 없는 것이리라.

언젠가 라오바이가 '오로첸족의 고향은 어디이고, 무엇이 향수鄕愁인지 모르겠다'는 뉘앙스의 말을 한 적이 있었다.

어느 날, 오로첸족 사람들이 빨간 벽돌집 창문 앞에 앉아 싱안링興安嶺홍안령 하늘에 떠 있는 맑고 새하얀 구름을 보면서 문득 '고향'이라는 단어가 무엇을 의미하는지를 깨닫는다면, 그들의 머릿속에는 맑은 하늘이 스치면서 그 거대한 삼림이 떠오를 것이다. 그렇게 그들은 자신들의 옛집을 그리워 할 것이다.

라오바이는 오로첸족 풍습을 연구하는 전문가다. 하지만 그의 가족은 몽골족, 다구르족, 그리고 러시아인의 피가 섞인 혼혈 집안이다. 나는 그에게서 그의 고향을 찾아볼 수 없었지만 그에게도 향수가 있다는 것은 알아챌 수 있었다.

인류를 좌우하는 한 가지 법칙이 있는데 이는 인류도 오로첸도, 그리고 라오바이도 어찌할 수 없는 것이었다. 설령 정부에서 오로첸족을 산에서 내려오도록 하지 않았다고 하더라도 언젠가는 그들 스스로 내려왔을 거라 생각한다. 그 이유는 산림이 점점 더 훼손되고 있고, 야생 동물도 숨을 곳을 잃고 그 수가 점점 줄고 있기 때문이다. 이 모든 것은 인류 스스로가 자초한 일이다. 그저 우리가 좀 더 일찍 그들더러 산에서 내려오라고 한 것일 뿐이다. 이는 처음부터 일종의 구조이자 인류의 문명 발전에 따른 필연적인 결과였다. 그러나 산과 운명을 같이하는 민족이 겪은 것은 이루 말할 수 없는 슬픔이었고, 어딜 가든지 돌아가고 싶어 하는 그들의 마음을 막을 수는 없었을 것이다.

우리가 그들을 찾아간 날은 딱히 특별한 날이 아니었다. 그래서인지 마을은 매우 조용하고 평온했다. 우리는 규칙적으로 배열된 빨간 벽돌 집들을 찾아다녔다. 그러나 반나절이 지나도록 진정한 오로첸 남자를 만날 수 없었다. 집에는 여자와 아이들뿐이었다. 간혹 길가에서 말과 마주치곤 했는데, 마치 이 마을의 오랜 주민처럼 능숙하게 길을 돌아다녔다. 말이 너무 크고 웅장해서 길이 협소해 보였고, 심지어 벽돌집마저 작고 낮게 느껴졌다. 길을 따라 걷던 말은 길 끝에 다다르자 마치 누군가와 산에서 만나기로 약속한 듯 산으로 올라갔고, 얼마 지나지 않아 어두운 삼림 속으로 사라졌다.

말의 뒷모습이 더 이상 보이지 않게 되었을 즈음이 되어서야 우리는 예쯔네 집 문을 두드렸다. 예쯔는 16세 여자아이로, 어머니와 함께 마당에서 목이버섯과 고사리를 뒤집어 볕에 말리고 있었다. 예쯔의 얼굴은 햇볕에 완전히 그을린 듯 매우 빨갰다. 그녀의 집도 빨갰다. 그녀의 아버지는 오로첸의 유명한 사냥꾼이었다. 그 덕분인지 그녀의 집안 벽에는 아버지가 고위 관리와 함께 찍은 큰 사진이 걸려 있었다. 오래전에 예쯔의 할아버지가 마오쩌둥毛澤東모택동에게 호랑이 가죽을 선물했었다고 한다. 그러나 지금 남겨진 것은 호랑이 가죽 사진뿐이었고, 그녀의 할아버지가 마오쩌둥과 찍었다는 기념사진은 없었다.

예쯔의 집은 지나는 사람 누구라도 한 번쯤 들어가서 구경하고 싶을 정도로 웅장하고 화려했다. 아마 구경하러 온 사람들 중에 우리처럼 인사도 없이 조용히 찾아 온 사람은 없었을 것이다. 예쯔는 소박하고 자유분방한 아줌마가 조용히 찾아 온 것이 좋았나 보다. 조용히 방 안에 들어갔던 예쯔가 다시 나오더니 자작나무 반짇고리를 내게 선물로 주었다. 반짇고리는 황금색 작은 성처럼 매우 정교했다. 뜻밖의 선물에 내가 정말 기뻐한 탓인지, 예쯔는 또다시 방 안에서 색이 약간 바랜 장난감 요람을 들고 나왔다. 내가 강변에서 마주친 여자의 가슴팍에 매달려 있던 것과 같은 모양이었다. 다른 점이라면 요람 뒷면에 야생 멧돼지 이빨이 줄줄이 달려 있었다는 것이었다. 라오바이는 이것이 아이를 다독거려 재울 때 잔잔한 소리를 내는 데 쓰이기도 하지만, 주로 행운을 뜻한다고 내게 말해 주었다.

예쯔는 오로첸의 전통 방식으로 나를 축복해 주었다. 이 순간의 감정은 순식간에 나를 깊이 억눌렀다. 특히 예쯔의 고모가 생일선물로 그 작은 요람을 예쯔의 어머니에게 주었다고 말했을 때, 이전까지는 그저 보여주기 식으로만 손님을 맞았을 지라도 이번만큼은 진심이라고 생각했다. 그 모든 장면 속에서 예쯔는 주인공이 아니었을 것이다. 그리고 오늘, 그녀는 처음으로 무대에 섰다. 현재 나와 내 딸아이의 방에는 예쯔가 주었던 선물이 놓여 있다. 반짇고리는 내가 가지고 있고, 장난감 요람은 딸아이 방에 있다. 나와 딸아이의 방 안에서 그 선물들은 조용히 대삼림의 깊은 정을 퍼뜨리고 있다.

라오바이가 또 다른 문을 열자, 사슴뿔 피리를 불고 있는 남자 아이가 보였다. 라오바이는 내게 오로첸의 겨울을 보여주겠다면서 익숙한 손놀림으로 영상집 하나를 꺼내 내게 주었다. 대부분이 예술 영상이었고, 겨울 풍경이 많았다. 나는 이 영상에서 오로첸 남성의 매서움과 사냥용 말, 사냥칼, 그리고 사냥개와 함께 등장하는 오로첸 사냥꾼을 보았다. 이 민족은 혹한의 땅에 있어야만 할 것 같았다. 혹한의 땅에 있어야만 그 끓어오르는 질주와 추적 본능을 표출하고, 가느스름한 눈으로 모든 것을 꿰뚫어 볼 수 있을 것 같았다.

나는 라오바이에게 오로첸 사냥꾼의 눈은 어째서 모두 다 작고 가느스름하냐고 물었다. 그는 빙설에 반사되는 빛에 적응하고, 항상 무언가를 겨냥하는 습관이 있으며, 대대손손 수렵 생활을 하면서 유전되었기 때문이라고 알려 주었다. 사냥꾼은 우선적으로 이런 눈을 가져야 하고, 사격술은 그 다음 문제라는 것이다. 그의 말을 듣고 보니 모두 옳다는 생각이 들었다.

나는 방 안에 걸린 사진 속에서 메르겐 촌장을 발견했다. 마을 안에서는 엄숙하고 단정해 보였던 그였지만, 산 위에 오른 모습은 그야말로 진정한 사냥꾼이었다. 그는 혼자서 야생 멧돼지를 일곱 마리나 사냥했던 적도 있다고 한다. 그러나 민족의 뿌리가 같은 강희제康熙帝[5]와는 비할 바가 못 되었다. 피서산장避暑山莊[6) 문미門楣에는 이런 글이 기록되어 있다.

'강희제는 어린 시절부터 지금까지 새총으로 호랑이 153마리와 멧돼지 133마리를 쓰러뜨렸고, 하루에 토끼 318마리를 잡았으며, 다른 동물은 셀 수조차 없이 많다.'

나는 메르겐 촌장과 강희제의 사냥 실력에는 차이가 크지 않았을 것이며, 그저 연대와 배경이 다를 뿐이라고 생각했다. 한 사람은 비옥한 황실 사냥터 무란웨이창木蘭圍場목란위장에서, 다른 한 사람은 20세기에 척박한 삼림에서 사냥을 했다. 뿐만 아니라 오로첸을 촬영한 영상 속의 메르겐 촌장은 이 마을에 살고 있는 사냥꾼이지 않은가!

남자 아이는 쉬지 않고 계속해서 피리를 불었는데, 한참 후에 피리를 내려놓더니 입에서 작은 뭔가를 꺼내어 내게 보여주었다. 겹겹이 접힌 자작나무 껍질이었다. 그 순간 나는 랴오난遼南요남 시골에서 보았던 버드나무 피리가 떠올랐다. 어릴 적엔 나도 이것을 불어 본 적이 있는데 그저 장난감 삼아 가지고 놀았고, 조용한 시골에서 음악을 듣기 위한 것일 뿐이었다. 그러나 사냥꾼이 부는 사슴뿔 피리는 혈육의 정과 사랑을 찾는 순록을 유인해서 잡기 위한 것이었다. 동북에서는 농민들이 농한기를 보낼 때 사냥꾼들은 총을 들었다. 하지만 지금은 초여름이라서 사냥철까지는 아직 한참 멀었는데도, 영상 속에서 본 총을 든 사냥꾼을 찾아볼 수 없었다. 남자들은 도대체 어디로 간 걸까?

우吳오 씨네 집에 사는 두 자매에게 다가갔을 때, 순간적으로 강변에

5) 중국 청나라의 4대 황제.
6) 허베이(河北하북) 성 청더(承德승덕) 시에 있는 청나라 때의 황실 정원.

우 씨네 자매와 함께 선 필자.

서 노숙을 했다던 라오바이의 이야기가 떠올랐다. 자매는 분명 그녀들 중 하나였을 것이다. 지금은 자매에게서 그런 야성을 찾아볼 수가 없었다. 자매는 앞 다투어 자신을 소개했다. 언니는 상하이上海상해에서 옷을 구입해 와서 판다고 했고, 동생은 이 마을에서 오로첸어 교사로 근무한다고 했다. 오로첸어는 문자가 없기 때문에 국제 음성 기호로 언어를 표기해서 아이들에게 가르친다고 한다. 반면에, 언니는 도시에서 유행하는 최신 여성복과 남성복을 마을로 가져와서 판다고 했다. 오로첸족은 자신들만의 전통 의상이 있다. 한 민족의 전통 의상은 그 민족의 자태를 가장 잘 나타내는 법인데, 오로첸족은 이제 더 이상 전통 의상을 입지 않는다. 그들은 자신들의 강을 그렇게 그리워하면서도 먼 도시의 유행과 패션을 좋아하고 있었다.

나는 옷장을 보면서 우 씨네 자매에게 오로첸족 전통 치마가 있느냐고 물었다. 언니가 옷장을 열어 빨간 바탕에 연보라색이 들어간 치마를 꺼내 보이며 명절 때 입고 춤을 춘다고 말했다. 치마는 무대 위에서 입는 복장처럼 보였는데, 아마도 이 민족은 산에서 내려온 그 순간부터 줄곧 무대 위를 맴돌았을 것이다. 그들은 순록의 간을 먹거나 피를 마실 때, 오로첸족 본연의 모습이 드러난다. 마을 기념일이나 구화절篝火

節[7]이 되면 그들은 무대 위의 배우가 되었다. 그들은 민첩하고 용맹한 기마대를 연기하고, 한베이쿠貝한패 춤[8]을 추었으며, 공연장은 바로 쒀얼치간 강변이었다. 강변에는 지금도 세트장처럼 만들어진 전통 가옥 취뤄쯔 몇 채와 오래된 나무 몇 그루가 심어져 있다. 모두가 분장을 하고 배우가 되었을 때, 그들 자신조차도 자신이 누구인지 모르지 않았을까 싶다.

우 씨네 집을 나설 즈음, 날은 이미 저물고 있었다. 우 씨네 가게 자매는 내 주소와 전화번호를 알고 싶어 했다. 언니는 다롄大連대련은 패션의 도시라며 기회가 되면 다롄에 가보고 싶다고 말했다. 그녀는 고향을 떠나 세상을 향해 뛰어들 용기가 있는 오로첸 여성이었다.

우 씨네 집 앞은 오로첸족의 기원과 풍습이 진열되어 있어 민족박물관을 방불케 했다. 나는 라오바이에게 물었다.

"어째서 그들은 자신들의 전통 의상을 입지 않고, 자신들의 언어도 사용하지 않은 채 박물관 같은 이 마을에서 전시된 민족처럼 살고 있는 거지?"

라오바이는 아무 말도 하지 않았지만, 나는 이미 오로첸족이 자신들만의 방식으로 살아간다는 것이 불가능하다는 사실을 알고 있었다. 언제가 될지는 모르지만 시간이 흐를수록 민족은 사라지고, 문명은 모든 존재를 동화시킬 것이다. 그저 시간문제일 뿐이다. 오로첸족은 시간 속에서 살아 숨 쉬고 있었다.

그날 늦은 저녁이 되어 떠날 때까지 우리는 오로첸의 사냥꾼을 한

7) 오로첸족의 주요 명절 중 하나로, '모닥불 축제'라고도 한다.
8) 오로첸족의 전통 춤.

사람도 만나지 못했다. 물론 그들이 항상 빨간 벽돌집에 틀어 박혀 있을 수는 없다. 나는 그저 그들이 무슨 이야기를 해 줄 지가 궁금했고, 두 눈을 보고 싶었을 뿐이다. 작고, 가느스름하게 뜨고 있는 그들의 눈을 나는 이해할 자신이 있었다.

지금까지도 삼림의 야성을 간직한 오로첸의 사냥꾼들아!

너희는 지금, 어느 강가에서 너희들의 산을 그리워하고 있는가?

10

이민자의 민요
: 동북의 향토문화 '이인전'에 관한 추억

  마음이 고요할 때면, 종종 소리 없이 멜로디를 흥얼거리곤 한다. 그리고 내 몸 안에 오래된 현鉉 한 가닥이 숨겨져 있는 것처럼 자칫 조금만 건드려도 '이야~' 하며 소리가 난다는 사실을 발견했다. 그 멜로디에는 정확한 가사도 없었고, 이렇게 부르고 저렇게 불러 봐도 한 번에 다 부르지 못했지만 너무나도 익숙한 멜로디라서 천천히 한 음표 한 음표 더듬어 가며 흥얼거릴 수 있었다. 나 자신을 잊은 것처럼 멜로디에 이끌려 갈 때, 인간은 어느 특정한 선율 속에 살고 있다는 사실을 비로소 깨닫게 된다. 만약 당신이 동북의 시골에서 자랐다면, 훗날 어느 나라에 가게 될지라도 여전히 머리에 갈대를 꽂은 채 동북에서만 볼 수 있는 이인전二人轉[1]을 떠올릴 것이다. 그리고 이인전은 마치 가을에 잘 여문 콩이 내는 소리처럼 당신의 영혼 속에 울려 퍼질 것이다.

---

1) 중국 동북 지역의 전통 민속극으로, 두 사람이 공연하는 설창 문예의 일종.

콩, 수수, 그리고 이인전은 모두 동북에 속한다. 누구든지 간에 동북의 대평원이나 대산맥에 왔을 때 가는 길마다 당신을 따라다니는 배경음악이 바로 '이인전'이다. 또한 가는 곳마다 진홍색의 부채, 손수건, 그리고 부채와 손수건 아래 예쁘게 차려 입은 남녀를 보게 될 것이다. 그 익숙한 멜로디와 사투리는 마치 모성애처럼, 가족의 민요처럼 당신의 마음을 흔들어 놓는다. 당신은 한 지역의 풍토가 그 지역의 사람을 키울 뿐만 아니라, 나아가 그 지역의 목소리까지도 키운다는 사실을 발견하게 될 것이다. 쑤저우蘇州소주[2] 사람은 평탄評彈[3]을 부르는데, 목소리가 마치 주오정위안拙政園졸정원[4]의 만월문에 눌린 것처럼 얇고 가늘다. 산시陝西섬서 사람은 진강秦腔[5]을 노래하는데, 목소리가 마치 가마 속 잿불에 화상을 입은 것처럼, 혹은 짙은 황토 먼지에 사레가 들린 것처럼 피를 토하는 듯한 소리를 낸다.

동북은 여름에는 천 리 밖까지 들판으로 가득하고, 겨울에는 얼음이 꽁꽁 얼 뿐만 아니라 눈보라가 미친 듯이 몰아치는 특징이 있다. 그래서 거주민들은 주로 유목, 고기잡이와 사냥, 사금 채취, 벌목, 그리고 황무지를 개간하면서 생활한다. 사람들은 거칠고 호탕하여 고기와 술을 즐기고, 춤과 노래를 좋아한다. 특히 겨울에는 밤이 길고 해가 짧은 탓에 가죽 옷, 가죽 모자, 가죽 장화로 온몸을 감싸기 때문에 호탕하고 뜨겁게 달아오른 목소리로 부르는 이인전만이 꽁꽁 얼어붙은 마음을 녹

---

2) 중국 장쑤(江蘇강소) 성 남쪽에 위치한 도시.
3) 설창 문예의 일종으로 장쑤(江蘇), 저장(浙江절강) 일대에서 유행했으며, 이야기와 노래로 구성된다.
4) 중국 장쑤 성 쑤저우의 고성(古城) 동남쪽에 있는 정원.
5) 산시(陝西섬서) 성을 중심으로 유행하는 지방 전통극의 하나.

여 줄 수 있었다.

어린 시절에 내가 즐겨 불렀던 동요는 「밀고 당기자, 할머니 집 앞에서 연극을 하자」이다. 동요 속 연극은 바로 랴오난遼南요남에서 가장 유명한 가오차오[6]와 양거[7]인데, 나는 별로 좋아하지 않는다. 매우 현란하지만 너무 시끄럽고 스토리가 없기 때문인데, 공연을 보다 보면 얼마 지나지 않아 킬킬거리며 재미있어 하는 어른들에 의해 저 멀리 밀려나곤 했었다. 다행히도 그런 소란스러움은 시장 구경을 가거나 장례식, 혹은 명절을 쇨 때나 볼 수 있었다. 영원히 변하지 않고 희로애락이 담긴 이야기를 들을 수 있었던 것은 역시 이인전 뿐이었다.

맨 처음 그 멜로디를 내 인생에 이식한 사람들은 어느 날 갑자기 우리 마을에 자리 잡은 타지 출신 부부였다.

내가 살던 지방에서는 시골을 '마을'이라 불렀다. 나는 지금까지도 그 부부가 어디서 왔는지 모른다. 내 어머니도 잘 모르셨다. 남자의 이름은 '장다이우'였지만, 여자는 이름이 없어서 어머니는 그녀를 '장 씨네'라고 불렀다. 우리 마을 사람의 선대를 더듬어 보면, 모두가 산둥山東산동에서 기근을 피해 떠나 온 사람들이었다. 그러나 이런 이민자 촌락 사람들이 그 마지막 이민자 부부에게 취한 태도는 뜻밖에도 멸시였다.

그 부부는 자식이 많았는데, 업거나 안고 있는 아이부터 걸어 다니는 아이까지 누가 첫째고 둘째인지, 누가 남자 아이고 여자 아이인지 도통

6) 높은 나무다리 타기. 민간 무도의 일종으로, 연기자가 긴 나무 막대기를 발에 묶고 두 다리를 걸어가면서 공연한다.
7) 주로 북방 농촌에서 유행하는 한족(漢族)의 민간 가무 중의 하나로, 노래하고 춤을 추며 징과 북으로 반주한다.

분간이 되지 않을 정도였다. 그들이 살았던 집은 누군가 버리고 간 낡고 오래된 사랑채였는데, 집은 가구 하나 없이 텅텅 비어 있었다. 장 씨네는 온종일 가슴을 반쯤 내놓고 다녔는데, 커다란 두 가슴은 허리춤 아래까지 축 처져 아이들이 서서도 젖을 먹을 수 있을 정도였다. 등에 아이를 업고 있을 때는 그 큰 젖을 어깨 너머로 내던져 아이가 먹을 수 있게 했다.

마을 사람들은 처음에는 장 씨네의 그 큰 가슴을 구경하려고 찾아왔다. 그러나 뜻밖에도 이 부부가 이인전을 할 줄 알고, 초라한 보따리 안에 이인전을 연기하는 데 쓰는 도구가 들어 있다는 사실을 알게 되면서 주민들의 태도는 180도로 바뀌었다. 게다가 마을에는 일종의 미묘한 분위기가 생겨났다. 이전까지는 설화인說話人[8]이나 그림자극을 공연하는 유랑 극단이 종종 올 때나 며칠을 설레고 흥분했었다. 그러나 이제는 마치 자신들이 직접 극단을 키우는 양 자랑스러워했다.

이리하여 주민들은 낮에는 일하고, 밤이 되면 곧장 장 씨네 집으로 갔다. 장 씨네 집은 하나의 거처이자 사람들이 밤에 집을 나서는 이유가 되었다. 장 씨네 집은 이때부터 답답했던 시골 생활에 즐거운 희망을 불어넣는 의미를 갖게 되었다. 그리고 그 희망은 어렵지 않게 이룰 수 있었다. 그저 아침과 점심을 지나 다시 오후가 되면 곧 밤이 되었기 때문이다. 그 당시에 나는 아직 어린아이여서 밤낮의 제한을 받지 않았다. 어머니의 말씀을 그대로 빌리자면, 내가 하루 종일 장 씨네 집에 죽치고 있었다고 한다.

내 기억에 장 씨 부부는 일을 하거나 밭을 매러 나간 적이 한 번도 없

8) 평서(平書), 평화(平話), 탄사(彈詞) 등의 설화 공연자를 말함.

었다. 온종일 세수도 하지 않고, 머리도 감지 않은 채 바닥에 누워 자식들에게 장난을 쳤다. 가끔 마멋marmot처럼 고개를 쳐들고 기다리는 마을 아이들에게 재미있거나 혹은 무서운 이야기를 해주었다. 그러다 저녁이 되면 부부는 완전히 딴사람이 되어 온 힘을 다해 연기했다. 마을 사람들은 그들에게 관대해졌다. 게으르든 말든 부부가 이인전만 해준다면 쌀이든 국이든 가리지 않고 아쉬운 대로 다 가져다주었고, 장 씨 부부는 그렇게 살아갔다.

그 부부의 진짜 모습이 어떠했는지는 지금도 잘 모르겠다. 나는 그저 묘사된 모습만 기억난다. 그들은 마치 처음부터 이인전을 공연하기 위해 맺어진 부부 같았다. 장 씨는 기가 막히게 못생긴데다 체구도 작아서 추남 역할에 딱 맞았고, 장 씨 아내는 뭐든 다 크고 거대했다. 특히 눈길을 끌었던 것은 모성애 넘치는 큰 가슴이었는데, 방탕한 계집 역할을 하는데 안성맞춤이었다. 이 부부에게는 서로 닮은 점이 한 가지 있었는데, 목소리가 징소리처럼 우렁차고 컸다는 것이다. 부부가 연기를 하는 중에 한 번도 거친 소리가 난 적이 없을 정도였다.

그 부부가 사는 집은 방이 두 칸이었고, 벽이 없었다. 바닥은 온돌로 되어 있었는데, 바로 그 온돌 바닥이 그들의 무대인 동시에 관람석이 되었다. 그래서 공연을 보러오는 사람들은 저마다 간이 의자를 들고 왔다. 사실 앉을 공간조차 없어서 여유롭게 서서 보는 것만으로도 괜찮았다. 마을 여자들은 장 씨네 부부가 연기하는 이인전은 불륜에 관한 이야기가 많아서 마을 풍조를 문란하게 만들었다고 수군댔다. 또 그들의 공연 때문에 시동생과 형수가, 시아주버니와 제수가, 심지어는 시아버지와 며느리가 그렇고 그렇다더라 하는 소문도 돌았다.

어머니 말씀에 따르면, 그 당시에 나는 무슨 귀신에 홀린 것처럼 장 씨 부부의 이인전 공연을 보고 배우려 했다고 한다. 길을 갈 때도 이인 전의 스텝을 밟으며 걷고, 손에는 항상 부채와 손수건을 쥔 양 이리저리 손짓하고 다녔으며, 사람이 있든 없든 때와 장소를 가리지 않았다는 것만 기억난다고 하셨다. 그리고 어머니는 내가 장 씨 부부로부터 이상한 것을 배워 왔다고 말씀하셨다. 내 어머니는 평생 동안 장터에 가지 않으셨고, 이인전을 보지 않으셨다. 또한 장 씨네 부부의 생활 태도를 용납하지 않으셨는데, 어머니는 그들을 정직하고 올바르게 사는 사람이 아니라 구걸하는 거지처럼 오늘만 사는 폐인으로 여기셨다. 그 당시에 어머니가 나를 꾸짖으실 때마다 "너, 하고 다니는 꼬락서니 좀 봐라. 장 씨네랑 다를 게 뭐냐!"라고 하셨는데, 지금까지도 손녀인 내 딸을 혼내실 때면 종종 이 말씀을 하시곤 한다.

이인전은 '책'이다. 동북 자체도 먼 지역인데, 동북의 농촌은 더욱 멀다. 또한 동북에는 학식이 풍부한 명사나 그림을 잘 그리고 악기를 잘 다루는 여인이 없다. 채찍을 들고 마차를 모는 남자, 팔짱을 끼고 담 밑에 쪼그려 앉아서 햇볕을 쬐는 노인, 온돌 바닥에 앉아 신발 밑창을 박는 여인 등 그들의 입에서 나오는 말을 자세히 들어보면 모두 이인전에서 온 것이다. 남당북송南唐北宋 시기의 고사나 『삼국연의三國演義』, 『수호전水滸傳』, 『홍루몽紅樓夢』, 『서유기西遊記』, 그리고 탐관오리나 청백리에 대한 이야기들이 모두 이인전에 담겨 있다. 그들은 이인전을 통해서 충신과 간신, 선악을 구분하고, 기쁨과 슬픔, 만남과 이별을 체험하며 인과응보를 믿게 된다. 그뿐만 아니라 이인전 속 인물의 운명이 바뀌는 것에 따라서 흥분하고 불안해한다. 어쨌든 장 씨 부부가 들어온 후부터 마을 사람 중 아무나 골라 시켜도 이인전 몇 가락은 흥얼거릴 줄 알았으며, 그 주제도 정말 다양했다. 나처럼 어린아이에게는 문화에 대한 계몽이었는데, 할머니가 들려주는 이야기를 제외하면 온통 이인전 이야기뿐이었다.

이인전은 '즐거움'이었다. 마을은 거칠고 적막했다. 특히 겨울은 매우 길어서 한바탕 눈이라도 오면 땅이 얼어 잘 녹지 않았고, 그 위에 또다시 눈이 내리곤 했다. 겨울이 시작되면 마을 사람들은 묘동貓冬[9]에 들어가고 담배만 피워댔으며, 말하는 것조차도 귀찮아했다. 과묵한 마을 남자들을 따라서 여인들도 말주변이 없어졌다. 오직 이인전만이 침체된 분위기에 조금이나마 활력을 불어넣었다.

우선 이인전을 부를 때의 그 옷차림과 화려함은 마을 사람들의 정신을 번뜩이게 했다. 또한 남자 주인공이 쪼그리면서 난쟁이처럼 걷는 모습, 여자 주인공이 좌우로 몸을 흔들며 요염한 자태를 뽐내는 모습, 촌스럽게 시시덕거리고 입만 살아 나불거리는 모습은 과묵했던 남자들과 말이 없어진 여인들을 포복절도하게 했다. 마치 열정과 즐거움이 생겨난 것 같았다. 마을 사람들은 집으로 돌아와서도 한참 동안 이인전 이야기를 계속 복습했고, 밤에 남녀가 사랑을 나눌 때도 이인전에서 배운 말 몇 마디를 써먹곤 했다. 평소에도 누구든지 서로 마주칠 때면 그냥 지나치는 법 없이 웃긴 농담을 하거나 상대에게 짓궂은 장난을 쳤다. 어쨌든 마을 사람들에게는 큰 즐거움이었다. 그 즐거움은 마을의

---

9) 겨울이 되면 외출하지 않고 집에서 겨울을 나는 것.

전통이 된 듯했다. 만약 아무나 붙잡고 '왜 이인전을 좋아하는가?'라고 묻는다면, 그 사람은 '즐거우니까요!'라고 대답할 것이다. 동북이 평서評書나 만담을 하는 명배우 자오번산趙本山조본산, 황홍黃宏황굉, 공한린鞏漢林공한림, 판창장潘長江반장강[10] 같은 스타 코미디언을 배출할 수 있었던 것도 이처럼 즐거움을 빚어낼 수 있는 유구한 역사를 가진 '동북'이라는 땅 덕분이다. 동북의 토양에서 자란 사람의 피 속에는 영웅의 태연함과 넓은 도량, 그리고 농촌의 유머와 해학이 흐른다.

이인전은 '풍속風俗'이다. 동북의 농촌에서 이인전은 삶의 한 부분이 되었고, 어떤 사람에게는 인생이었다. 내가 살던 마을에서는 명절이나 경조사가 있을 때, 이인전으로 체면을 차리고 사치를 부리는 것이 풍습이었다. 이웃 마을에 사시던 넷째 할머니가 돌아가셨을 때가 기억난다. 세 아들과 다섯 딸은 상복을 입고 관을 안치한 후, 돌아가신 어머니를 위해 각자 얼마씩 분담해서 악사와 이인전 배우를 데려올 것인지에 대해 논의했다. 3일장을 치르고, 3일 동안 나팔을 부니 이인전도 3일 동안 진행되었다. 이러한 장례식은 장 씨 부부가 다 감당할 수는 없는 노릇이었기 때문에 사람을 보내 밖에서 데려오기도 했다. 3일 동안 계속 되다 보니 장례식이 마치 경사처럼 보였다. 90세 노인이 연로하여 돌아가셨으니 당연히 호상好喪이지만, 이런 모습은 일종의 풍습 때문인 것 같았다. 풍습은 고향 사람만 이해할 수 있는 것이지 다른 지역 사람은 절대로 이해할 수 없다. 풍습은 일정한 형식과 법이 없으며, 사람에 의해 생겨난 것이다. 따라서 풍습은 인간의 정신세계와 생활 방식

10) 네 사람 모두 중국의 유명 코미디언이다.

의 특수한 표현이다.

동북의 시골에서 춘절春節을 보낼 경우, 정월 초하루에는 꼭 일찍 일어나야 한다. 늦게 일어나면 가오차오 무용수와 이인전 배우를 불러오는 사람들이 잔뜩 몰려와서 이불 속에 갇혀 있어야 하는 상황이 연출되기 때문이다. 이른 시간부터 마을 사람들 집을 찾아다니며 공연 분위기를 돋우는 것이다. 분장한 가오차오 단장이 여자 무용수들을 이끌고 가오차오 공연을 하면서 분위기를 띄우고 나면 곧이어 이인전이 펼쳐진다. 가오차오와 이인전 공연이 끝나면 가오차오 단장이 집주인에게 보수를 요구하는데, 5위안이든 10위안이든 액수는 집주인의 기분이나 그해의 작황에 따라 달라진다.

도시에서 20년 넘게 살고 있지만 길가에 눈꽃이 흩날리는 날이면 시골에서 보냈던 겨울이 떠오른다. 장 씨 부부가 떠오르고, 집에 가는 것조차 잊은 채 온종일 이인전에 푹 빠져 있던 아이들이 생각난다. 저녁밥 짓는 냄새가 길거리에 가득할 때, 엄마 아빠가 빨리 집에 들어오라고 소리치는 그 아이들 말이다.

이인전은 이민자의 '민요'다. 장 씨 부부는 문화대혁명이 시작되자 자식들을 데리고 조용히 마을을 떠났다. 장 씨 부부는 자식들을 데리고서 돌연 감쪽같이 사라졌다. 마을 사람들은 장 씨가 살던 마을을 떠났기에 망정이지 그곳에 남았더라면 봉건주의자 혹은 수정주의자로 낙인 찍혀 공격의 대상이 되었을 것이라고 했다.

여러 해가 지난 후 삼강평원[11], 장백산, 랴오시주랑遼西走廊요서주

11) 흑룡강, 송화강, 우수리(烏蘇裏오소리) 강의 흙과 모래가 쌓여 이루어진 평원. 헤이룽장(黑龍江) 성에 위치함.

랑[12])에 갔을 때, 나는 그 익숙한 멜로디에 귀 기울이면서 친근한 그 두 얼굴을 찾아다녔다. 하지만 그들은 절대로 자기 자신을 드러내지 않을 것이다. 아마도 영원히 떠돌이 생활을 할 것이다. 이 마을 저 마을 옮겨 다니며 마을 깊숙한 곳에서 그 오랜 가락을 계속해서 읊을 것이다. 그럼에도 불구하고 혹시 그들이 있지는 않을까 하여 길을 걸으면서 끊임없이 사방을 두리번거리며 살폈다.

길을 걷다가 문득 '이인전은 향토적이지만, 향토를 잃어버린 후에 얻은 향토'라는 생각이 들었다. 동북은 천년만년의 역사가 있지만 이인전은 겨우 2백 년밖에 되지 않는다. 이인전은 중원의 한족 이민자와 함께 넘어온 동북 이민문화의 일부분이다. 관내에서 도망쳐 온 사람들이 동북으로 오는 길에 연화락蓮花落을 부르면서 구걸을 하다가 동북의 따양거大秧歌대앙가와 마주쳤는데, 그것이 연화락도 따양거도 아니게 되었을 때 비로소 '이인전'이라고 부르게 되었다. 장 씨 부부도 처음에는 연화락을 불렀을 것이다. 관외로 나오면서 구걸을 하지 않게 되었고, 또다시 이곳저곳을 돌다가 비로소 이인전을 체득했을 것이다.

지금 생각해 보면, 그들이 부른 이인전은 여전히 거지와 떠돌이의 색채로 가득했다. 그저 연화락의 처량함은 사라지고 배불리 먹고 자는 만족을 아는 희극적인 맛이 가미되었을 뿐이다. 동북에 와서 더 이상 다른 곳에 갈 필요가 없었기 때문이다. 이곳에는 콩과 수수가 나고, 돼지고기와 국수, 독한 바이주白酒백주[13])가 있으며, 또 따뜻한 온돌 바닥

---

12) 랴오닝(遼寧요녕) 성 진저우(錦州금주) 시에서 허베이(河北) 성 산하이관(山海關산해관)까지 뻗어 있는 좁고 긴 통로 지형.
13) 중국 북부 지방의 특산품으로, 고량(수수)을 원료로 한 증류주. '고량주'라고도 함.

도 있는데 이인전을 부르지 않으면 도대체 무얼 부르겠는가! 장 씨 부부처럼 이인전을 부르는 사람들이 대부분 한 곳에 정착하는 식이었다면, 여름과 겨울 농한기에 찾아오는 소규모 이인전 유랑극단은 집시처럼 떠도는 식이었다. 그들은 장 씨 부부보다 더욱 강렬하게 고향에 대한 그리움을 불러일으켰다. 듣는 사람은 그들의 모습에서 자신의 근원을 확인하고 관내의 고향을 바라보게 되면서 마음속에 고향을 떠나온 괴롭고 슬픈 감정이 생겨나기 때문이다. 물론 집시들은 정말 빠르게 떠난다. 그러면 사람들은 다시 장 씨 부부의 이인전으로 돌아온다. 다만 그 여운이 긴 향수는 머릿속에 남아 마음을 계속 어지럽힌다.

이인전은 내게 천군만마이자, 바로 장 씨 부부다. 그들은 평생 이인전을 부르면서 돌아다닐 것이다. 아무리 즐겁고 흥겨워도 돌아갈 곳 없는 슬픈 처량함이 있을 것이다. 그리고 이인전은 나로 하여금 조상을 생각하게 만든다. 내 몸속에 숨겨진 신경과도 같은 오래된 현弦 한 가닥은 마치 조상이 내게 남긴 모종의 암시인 듯하다. 그것은 그 익숙한 멜로디를 신비스럽게 내 피 속에 조용히 흐르게 해서 내가 누구인지, 내가 어디서 왔는지 시시각각 알게 한다. 그것이 있기에 나는 내가 누구인지 말할 수 있고, 나 자신이 누구인지를 잊지 않는다. 다만 걸으면서 이인전 노래를 부르다 보면 한 세대 한 세대 거치면서 향수는 점점 옅어질 뿐이다.

1996년 어느 한여름 밤, 나는 지린吉林길림 시내 번화가를 걷다가 길가의 빌딩 지붕에 큰 글씨로 '지린 지방극장'이라고 적힌 네온사인 간판을 보았다. 출입문 앞 게시판에는 '동북 이인전'이라고 쓰여 있었다.

이인전 공연 배우와 함께 선 필자.

이처럼 그럴싸한 극장을 도시에서 본 건 처음이었다. 나는 망설이지 않고 표를 사서 입장했다. 공연장은 2층에 있었다. 홀은 이미 관객으로 빼곡했으며, 무대 위에서 남녀 한 쌍이 '쌍쇄산雙鎖山'이라는 정통 가락을 부르고 있었다. 그 순간 어린 시절에 장씨 부부가 불렀던 모습이 떠올랐다.

'고군보高君寶가 당나라에 가서 황제를 구하려고 쌍쇄산을 지나는 길에 팻말을 세우고 낭군을 구하는 유금정과 조우하니, 길을 막고 무예를 겨루고자 하는구나. 고군보가 팻말을 부수고 욕을 하였다가 유금정에게 패하여 말에서 내려오네…….'

팻말을 세워 낭군을 찾고, 목에 칼까지 들이대면서 구애를 하는 일은 현대에도 놀라운 일이다. 객석에 앉아 공연을 보다 보니 무대 위 남녀가 주고받는 달콤한 말들은 이미 주제를 훌쩍 벗어났고, 분장도 음탕하기 짝이 없어 나도 모르게 반감이 생겼다.

나는 오랫동안 진정한 이인전을 보지 못했다. 이 무대는 진정한 이인전일까? 나는 돌연 슬픔을 느꼈다. 마치 내 가족이 실의에 빠져 이런 방식으로 구걸하는 것 같았다. 그러나 무대 아래서는 연신 환호성이 터져 나왔다. 고개를 돌려 살펴보니 관객은 명품으로 치장한 매우 도시적인 사람들이었다. 그들의 환호성은 현대인의 호기심이었고, 그 안에는 자극적인 것을 쫓는 의미가 담겨 있었다. 이 홀이 현대 문명과, 그리고 도시와 너무 가까운 탓인지 향토적인 이인전이 오히려 더욱 곤궁해 보여서 웃음거리가 되는 것일지도 모른다. 사실 이인전은 예전에도 도시에 들어온 적이 있다. 이인전의 명배우가 도시인들의 열광적인 사랑을 받았다. 장쭤린의 대수부에도 이인전 배우가 자주 드나들었다. 선양瀋陽심양의 샤오허얜小河沿소하연에 당시 각계의 예술인이 모여들었는데, 이인전도 당연히 그중 하나였다. 그 시절의 이인전 배우는 자신을 이 거리 저 거리를 떠돌아다니며 구걸하는 사람쯤으로 여겼다. 그래서 그들이 이인전을 부르는 것도 고위 관리나 부자 혹은 귀부인들의 무료함을 달래주고, 그들에게 즐거움을 주어 구걸하기 위함이었다. 세월이 변하고 많은 시간이 지난 지금까지도 그날 밤 도시인 앞에서의 이인전은 여전히 비천하고, 심지어 저열해 보이기까지 했다.

하지만 그곳에 사는 한 친구가 말하길, 그 극장에서 이인전을 부르는 사람들은 모두 시골에서 온 베테랑 예술가로, 하루에 3회 공연하는데 그때마다 객석이 가득 찬다고 했다. 시민이든 관리든, 보수적이든 개방적이든 너나 할 것 없이 많은 사람이 보러 온다는 것이다. 친구의 말을 듣고 나서 이런 생각이 들었다.

사실 이곳의 교양 있는 도시인들 역시 대부분은 이민자의 후손이 아닌가? 따라서 그들 또한 이인전 역시 하나의 유산이나 유물처럼 점차 고향으로부터 멀어지고, 그 유래도 희미해질 것을 알고 있는 듯했다. 만약 더 이상 이인전을 위해 환호하지 않는다면 그저 형식상의 전통 음악으로 남거나, 혹은 쉽게 부서지는 화석처럼 과거에만 존재했던 공연극으로 남게 될 것이라는 사실을 말이다.

어쨌든 이인전은 도시에 왔다. 도시의 무대에서도 이인전은 마치 동북 사람의 붉은 반점 같았다. 마치 「춘완春晚춘만」[14)]에서 황샤오쥔黃曉娟황효연과 가오슈민高秀敏고수민이 노래를 부르면 곧바로 누가 나왔는지 바로 알듯이 말이다.

다행히 동북은 아직 큰 면적의 향토가 남아 있다. 콩은 여전히 예정대로 푸르고, 수수도 빨갛게 물든다. 북풍은 여전히 불어오고, 눈이 내린다. 도시에서 전해 오는 그 약간의 비애로는 시골 사람들의 신앙을 순식간에 바꾸지는 못할 것이다. 그들은 여전히 대중 민요, 로큰롤, 그리고 디스코를 외부에서 온 것으로 여기고, 이인전을 자신의 것, 시골의 오래된 전통이라고 여긴다. 그들 역시 이인전은 자신들의 마지막 민요라는 것을 잘 안다. 동북은 그들의 마지막 고향이다.

14) 중국 명절 춘절(春節)에 CCTV에서 방영하는 설날 특집 프로그램 '춘절연환만회(春節聯歡晚會)'를 줄여 부르는 말.

검은빛

: 동북의 숙명 '토비'의 시대

그 산은 줄곧 먼 곳에서 나를 유혹하고 있었다.

그 산은 본래 그 이름이 아니었지만, 어떤 이가 책을 출판하면서 이 산을 어느 마적, 그리고 한 영웅과 연관 지으면서 실제로 존재하는 산이 되었다.

사실 도적 두목이 생포되고, 영웅이 승리하면서 그 산은 이야기 속 대폭설이 내린 그날 아침에 무너졌다. 하지만 그 산은 다시 영원토록 우뚝 솟아 하나의 증거가 되었다. 산둥山東산동에는 샹마響馬향마[1]가, 관둥關東관동에는 후즈胡子[2]가 일어났다. 샹마와 후즈는 모두 토비土匪다. 청나라 말기에 동북에는 마적이 가득했다. 사람들은 동북을 상상할 때면 항상 그 끝없이 펼쳐진 벌판 위의 흉악스럽고 잔인한 마적들의 야만

---

1) 산둥 지역에서 토비(도적)를 달리 부르는 말. 도적이 탄 말이 달릴 때 딸랑거리는 소리가 난다고 하여 '샹마'라고 함.
2) 수염이 덥수룩하게 난 토비를 빗대어 부르는 말.

적이고 살기 가득한 얼굴을 떠올린다. 이는 곧 내가 꼭 그 산을 찾아가 볼 만한 이유일 것이다.

나는 자무쓰佳木斯가목사 시[3]에서 출발해 무단장牡丹江목단강 시[4]로 향했다. 기차는 매우 느렸는데, 몇 분마다 한 번씩 멈추었다. 객차에 여승무원은 없었고, 퇴직이 얼마 남지 않아 보이는 나이든 검표원이 이따금씩 통로를 오갔다. 침대칸은 중간 침대와 아래 침대 승차권만 팔았는데, 나는 중간 침대 승차권을 샀다. 내 아래 침대 승객은 매우 지적으로 보이는 노인이었고, 맞은편 침대 두 자리의 승객은 옷차림이 단정한 청년 둘이었다. 우리 중에 말을 거는 사람은 아무도 없었다.

하루 종일 계속될 여정이었기 때문에 화장실에 가지 않으려고 물도 거의 마시지 않았고, 점심식사로 바나나 두 개만 먹었다. 아래 침대의 노인은 정말 여유롭게 하루를 보냈다. 앉자마자 차와 반찬 몇 개, 그리고 땅콩이 든 도시락 통을 꺼내 놓더니 곧이어 동북 바이주 한 병과 담배 한 갑을 꺼내 놓았다. 나는 침대에 누워 조용히 책을 읽었다. 잠시 후 노인이 피우는 담배 연기가 올라왔고, 또 얼마 지나지 않아 술 냄새가 났다. 그리고 다시 잠시 후에 잠든 노인의 코 고는 소리가 들렸다. 이러한 노인의 행동은 하루 내내 반복되었다.

나는 맞은편 침대의 두 청년은 아예 신경도 쓰지 않았다. 그들은 너무 나약해 보였고, 눈빛 역시 겁이 많아 보였다. 반면에 노인은 원시적이고 무서운 물건을 가지고 있어서 마치 책에서 묘사하는 거친 인물 같았다. 하지만 그날은 어떤 일도 일어나지 않았다. 무단장에 도착할 무

---

3) 헤이룽장 성에 위치한 도시.
4) 헤이룽장 성의 3대 도시 중 하나.

럽 나는 침대에서 내려와 통로의 접이식 의자에 앉았다. 얼굴을 맞대고 담배 냄새와 술내를 풍기는 노인을 보니, 그의 얼굴에서 뿜어져 나오는 매우 자상한 기운을 느꼈다. 나는 헤어질 때 노인에게 자무스의 친구가 준 과일 한 봉지를 선물로 주었다. 노인은 고맙다며 거절하지 않았다.

내가 기차 안 침대칸 풍경을 이토록 세세하게 묘사하는 까닭은 동북에 왔을 때부터 줄곧 긴장하고 있었기 때문이다. 나는 어떤 여자라도 홀로 동북의 평원이나 산림을 돌아다닌다면 알 수 없는 공포를 느낄 것이라고 생각했다. 그 길고 오래된 검은 그림자에 휩싸여 여러 상상을 하게 될 테니까 말이다.

그날, 나는 무단장의 두 친구를 불러내 이번 여행을 함께하기로 했다. 나와 마찬가지로 그들에게도 웨이후산威虎山위호산은 여전히 전설적인 곳이다. 동북 보안 5여단장 줘산띠아오座山雕좌산조[5]에 대해 여전히 책, 영화, 그리고 혁명 연극에서 보았던 인상을 가지고 있는 친구들은 나의 천 리 밖 여정에 대해 놀라면서도 대단하다고 칭찬해 주었다. 웨이후산은 무단장에서 수십 킬로미터 정도 떨어진 하이린海林해림 시에 있다. 그들도 하이린에는 수없이 가봤지만 웨이후산은 처음이라고 했다. 그래서인지 그들이 소매를 걷어 붙이는 모습은 마치 토비 소굴에라도 들어가는 것처럼 흥분되어 보였다.

나는 초등학교 5학년 때 짝꿍이었던 남자 아이에게 『임해설원林海雪

---

5) 중국 소설 『임해설원(林海雪原)』의 주인공. 웨이후산의 토비 두목.

原』이라는 책을 빌린 적이 있다. 그 아이는 다음 날 아침 수업 종이 치기 전까지 돌려주지 않으면 빌려 주지 않겠다고 했다. 그날 밤, 나는 어머니가 잠자리에 드실 즈음 공부를 한다고 둘러댄 후 아궁이 앞에 밥상을 놓고 등불을 켜고는 손꼽아 기다렸던 그 책을 읽기 시작했다. 밤새도록 읽은 끝에 어머니가 일어나서 아침밥을 준비하기 전에 다 읽을 수 있었다. 거울을 들여다보니 얼굴이 등불 연기에 검게 그을려서 콧구멍이 새까맣게 변해 있었다. 바로 그날 밤, 나는 영웅과 토비를 알게 되었다. 영웅을 사랑했지만, 그렇다고 토비를 미워한 것만은 아니었다. 내가 더 알고 싶었던 것은 그런 인생을 어떻게 『임해설원』 속에 감추고 살아왔느냐는 것이다.

오늘날 토비에 관한 책은 『임해설원』뿐만이 아니다. 토비에 대해 쓰는 것은 거의 유행이 되었고, 동북 사람의 자랑이기도 했다. 이미 사라진 그 검은빛이 다시 되살아나고 있는 것이다. 동북은 본래 사대부문화가 없고, 줄곧 대중문화가 주를 이루었다. 도시의 택시기사와 시골의 마부가 가장 많이 즐겨 듣는 것도 바로 대장군 장쭤린張作霖장작림과 혀짤배기 우쥔성吳俊升오준승에 대해 이야기하는 라디오 소설 「난세효웅亂世梟雄」이다. 동북의 토비는 대중적인 방식으로 묘사되어 방송되고 있다. 토비는 동북의 대중문화 속에서 가장 인기 있는 소재다. 하지만 『임해설원』을 처음 읽었을 때의 그런 기분이 더 이상 들지 않았다. 동북을 들여다보면 많은 사건과 이야기가 있는데, 토비는 항상 그 속의 악당이자 문젯거리였다.

정오가 되어 하이린에 도착했다. 하이린은 현縣에서 시市로 승격되면서 고층 빌딩이 많이 들어섰는데, 거리마다 '웨이후산'이라는 간판으로 가득했다. 웨이후산 슈퍼, 웨이후산 레스토랑, 웨이후산 맥주 등 너무나 많아서 마치 내가 산에 있는 듯했고, 하늘을 찌를 듯한 나무, 기이한 산봉우리 동굴, 9개 토비 무리의 72개 토비 소굴에 가까이 온 듯했다. 이해할 만도 한 것이 그 산이 있었기에 아무런 특징이 없는 작은 도시에 상징이 생기고, 기회가 없었던 현지인들이 기회를 갖게 되었으며, 마침내 그들은 어떤 것에도 구애받지 않고 현대문명의 편리를 마음껏 누릴 수 있게 된 것이다. 과거의 재난이 오늘의 행운을 가져다 준 셈이다.

우리를 데리고 산에 오른 하이린 친구 중에는 관공서 국장이 있었는데, 이상하게도 그의 손에는 빨간 페인트 한 병과 작은 붓이 들려 있었다. 우리는 베이징 지프를 타고 출발했다. 위호산은 『임해설원』이 출간되기 전까지 쟈피거우夾皮溝협피구[6]로 불리었는데, 작가가 글을 쓸 때 지린吉林길림의 웨이후링威虎嶺위호령[7]을 이곳으로 옮겨 놓았고, 이때부터 쟈피거우는 '웨이후산'이라 불리게 되었다. 그러나 지프를 타고 한 시간쯤 지나자 길가의 작은 상점에 걸린 간판은 대부분 '쟈피거우'로 쓰여 있었다. 이 모습은 마치 과거를 그리워하는 것 같았고, 쟈피거우가 아직도 존재한다고 알려 주는 듯했다. 지프는 멈추지 않고 달렸고, 내 시선은 오래도록 그 적막한 길거리를 배회했다.

차는 계속해서 산속 깊은 곳을 향해 달렸다. 우거진 수풀에 가로막힌 갓길에 이르러 더 이상 주행할 수 없게 되었을 때, 우리는 차에서 내려 걷기 시작했다. 사람보다 더 높이 자란 수풀을 헤치며 20분 정도를

---

6) 웨이후산의 본래 명칭.
7) 지린(吉林길림) 성에 있는 지명인데, 소설에서 쟈피거우를 '웨이후링'이라고 바꾸어 불렀다.

웨이후산(威虎山) 쥐산띠아오(座山雕)의 요새.

걸어가자, 마침내 눈앞에 '웨이후산'이라는 글자가 새겨진 비석이 나
타났다. 글자는 검은색으로 칠해져 있었는데, 세월의 흔적을 말해 주듯
칠이 완전히 벗겨질 것 같은 모습이었다. 이미 오랫동안 사람의 왕래
가 없었다는 것, 그리고 웨이후산에 대한 사람들의 태도가 보수적이었
다는 것을 알 수 있었다. 이때 동행한 국장 친구가 자신이 들고 온 빨간
페인트와 붓을 꺼내 들었다. 이번 여행에서 그의 또 다른 사명은 바로
웨이후산 비석의 검은 글씨를 빨간 글씨로 칠하는 것이었다.

그런데 이곳이 정말 '웨이후산'이란 말인가?

이곳은 멀긴 하지만 결코 산이 높다거나 험준하지는 않았다. 길게
이어진 산골짜기가 있고, 산자락 양 끝에는 봉우리가 우뚝 솟아 있어서
마치 전원주택 같았다. 우리는 산봉우리 바로 앞까지 다가갔는데 평범

하기 그지없어 따분할 정도였다. 국장 친구는 우리를 데리고 그 비석을 지나 산중턱을 향해 올라갔다. 산 중턱 평평한 곳에 산산조각이 난 막사와 그 주변에 샘물이 있었다. 국장 친구는 이곳이 바로 당시 쥐산띠아오의 요새라고 했다. 본래는 땅굴이었는데 쥐산띠아오가 잡힌 후에는 없어졌다고 한다. 나중에 그 책이 출간되고 나서 임업장 노동자들은 사람들이 이곳을 잊을까 걱정되어 땅굴 위에 막사를 세운 것이라고 한다. 아까 지나온 비석 역시 나중에 세워진 것이다.

두려우면서도 동경의 대상이었던 이 은밀한 장소는 뜻밖에도 이처럼 소박하기 짝이 없었다. 처음의 설렘과 흥분은 홀연히 사라지고, 우리는 한동안 그 산에 멍하니 앉아 있었다. 사방이 고요한 가운데 유일하게 움직이는 것은 나비뿐이었다. 풀잎과 꽃잎 위를 셀 수 없을 정도로 많은 흰색, 검은색 나비들이 날아다녔다. 나비를 보니 한 여인이 생각났다. 나는 그 여인이 왜 '나비광'이라 불리었는지, 어째서 이 일대 그 수많은 토비 여두목이 모두 '나비광'이라 불리었는지를 알게 되었다. 온통 남자들뿐인 이 산속에서 나비는 분명 여성을 상징하기 때문이었다.

그 나비를 보니, 다른 산의 여인 이야기가 떠올랐다. 그녀는 1920년대 지린의 유명한 여자 토비로, 관군에 체포된 후 창춘長春장춘 산마루三馬路삼마로 동쪽 끝 황무지에서 총살당했다. 그 처형 장면은 전국을 충격에 빠뜨렸는데, 상하이의 「선바오申報신보」 신문은 다음과 같이 썼다.

체포되어 형장으로 끌려갈 때 그녀는 빨간 화단花緞에 금색 꽃무늬를 수놓은 모피 망토를 걸치고, 안에는 진남색 치파오를 입었으며, 머리에는 흰색 가죽 방한모를 썼는데 얼굴빛은 조금의 동요도 보이지 않았다. 전혀 악인처럼 보이지 않는 그녀는 아무렇지 않게 살인을 저지르는 악랄한 토비다. 형 집행을 구경하러 온 사람은 인산인해를 이루었고, 이 토비는 죄수 호송차에서 사람들에게 이렇게 말했다.

"내 이름은 장쑤전, 타룽이라고도 한다. 올해 25세이며, 펑톈奉天봉천[8] 랴오양邀陽요양 출신으로, 19세에 기생집에 팔렸다가 두목이 3천 위안에 나를 구해 주었다. 그 뒤 두목을 따라 6년 동안 토비질을 하면서 내 손에 죽은 자만 수천 명이다. 한 여자로서 수백 리를 누비며 관군에 대항해 싸웠으니 체면은 서는 것 같다. 오늘은 또 이렇게 여러분이 나를 성대히 배웅해 주니 고마울 따름이다……."

이렇게 언론에서도 한 여자 토비에 대해 그것이 사실인지 분간이 되지 않을 정도로 자세히 묘사했다. 그녀는 줄곧 베일에 싸인 인물이었다. 동북 사람 중에 '타룽'이라는 여자를 아는 사람은 거의 없었다. 그랬던 그녀의 인생은 현재 다양한 버전의 책으로 출판되고 있으며, 그녀는 역사가의 연구 대상이자 대중소설가의 흥미를 끄는 인물이 되었다. 하지만 그렇게 아름답고 부드러운 여인의 영혼이 어째서 갑자기 분열되었고, 또 그녀의 손은 어떻게 해서 갑자기 아무렇지 않게 사람을 죽일 수 있었는지 이해가 되지 않았다. 인간은 얼마나 신비로운가! 인간의 본성 깊은 곳에 선이 얼마나 있는지 알 수 없고, 악은 더더욱 알 수 없다. 그러나 한 여자가 이처럼 타락해 버렸다는 것은 동북의 비애가 아닐까?

산을 호령한 것은 물론 남자였다. 그러나 나는 아무리 봐도 눈앞에

8) 선양(沈陽심양)의 옛 이름.

보이는 이 산이 40년 토비 인생을 산 쥐산띠아오의 소굴이었다는 것을 상상하기 어려웠다. 나는 산을 마주하면서 한 늙은 토비의 순수함과 고집을 보았다. 이전에 나는 선양 장쭤린의 대수부에 가봤고, 지린 샤피거우의 유명한 대토비 한볜와이韓邊外한변외 일가에 관한 책을 읽은 적이 있다. 장 씨와 한 씨는 모두 토비로 일어나 정치에 입문했다. 그들은 양손에 피를 묻힌 채 당당하게 도시로 입성해 정계와 대중 앞에 섰으며, 동북의 야사野史에 남았다. 그들은 다른 종류의 토비였다.

반면에 쥐산띠아오는 진정한 토비였다. 그는 평생토록 산을 지켰고, 산은 그의 신앙이었다. 그 음침한 땅굴 속에서 생포되었을 때, 그의 눈빛에는 꿈에서 깨어난 듯한 절망과 슬픔이 담겨 있었다고 한다. 그는 감옥에서 아무것도 먹지 않고, 말도 하지 않았으며, 죽는 그 순간까지 완벽하게 대토비의 비극을 완성했다.

동북 북부 지역 산속에는 나비광과 쥐산띠아오가 많았다. 쥐산띠아오는 하나의 부호이자 대명사였다. 근현대사에서 그들은 동북을 점거하고, 동북에 독특한 토비의 시대를 불러왔으며, 심지어 토비는 남자들의 로망이자 영웅 심리의 대상이 되었다. 한때는 수십만 명에 달하는 남자들이 토비 대열에 합류하여 졸개부터 거물까지 개미떼처럼 몰려들었고, 동북은 악의 번식을 감당해야 했다. 아들을 토비로 키우는 것은 동북 작가 샤오쥔蕭軍소군이 소설에서 묘사한 것처럼 기이한 시골 풍습이었다. 남방 지역 출신의 임어당林語堂은 자신의 책 『중국인』에서 남방 사람은 상인, 북방 사람은 강도라고 정의한 적이 있다. 똑똑함과 야만스러움은 종이 한 장 차이다. 춥고 아득한 배경 속에서 북방의 남자들은 이미 그 역할이 정해져 있었다.

나는 '토비土匪'라는 두 글자는 그 자체가 무시와 멸시의 의미를 내포하고 있다고 본다. 중국에서 도적을 뜻하는 '토비土匪'라는 글자에서 토土는 향토鄕土를 말하는데, 동북의 토비와 관내의 토비는 서로 다른 모습을 했다. 관내의 토비는 비단 바지와 구두에 선글라스를 끼고 머리에 기름을 발라 제법 멋있었다. 반면, 동북의 토비는 밑단이 접힌 통바지와 가죽모자에 가죽장화를 신어 촌티가 철철 났다. 본래부터 순박하고 양심 있고 정의로운 사람이었든지, 아니면 추악한 불량배였든지 간에 그들 대부분은 몰락한 동북판 농민이었다. 문화는 없고 오로지 신념뿐이었다. 그 신념은 물질적인 것이나 관직, 재산 혹은 쾌락을 위한 것이었고, 그들은 그것을 쟁취하기 위해 수단과 방법을 가리지 않고 약탈을 일삼아 인간 본성의 추악한 면이 극에 달했다.

비匪는 정신의 상실이다. 어떤 종교도 그들을 일깨우지 못했다. 이익을 주는 사람이면 누구에게든지 들러붙었다. 충성과 배반은 그들에게 장난과도 같이 눈 깜짝할 사이에 바뀔 수 있는 일이었다. 비匪의 세계에서 이 세상은 암흑이었고, 저 세상 역시 암흑이었다. 암흑은 마음속 영혼에서 오는 것이며, 영혼의 방향을 이끈다. 그들은 정신의 학살자이자 육체의 도살자로서 동북을 만신창이가 되도록 짓밟았다. 설령 그들이 백골이 되어 사라지더라도 그들의 정신 중 일부는 항상 남아 전해졌다. 후대의 동북 사람이 크게 호기를 부릴 때면 늘 어렴풋이나마 그 시절 토비의 모습이 드러나는 것이다.

토비의 시대는 우연히 나타난 것이 아니라 동북의 숙명이다. 동북은 매우 특수한 지역이다. 동북은 본래 유목민과 사냥꾼들의 영토였는데 일본과 러시아 두 열강이 황금의 땅인 동북을 탐냈고, 관내에서 온 이민자들이 생계를 이어나가는 삶의 터전이 되면서 순식간에 내우외환 사이에 낀 샌드위치 신세가 되었다. 이민자들은 본래 가장 생명력이 강한 집단이지만, 이민자의 마음속에 꼭꼭 숨겨져 있는 그 절망은 그들이 가장 강한 파괴력을 갖도록 만들었다. 그들이 여전히 구걸하고 다니며 생존에 위협을 받고 있었을 때, 토비가 되는 것은 일종의 극단적인 인생의 선택이었다.

나는 그 유명했던 토비 중에 관동을 떠나 온 이민자나 그 후손은 없었다는 사실을 발견했다. 그리고 그들을 이민문화의 배경 속에 넣어 보았더니 마음이 아팠다. 사실 이것은 이민자들 모두의 심정이다. 많은 사람이 나처럼 그 당시의 역사와 그 무리를 되돌아볼 때, 무서워는 하지만 결코 낯설어하지는 않는다. 동북은 결코 몽환적인 땅이 아니었다. 우리의 선조 역시 순례자가 아니다. 그들이 무리를 지어 왔을 때 마주한 것은 죽느냐 사느냐 하는 문제였다. 살고자 하는 본능은 그들을 부추겼고, 그리하여 쫓고 쫓기고, 약탈당하고, 번성하고 몰락하게 되었다.

웨이후산은 지금도 햇빛을 보려는 욕망에 가득 차 있다. 그런데 내 마음속에는 오히려 침울한 풍경이 보였다. 그것은 영원히 잊히지 않고, 또 사라지지도 않는다. 마치 역사처럼 말이다.

저녁 무렵, 우리는 하이린 시내의 작은 음식점에서 무단장표 바이주와 웨이후산표 맥주를 마셨다. 술자리에 여자는 나 하나뿐이었지만, 그들에게 예외는 없었다. 나도 술을 마셔야 했다. 먼저 바이주를 마시고 나서 맥주를 마셨다. 바이주를 마실 때 우리는 맥주잔 한 컵만 사용했는데, 돌아가면서 모든 사람에게 한 잔 가득 따라 주었고, 잔을 받은 사

람은 반드시 원샷을 해야 했다. 웨이후산에서 막 내려온 탓인지 이 술
도 웨이후산이라 그런 것인지, 아니면 이 남자들이 정말 잘 마셔서 그
런지 그날 밤 내 안에 잠재되어 있던 야성이 터져 나왔다. 그날 밤, 나
는 내가 얼마나 마셨는지 모른다. 그저 차례가 되어 술잔이 내게 오면
단숨에 들이켠 것밖에 기억나지 않는다. 사실 술자리에서 나는 매우
또렷한 정신으로 나 자신을 시험하고 있었다. 그리고 얌전하게 생긴
내 자신에 대해 이상하면서도 낯선 기분이 들었다.

　모두 벌게진 얼굴로 목청껏 노래를 불렀는데, 마치 이렇게 하지 않으
면 웨이후산의 사람이 아닌 것 같았다. 처음에는 술을 마시는 것처럼
한 사람 한 사람 돌아가며 부르다가 술에 취하자 서로 앞 다투어 부르
기 시작했고, 결국에는 인사불성이 되어 비틀거리면서 불러댔다. 나는
여태껏 이렇게 많은 노래를 불러 본 적도, 이렇게 술에 취해 노래를 불
러 본 적도 없었다. 술에 흠뻑 취해 큰소리로 노래를 부를 때, 나는 마
치 매서운 바람이 부는 산속 숲에 다시 돌아온 것처럼 느껴졌다.

　술에서 깨어난 후, 이 세상에서 가장 무서운 것은 어떤 재앙이 아니
라 바로 인류 자신이라는 생각이 들었다. 술을 마시던 그날 밤도 얼마
지나지 않아 또 다른 이야기로 변할 것이다.

12

금광꾼

: 욕망의 황무지에서 금을 찾아 떠도는 사람들

내가 처음 본 금은 어머니의 금 귀걸이였다.

어머니는 네 살 때 외할머니가 귀를 뚫어 주셨다. 처음에는 은 귀걸이였지만, 시집가던 날 금 귀걸이로 바꾸었다. 그런데 결혼 후 얼마 지나지 않아 토지 개혁이 시작되었다. 남녀노소 할 것 없이 온 집안이 감시 대상이었고, 금은보화와 비단을 똑같이 나눈다며 모조리 가져갔다. 소문을 들은 어머니는 금 귀걸이를 결혼식 때 신었던 가죽 신 안에 넣은 후 화려한 무늬가 수놓인 치파오로 돌돌 말아 보따리를 만들고는 방앗간 받침돌 아래에 숨겨 두었다. 검문이 끝나자 집 안에는 아궁이 막대기 하나조차 남지 않았다. 어머니가 숨겨 놓은 보따리도 흔적 없이 사라졌다. 그때부터 어머니는 금 귀걸이를 그리워했고, 귓불은 항상 텅 빈 채로 있었다.

그렇게 시간이 흐르면서 귓불의 구멍이 막힐 것이라 생각했지만, 이상하게도 막히지 않고 마냥 비어 있었다. 그러다가 내가 일기를 쓰고 있을 때, 잡화상이 오기라도 하면 어머니는 그 자리에서 달려 나가 색실이나 연지를 구경하셨는데 주된 목적은 액세서리를 보는 것이었다. 그런데 잡화상이 파는 액세서리는 모두 은으로 된 것이었다. 은 귀걸이도 예뻤지만, 어머니는 차라리 귀걸이를 하지 않겠다며 사지 않으셨다. 그러던 중 하루는 잡화상이 금 귀걸이를 가져왔다. 어머니는 그 귀걸이를 깨물어도 보고 이리저리 살펴본 후 돈을 건넸다. 내가 처음 본 금이 바로 그 귀걸이였다.

나도 성인이 되고 나서 한때는 어머니보다 더 금으로 된 액세서리에 열광한 적이 있었다. 여자라면 금으로 된 액세서리 하나쯤은 있어야 한다고 생각했다. 금화를 셀 때면 그토록 조심스럽고, 금을 보면 탐욕스러워지는 남자들을 그제야 이해할 수 있게 되었다. 반짝거리는 금을 보고 있노라면 남자든 여자든 괴물이 된다. 금은 영원하지만, 인간은 영원하지 않다. 그래서 인간이 금보다 비참한 게 아닐까?

라오구老溝노구[1]에 오기 전까지만 해도 나는 정말 그랬다. 반짝반짝 빛나는 황금과 금으로 만든 액세서리만 접해 봤을 뿐 금광꾼은 한 번도 본 적이 없었다. 동북 지역에 콩, 수수, 석유, 석탄, 산림, 맹수가 있다는 것만 알았지 금이 있다는 것은 몰랐다. 동북 지역에 방목공, 사냥꾼, 황무지 개간꾼, 벌목꾼, 채삼꾼이 있는 줄만 알았지 금광꾼이 있다는 것도 몰랐다. 모허漠河막하[2]에 와서, 라오구에 와서, 금으로 뒤덮인 흑룡강에 와서야 부유함과 비옥함이 무엇인지를 알게 되었고, 동북 지역에 사람이 모여드는 이유도 알게 되었다.

1) 헤이룽장(黑龍江) 성 모허(漠河막하) 현에 위치한 강.
2) 헤이룽장 성에 있는 현(縣).

그날 아침, 자거다치加格達奇가격달기[3]에서 기차를 타고 모허에 갔다. 모허의 베이지촌北極村북극촌[4]에서 백야白夜를 보기 위해서였다. 내가 모허에 도착했을 때는 백야가 아직 나타나지 않았기 때문에 백야를 기다리는 여행객들이 많았다. 다음 날 저녁, 모허 거리를 하릴없이 돌아다니다가 황금관리사무소를 발견했고, 실례인줄 알면서 안으로 불쑥 들어갔다. 사무소는 밝고 깨끗했다. 마침 사무소를 지키는 소장이 책을 읽고 있었다. 소장은 품격과 교양을 갖춘 그런 남자였다. 내가 개인적으로 이곳을 찾아왔다고 하자, 그는 연륜 있는 노인처럼 자상한 말투로 라오구에 관한 이야기를 들려주었다.

라오구는 강이다. 다싱안링大興安嶺대흥안령 산맥에는 라오구와 비슷한 강이 많다. 모든 강에 황금이 있지만, 그중에서 으뜸은 라오구다. 하지만 라오구는 20세기 말까지만 해도 아무 일 없이 조용히 흐르는 강이었다. 그러다가 백여 년 전 봄, 오로첸족 사냥꾼이 강변에 말을 묻다가 금덩어리를 발견했다. 사냥꾼은 이 사실을 강 건너편에 있던 러시아 상인들에게 알렸고, 러시아 상인들은 아무르와 시베리아에 이 소식을 전했다. 갈 곳 없이 떠돌던 제정러시아 부랑자들은 물론, 심지어 범죄자들까지 라오구로 모여들기 시작했다. 『흑룡강술략黑龍江述略』[5]의 기록에 따르면, 광서光緒[6] 10년까지 모허에 모여든 중국인과 러시아인이 4천여 명이었고, 이곳에 지은 집이 7백여 채, 시멘트 설비는 5백여 대나 되었다. 하룻밤 사이에 라오구 강 양쪽에 여관, 목욕탕, 제과점, 놀이공

---

3) 원래는 내몽고에 속했으나 헤이룽장 성으로 편입된 지역.
4) 모허 현의 최북단 지역.
5) 서종량(徐宗亮)이 저술한 책으로, 1891년에 출간되었다.
6) 청나라 광서제 때의 연호(1875~1908).

원, 그리스정교 성당이 생겼다. 그때부터 라오구는 '젤투가 공화국' 혹은 '아무르의 캘리포니아'라 불리었다.

　이로써 라오구는 식민지가 되었다.

　콜럼버스가 신대륙을 발견한 이후 포르투갈, 네덜란드, 스페인은 물론, 영국도 아프리카와 아시아, 미주의 신대륙에 연이어 상륙했다. 신식 무기로 무장한 그들은 수많은 황금과 향료, 상아를 약탈해 유럽으로 가져갔다. 대서양 연안은 하늘에서 떨어진 금 덕분에 상업이 발달하면서 물가가 상승했다. 나날이 발전하는 중국의 대서양 연안을 보며 질투를 한 건지, 러시아인들이 우랄 산맥 서쪽에서 중국으로 넘어오기 시작했다. 금을 캐기 위해서였다. 그러나 라오구를 지나치면서도 금을 발견하지 못했던 이들은 땅을 점령하는 데 몰두했다. 그래서 발생한 것이 강희제 때의 청러전쟁이다. 러시아인은 「네르친스크 조약」이 맺어진 후에야 바이칼 호수 동쪽으로 물러갔다. 당시만 해도 2백여 년이 지난 후 신대륙이 된 라오구가 러시아인의 손에 넘어가 이토록 적나라하게 강탈당할 줄은 그 누구도 상상하지 못했다.

　어쩌면 이것이 라오구의 운명인지도 모른다. 예로부터 금이 있는 곳이라면 전 세계 어디든 라오구와 같은 일이 벌어졌다. 황금이 핏빛으로 물들었던 것이다.

　라오구 강변에는 고대 역로驛路가 하나 있다. 당나라가 군사 정보를 전달하기 위해 만든 길로, 메르겐墨爾根묵이근, mergen[7])에서 야크사雅克薩아극살[8])까지 이어져 있다. 야크사 전쟁[9])이 끝난 이후로는 역로가 사

7) 중국 동북 지역에 있던 고대 도시.
8) 중국 동북 지역 국경에 인접해 있던 고대 도시.

용되지 않으면서 라오구는 머나먼 곳이 되어버렸다. 당시 러시아인은 쥐도 새도 모르게 조용히 라오구로 넘어왔다. 그 당시 흑룡강의 문사 장군이 누군가 강을 건너왔다는 것을 알아채고 젤투가[10]로 군사를 보 냈을 때는 이미 러시아인이 라오구를 전혀 다른 곳으로 뒤바꾸어 놓은 후였다.

1887년, 행인 하나 없는 역로에 청나라 관료가 나타났다. 청나라의 북양대신 리홍장의 추천을 받고 금광을 만들기 위해 온 것이었다. 잃 어버린 라오구, 강탈된 라오구가 그렇게 상처 입은 채 돌아왔다. 라오 구가 다시 중국의 손으로 돌아오자 관내關內[11]에서 수많은 이민자들이 라오구로 건너왔고, 러시아인이 남긴 상점도 다시 문을 열기 시작했다.

그때부터 라오구에는 '연지구胭脂溝'라는 새로운 이름이 붙여졌다. '연지구'라는 이름의 유래에 대해서는 다양한 설이 있다. 서태후의 연 지를 사기 위해 라오구에서 금을 캤는데, 이곳에서 캔 금을 실은 마차 가 역로를 지나 수도로 향했다고 해서 라오구를 '연지구'라고 불렀다 는 설이 있다. 또 다른 설은 라오구에 기녀가 많았는데, 얼굴에 연지를 두껍게 바른 기녀들이 세수를 하면 라오구 강에 연지가 둥둥 떴다고 해 서 '연지구'라는 이름이 붙여졌다는 것이다.

한 가지 분명한 사실은 라오구에서 금이 발견된 후 행인이 없어 잡 초가 무성했던 역로에 말발굽 소리가 들리기 시작했고, 음울한 옛 전장 이었던 역로가 황금 길로 변모했다는 것이다. 늙고 못생긴 서태후는

9) 17세기 청나라 강희제 때 러시아와 치른 전쟁.
10) 러시아의 지명. 러시아인이 많아진 '라오구'를 비유하는 말.
11) 중국 동북 지역 이남을 일컫는 말.

외국인 화가를 불러 초상화를 그렸는데, 그녀가 사용한 연지도 당연히 외국에서 수입한 것이었고, 값비싼 외국산 연지를 사려면 많은 금을 수도로 옮겨 와야 했을 것이다. 서태후가 금을 실어 날랐던 길은 9백여 킬로미터나 되는 험한 산길로, 3십여 개의 역이 있었는데 라오구는 그중에 열여덟 번째 역이다.

금이 있는 곳에는 항상 여인이 있기 마련이다. 금이 발견된 순간부터 라오구에는 기생집이 들어섰다. 기생집에는 러시아, 일본, 조선에서 온 여인들이 있었고, 역시 중국 여인들이 가장 많았다. 금광꾼이 금에 매혹되었다면, 여인들은 금광꾼에 매혹되었다. 라오구 강 위에 떠다니던 연지는 이런 여인들의 텅 빈 청춘이었다.

이것이 바로 라오구의 역사이자 과거이고, 라오구가 겪어야만 했던 운명이었다.

금광꾼은 이름이 없다. 전형적으로 떠오르는 이미지만 있을 뿐이다. 무명 바지와 소가죽 신발이 바로 그것이다. 그들은 낮에는 온몸이 땀에 젖어 있었고, 얼굴은 온통 진흙투성이였다. 저녁에는 움막이나 땅굴에서 잠을 청했다. 금을 캐느라 휘저어서 혼탁해진 강물을 그대로 마시기도 했다.

금광꾼은 스스로를 '부랑자'라 불렀다. 목수 도끼, 흙손, 보따리, 여인의 허리는 금광꾼에게 빠져서는 안 될 네 가지 보물이었다. 그들은 악착 같이 모은 돈을 낡은 보따리 안에 숨겨 놓았다. 고향으로 돌아가려고 모은 돈이지만 고향으로 가는 길은 너무 멀고도 험했다. 또한 1년 사계절 중 겨울을 제외하고는 진흙탕 속에서 금을 캐야 했다. 그나마 쉴 수 있는 겨울에도 폭설이 내려 산길이 막히면 고향으로 돌아가는 일은 잠시 제쳐놓을 수밖에 없었다. 이렇게 마음이 답답해질 때면 모여서 도박을 하거나 기생집으로 향했는데, 그로 인해 1년 내내 모아 놓았던 돈을 겨울에 말끔히 써버린다. 그리고 이듬해 봄이 되면 다시 어깨가 축 늘어진 채 금광으로 갈 수밖에 없었다. 이렇게 금광과 기생집이라는 함정에 빠진 금광꾼은 영원히 집에 돌아가지 못했다.

황금관리소 소장은 이어서 20년 전 산둥에서 라오구에 왔던 청년 이야기를 들려주었다. 그 청년의 조부모가 라오구의 일본인 밑에서 금 캐는 일을 했다고 한다.

노인은 광복 후 고향으로 돌아올 때, 한평생을 바쳐 캔 금을 항아리에 넣어 라우고의 어느 땅에 묻어 두고 빈손으로 왔다고 한다. 그로부터 몇 십 년이 지난 후, 노인은 금을 넣어 숨겨 두었던 항아리의 위치를 표시해 둔 지도를 손자에게 건네며 찾아오라고 했다. 청년이 라오구에 처음 왔을 때는 금 항아리를 찾지 못하고 돌아갔다. 그러자 노인은 손자에게 지도를 다시 그려 주었고, 두 번째는 성공이었다. 청년이 라오구의 한 묘지에서 금 항아리를 찾은 것이다. 그 청년이 이곳에 온 이후로 사람들이 몰려 한바탕 뒤집히고 말았다고 한다.

라오구의 이야기를 듣고 있으니 한 번도 가본 적은 없지만, 중국 서부 지역이 생각났다. 그곳에 금이 있는지는 모르겠지만 확실한 건 서부에는 사막이 있고 예로부터 서부로 가는 길목에는 항상 사람이 많았다는 점이다. 서부로 향하는 사람들은 생존이나 금 때문이 아니라 어떤 정신적인 것을 찾기 위해서이며, 때로는 그런 정신적인 것을 위해 죽음도 마다하지 않았다. 하지만 금이 있는 라오구에 오는 사람들의 얼굴에는 서부로 가는 사람들에게서 볼 수 있는 순례자 혹은 순교자의 표정이 아닌 갈망과 욕망만 있을 뿐이었다.

드디어 일행이 베이지촌을 향해 길을 나섰다.

라오구를 지날 때는 모든 차가 잠시 멈춘다. 라오구는 끝없는 들판처럼 드넓게 펼쳐져 있고, 강 양쪽으로는 나무가 숲을 이루고 있다. 강에 볼록 튀어나온 부분은 금광꾼들이 금을 캐면서 쌓인 모래이고, 움푹 파인 부분은 물이었다. 여러 차례 금을 캔 흔적이 선명했지만, 아직도 인간의 이성을 앗아가는 곳이 바로 라오구다. 황금관리소 소장은 40킬로미터나 되는 라오구 강바닥에는 아직 5톤 이상의 금이 있다고 말해 주었다. 라오구에 오는 사람들이 이성을 잃는 이유일 것이다.

강 위에는 배가 몇 척 떠 있었다. 배에 있는 사람들은 마치 강 위에서 생활하는 사람들처럼 보였다. 배 갑판은 시끌벅적했다. 그들은 관공서에서 나온 배가 금을 캐고 지나간 자리를 따라 다시 한 번 금을 캤다. 라오구의 금은 캐도 캐도 끝이 없는 것 같았다. 나는 모래 더미를 지나 배 한 척을 향해 다가갔다. 배의 선장은 뚱뚱한 체구에 멋진 꽃무늬 재킷을 입고 있었다. 그는 항아리 하나를 꺼내 보여주었다. 정말 금이었다! 가공되기 전의 금을 본 것은 처음이었다. 알갱이 모양이었다. 부드러우면서도 속이 꽉 차 있어 사람을 매혹하는 그런 금이었다. 선장은 6만 위안을 주고 배를 샀는데, 이 배로 금을 캐면 1년에 18만 위안을 벌 수 있다고 했다. 그의 눈빛에서 빛나는 금이 보였다. 그날 아침 많은 사람이 그의 눈을 보았다. 사람들은 금에 매혹됐다. 그 배를 둘러싸고, 그 항아리를 둘러싸고 금을 구경하느라 돌아가는 것도 잊은 것 같았다.

나는 조용히 강 양쪽의 숲을 바라보았다. 그곳에는 금광꾼의 무덤이 있고, 기녀의 무덤도 있다. 하지만 그들의 무덤은 이미 엉망진창으로 파헤쳐졌다. 도굴꾼들이 그들의 무덤에서 금을 캐어 갔기 때문이다. 이 세상을 떠난 사람들은 그렇게 이곳에서 흔적도 없이 사라졌다. 금 광꾼들은 이곳에 올 때부터 가진 게 아무것도 없었다. 그런데 세상을 떠날 때도 아무것도 갖지 못했다. 남자들의 품에서 금을 캤던 기녀들 도 결국은 아무것도 가진 것 없이 세상을 떠났다. 라오구에서 생활했 던 금광꾼들과 기녀들은 처음에는 아무런 관련이 없었지만, 서로를 의 지하며 살아갔다. 그들에게 라오구는 생명의 섬이자 무덤이었다. 마치 신이 만든 함정처럼 말이다. 그리고 이 함정은 영원히 존재한다. 아직 도 이 함정에 의지해서 살아가는 이들이 있기 때문이다.

그날 라오구에서 시간을 너무 지체한 나머지 베이지촌에 도착했을 때는 백야가 끝나가고 있었다. 그날 밤, 베이지촌 사람들은 흑룡강 강 변에서 모닥불을 지폈고, 사람들은 그 붉게 타오르는 모닥불을 둘러싸 고 미친 듯이 춤을 추며 밤을 지새웠다. 라오구는 날마다 이런 광란의 백야를 맞이하는 것 같다.

이후 나는 다싱안링과 소싱안링 산맥 골짜기에서 버려진 옛 철길과 비행장 흔적들과 마주쳤다. 개 중에는 러시아와 일본에서 사용하던 것 도 있었다. 그러다가 나진카우즈納金口子납금구자라는 곳에서 잡초와 관 목에 뒤덮인 묘지를 발견했다. 멀리서는 모퉁이가 부서진 비석이 보일 뿐이었다. 돌계단을 따라 올라가 비석 위의 글씨를 보고 나서야 그것 이 일본인이 세운 '순직 노동자의 비'라는 것을 알 수 있었다. 당시 나 진카우즈의 잔혹함을 그 누가 상상이나 할 수 있을까? 돈을 벌겠다는 꿈을 품고 이곳에 온 이민자들은 결국 일본인 밑에서 금을 캤다. 그 메

헤이허(黑河) 소싱안링(小興安嶺) 내에서 금을 캐는 광경.

마른 영혼들은 자신들의 고향인 관내로 돌아갔을까? 아니면 아직도 이
곳을 떠돌고 있을까?

나진카우즈 근처에서 오늘날의 금광꾼들을 많이 볼 수 있었다. 그들
은 라오구에서 보았던 금광꾼처럼 그럴듯해 보이지도 않았고, 배도 없
었지만 나뭇가지로 틀을 만들고 그 위에 철조망을 덮어 금을 캐고 있었
다. 엔진 소리가 들려왔고, 피곤한 기색이 역력해 보이는 사내가 장화
를 신은 채 물속의 흙을 젓고 있었다. 멀지 않은 곳에 이들이 사는 판잣
집이 보였고, 빨랫줄에는 옷가지가 널려 있었다. 이들은 오늘날의 금광
꾼이지만, 아직도 옛날 방식을 사용하고 있었다. 금만 있다면 어떤 방
식이든 개의치 않는 것 같았다.

산골짜기에도 드문드문 사람이 살고 있었다. 집이 워낙 낡고 오래되

어 도무지 사람이 살 곳이 아니라고 생각했지만, 굴뚝에서 연기가 피어오르는 것을 보고서야 사람이 사는구나 싶었다. 어떻게 된 일인지 궁금하여 동행한 친구에게 물으니, 금광꾼은 어딜 가도 오래 살지 못한다고 한다. 그래서 집을 짓는데 돈을 쓰지 않는다는 대답이 돌아왔다.

오늘날의 금광꾼은 지난날의 금광꾼의 후세다. 그들은 이미 이곳에 정착했지만, 아직도 떠돌아다니는 습관이 남아 있다. 그들은 자신의 집이 어디에 있는지를 알지 못한 채 욕망의 황무지에서 금을 찾아 영원히 떠돌아다닌다.

온돌

: 동북 사람들의 피난처이자 귀착점

　도시에서 20년을 살면서 항상 침대에서 잤다. 처음에는 여학생 기숙사의 철제 2층 침대였다. 내 침대는 아래층이었고, 북향 창가 쪽에 있었다. 창밖에는 발해만渤海灣의 해수욕장이 펼쳐졌다. 겨울이 되면 바닷가에는 새하얀 얼음이 쌓였다. 얼음은 북풍의 흔적이 담긴 파도 모양이었다. 머지않은 곳에는 차디찬 회색 빛 바다가 바닷가 사람들을 향해 포효하고 있었다. 2층 침대는 마치 꽁꽁 얼어버린 바닷가에 있는 것 같았다. 침대에 누워 있으면 언제든 바람에 휩쓸려 바다에 빠져버릴 듯했다. 뼈에 사무치는 추위였다. 기숙사 여학생들은 모두 뜨거운 물주머니를 가지고 있었다. 저녁 자습 시간 전에 뜨거운 물을 가득 부은 주머니를 침대 속에 넣어 놓곤 했다. 이렇게 해야 잠들기 전에 손발을 녹일 수 있었다. 나는 대학 졸업 후에도 이 도시에 자리를 잡았고, 철제 침대는 시먼스 침대로 바뀌었다. 하지만 침대에서 자는 건 마찬가지였기 때문에 날씨가 추운 날이면 집에 와서 아무리 돌아다녀도 따뜻한 공간을 찾을 수 없었다.

이렇게 추운 날이면 시골의 온돌이 그립다. 벽에 서리가 끼고 창문이 흔들릴 정도로 바람이 불어도 온돌 위에 앉아 있노라면 추운 줄 몰랐다. 온돌이 있어서 시골 사람들은 여자든 남자든 모두 양반다리를 할 줄 알았다. 집에 손님이 오거나 이웃집에 놀러 가면 모두 온돌 위에 양반다리를 하고 앉는다. 남자는 담배를 피우고, 여자는 바느질을 하면서 온종일 앉아 있다. 하지만 시골 아이들은 온돌에 앉지 않는다. 강에서 썰매를 타고, 길거리에서 눈싸움을 해야 하기 때문이다. 온종일 놀다가 뒷간에 가서야 손이 얼어 허리띠를 맬 수 없다는 걸 알게 된 아이들은 그렇게 바지를 그대로 쥐어 잡고 집으로 달려간다. 온돌 위에서 바느질을 하는 어머니에게 손을 내밀면 어머니는 붉게 언 작은 손을 엉덩이 아래에 넣는다. 잠시 후면 손이 스르르 녹는다.

한겨울 북방 시골의 온돌은 피난처이자 귀착점이다. 우리는 온돌이 있기 때문에 집안에 있고, 혹여 나가게 되더라도 다시 집으로 돌아온다. 하지만 침대는 방 안의 풍경일 뿐이다. 마음대로 다가설 수도 없고, 의지할 수도 없다. 침대 앞에서 우리는 항상 언제든 짐을 싸고 바로 떠날 수 있는 손님이다.

나에게 온돌은 어린 시절과도 같다. 온돌을 생각하면, 순수한 어머니의 사랑과 온돌이 있기에 그려졌던 풍경들이 그리워진다. 시골 아이들이 어머니 뱃속에서 나오면서 처음으로 접하는 것은 병원의 하얀 침대가 아니라 온돌이다. 전통 온돌 위에는 삿자리[1]가 깔려 있다. 삿자

---

1) 갈대를 엮어서 만든 자리

리 아래에는 또 볏짚이 있다. 볏짚은 따뜻하고 부드럽다. 시골의 남녀는 평생을 이렇게 온돌 위에서 뒤엉켜 산다. 뜨거운 온돌 위에서 마음껏 사랑을 나누고, 그렇게 하나하나씩 아이를 낳는다. 온돌은 포용력이 너무나도 강하다. 온돌마다 사람으로 가득하다.

내가 일곱 살 때쯤, 둘째 올케에게 왜 배가 매일같이 커지느냐고 물었다. 그러자 올케는 뱃속에 곧 태어날 아기가 있다고 했다. 그날 아침 다시 올케 방으로 가서 문을 두드렸을 때, 아무도 문을 열어 주지 않았다. 창문으로 올라가 방 안을 들여다보니 삿자리가 돌돌 말려 있었고, 올케는 볏짚 위에 누워 있었다. 노르스름한 볏짚에서 붉은 동물 같은 작은 생명체가 꿈틀거리고 있었다. 그때 큰어머니가 대야에 물을 떠오다가 창문에 매달려 올케를 몰래 훔쳐보고 있는 나를 발견하고는 커튼을 쳐버렸다. 내가 태어날 때도 대충 이런 광경이었을 거라고 생각했다. 온돌 위의 볏짚은 누르스름하다. 나는 어머니가 하는 말처럼, 그 누런 볏짚 위에서 태어났다.

오늘날의 시골 남녀는 더는 먹고 사느라 바쁘지는 않지만 예전처럼 온돌 위에서 욕정을 불태우고, 여전히 온돌 위에서 마음껏 뒤엉킨다. 온돌은 그들의 성지이자 생명의 요람이다.

온돌은 여인의 것이다. 동북 시골의 일은 온돌 안 일과 바깥 일로 나뉜다. 동북 지역은 날씨가 춥고 여자가 적어서 남자들은 아내를 애지중지하고, 또 옛날 여자들은 보수적이다. 그래서 바깥일은 모두 남자들의 몫이었다. 쟁기질, 농작물 수확, 뒷간 비우기, 장사 다니기 등을 남자들이 담당했다. 여자들은 온돌 위에서 옷, 이불, 베개 등의 바느질을 했다. 그래서 여자들은 남자들보다 온돌 위에 더 오래 앉아 있을 수 있다. 엉덩이에 땀이 차도, 아무리 두꺼운 바지를 입어도 여자들은 우아하게 앉아 있는다.

아가씨들은 겨울에 옹기종기 온돌에 모여 앉아 베개, 문발 등을 만든다. 내 언니가 시집갈 때는 배게 두 개를 만들었다. 하나는 새하얗고 날개가 달린 양식 베개였고, 또 하나는 기인旗人에게 배워 와서 만든 사각 베개였다. 우리 고향에서는 만주족을 '기인'이라고 불렀다. 기인 베개는 면이 6개, 꼭짓점이 8개인 사각 베개다. 베개 양쪽에 수놓인 만주족 전통 무늬가 아름답기는 하지만, 베개가 너무 딱딱해서 시집가는 아가씨들은 보통 이 베개를 쓰지 않는다. 하지만 장식용으로 옷장 안에 꼭 있어야 하는 것이 바로 만주족 베개다.

예비 신부들의 바느질은 밤낮이 없다. 온돌이 다 식을 때까지 바느질을 한다. 올케가 밥상을 차려오면 그제야 바느질을 잠시 멈추고 차려온 밥을 먹으며 오빠의 매서운 눈초리를 받는 게 예비 신부들이다. 결혼식 당일에도 신부는 절을 마치고 다시 온돌로 돌아와 앉고, 시댁에서는 신부가 앉는 이불 아래에 도끼를 넣어 둔다. 다치더라도 복福[2]을 잡아야 한다는 의미에서다.

결혼 후, 여인들은 겨우내 신발을 만드느라 바쁘다. 시아버지, 시어머니, 도련님, 아가씨에 남편과 아이들 신발까지 만들어 주고 나서야 자기 것을 만든다. 겨우내 신었던 목화신은 섣달 그믐날 저녁을 먹을 때 새 신으로 바꿔 신어야 한다. 집안 식구가 많으면 여자 혼자서 수십 켤레를 만들어야 한다. 사실 여인들의 신발 만들기는 여름부터 시작된

[2] 중국어 도끼(斧, fǔ)의 발음이 복(福, fú)과 비슷함.

다. 햇볕이 쨍쨍한 날을 골라 풀을 만들고, 헌 천을 깨끗이 씻어 놓은 후 안채 문짝을 떼어다가 풀을 한 층 바르고 나서 천을 덧댄다. 이렇게 만든 신발 바닥은 하나씩 따가운 햇볕 아래에 말렸다가 거둔 후 겨울이 되면 다시 꺼내어 신발을 만드는데 쓰인다. 신발 바닥을 꿰맬 때 쓸 삼 노끈도 여름에 미리 삼 껍질을 준비해 놓았다가 신발을 만들기 전에 꺼내어 쓴다. 노끈을 다 만들고 나면 꽈배기 모양으로 꼬아 벽에 걸어 놓았다가 신발 바닥을 꿰맬 때 한 가닥씩 끊어서 쓴다.

신발 바닥을 꿰매는 일은 꽤 힘든 일이다. 올케가 힘들게 신발 바닥을 꿰매고 있어도 어린 시누이들은 물집이라도 생길까 도와주지 않고 구경만 한다. 하지만 올케들은 온돌 위에 앉아 시누이들의 걱정쯤은 개의치 않고 소처럼 열심히 노끈을 꿴다. 올케들은 이미 시집을 간 몸이기에 손이 상하면 상하라는 식이다. 남편들은 아내의 손이 거칠어져도 싫어하지 않으니 그나마 다행이다.

남자들의 바깥일은 잠시 하고 나면 끝나지만, 여자들의 집안일은 끝이 없다. 남자들은 일을 끝내고 집에 돌아와 저녁을 먹고 나면 온돌 위에서 잠들지만, 여자들은 저녁 식사 후에도 등잔불을 켜고 아무리 꿰매도 끝이 없는 신발 바닥을 수선한다. 이때 자상한 남편들은 한 마디 던진다. 바깥일보다 집안일이 더 힘들다고. 그러면 아내는 남편의 신발 바닥을 더욱 튼튼하게 꿰맨다.

한 가족이 온돌 위에서 자는 모습을 보면 남자의 권위가 드러난다. 온돌은 아랫목과 윗목으로 나뉜다. 아랫목은 아궁이와 가까워서 날이 밝을 때까지 따뜻하다. 하지만 윗목은 아궁이와 거리가 있어서 한밤중에 식어버린다. 시골 사람들은 온돌에서 잘 때 이불을 깔지 않고 삿자리 위에서 바로 잔다. 어른들은 아이들이 혈기가 왕성해 차가운 곳에서 자도 괜찮다고 생각한다. 그래서 온돌 아랫목을 차지하는 건 항상 그 집안의 가장이다. 그 옆에는 아내이고, 아내 옆에는 아이들이 눕는다. 아이가 많으면 어린아이부터 나이 순서대로 차례로 눕는다. 윗목은 당연히 나이가 가장 많은 아이나 여자 아이 자리다. 여자 아이들은 성인이 되기 전에는 가족과 함께 온돌에서 잠을 자지만, 성인이 되면 작은방에서 혼자 잔다. 작은방은 더 추운데도 굳이 그 추운 방에 가서 자려고 한다. 여자 아이들은 천성적으로 자신만의 방이 있는 걸 좋아하기 때문이다.

아랫목은 항상 남자의 자리다. 400평 남짓한 땅에 소 한 마리, 그리고 아랫목을 데우는 아내와 아이들. 동북 지역 시골 남자의 로망이다. 남자들은 낮에는 밭에서 소와 바쁘게 일하고, 밤에는 아내와 온돌 위에서 바쁘게 일한다. 밤낮없이 바쁘고 피곤한 남편에게 아랫목을 내어주는 것은 어찌 보면 당연한 일이다. 아랫목은 남편의 피곤한 허리와 뻐근한 근육, 지친 마음을 따뜻하게 데워 준다. 이렇게 아랫목에서 하룻밤을 자고 나면 남편은 다시 힘이 솟는다. 이렇게 하루하루가 반복된다. 힘없는 노인이 되어 온돌 위에서 일어나지 못할 때까지…….

온돌에 불을 지필 때는 마른 풀을 땔감으로 사용한다. 어렸을 때 가장 힘든 일이 바로 풀을 줍는 것이었다. 우리 집은 평원도, 산봉우리도 아닌 민둥민둥한 언덕 사이에 있었기 때문에, 겨울 방학이 되면 아이들이 유일하게 하는 일이 풀을 줍는 것이었다. 온 집안의 아이들이 나와서 풀을 줍다 보니 아무것도 없는 언덕이 더 황량해졌다. 풀을 줍다 보면 가까운 곳은 풀이 없어서 먼 곳으로 갈 수밖에 없었다. 그래서 매일 아침 날도 밝기 전에 멀리 있는 산에 가곤 했다. 그곳에도 참나무가 많지 않아서 바닥에 떨어진 나뭇잎은 금방 없어졌다. 그러면 우리는 나뭇가지에 달린 나뭇잎을 뜯기 시작했다. 그 나뭇잎마저도 다 뜯고 없어지면 나무 아래에 있는 풀뿌리를 캐기도 했다. 풀뿌리마저 캐면 바닥의 흙이 보였다. 산은 황폐해졌지만 풀을 줍는 우리는 여전히 위풍당당했다. 이렇게 어린 나이에 집안에서 쓰는 땔감을 주워 오는 것을 우리는 '아궁이에 밥을 준다'고 했다.

예전에 이런 이야기에 대해 '기도'라는 제목으로 글을 쓴 적이 있다. 내 기도는 무척 단순했다. 내가 바란 건 행복이나 돈이 아니라 힘센 아저씨가 나타나서 나를 대신해 마른 풀을 주워 주거나, 내가 풀을 다 줍고 집에 돌아가는 길에 마중 나와 나 대신 그 무거운 풀을 들어주는 것이었다. 그때 나는 항상 가마솥만큼 무거운 풀을 한 무더기 지고서 귀신처럼 산길을 어슬렁거렸다. 피곤해도 내려놓을 엄두가 나지 않아 낮은 담장이나 언덕에 잠시 기대곤 했다. 아무도 나를 마중 나오지 않았기 때문에 오빠가 있는 친구들이 너무나 부러웠다. 농장을 하는 아버지가 있는 것도 좋아 보였다. 집에 와서 풀 더미를 내려놓으면 그렇게 배가 고파도 가장 먼저 했던 건 밥을 먹는 게 아니라 목 놓아 우는 것이었다. 뼈에 사무치는 피로와 고독을 느끼는 순간이었다. 지금도 이 글을 쓰면서 나도 모르게 눈물이 난다.

내가 그렇게 울고도 다시 풀을 주우러 갔던 건 다 어머니를 위해서였다. 어렸을 적 아버지는 집을 떠나 먼 곳에서 일했고, 어머니는 일이 너무 힘든 나머지 허리를 다치셨다. 그래서 어머니가 온 가족을 위해 따뜻한 밥을 짓고, 또 따뜻한 온돌 위에서 잠들기 위해서는 내가 풀을 많이 주워 와야 했다. 이제는 더 이상 풀을 줍지 않아도 되지만, 어디서든 무성하게 자란 잡초나 샛노란 갈대를 보면 당장 뽑고 싶어진다. 마치 찰리 채플린이 어딜 가도 나사못을 조이는 것처럼 말이다. 내 무의식 어딘가엔 아직도 어린 시절의 가난과 고통이 자리하고 있는 모양이다.

온돌은 우리의 지난 2천 년을 따뜻하게 데워 주었다. 더 중요한 건 동북 지역의 토착민인 옥저인沃沮人이 온돌을 발명했다는 사실이다. 온돌은 당연히 동북 사람이 발명했어야 한다고, 동북 사람이 인류를 위해 온돌을 창조해야 마땅하다고 나는 그렇게 생각했다. 너무나도 당연하고 자연스럽고 그래야만 하는 마땅한 일이었다. 인류보다 짐승이 더 많았던 시대에 선조들은 짐승을 피하고자 나무 위에 집을 짓고 살았고, 석기를 만들 수 있게 된 후에야 나무에서 내려와 동굴에 들어갔다. 하지만 당시의 선조들은 화롯불 옆에서 자야 했기에 편안하게 잠들 수 없었다. 그러다가 산에서 내려와 평원에 땅굴을 파고 혈거穴居 혹은 반 혈거半穴居의 거처를 짓고 나서야 온돌 위에서 잠을 청할 수 있었다. 아니면 온돌이 있었기에 혈거 혹은 반 혈거가 탄생했다고 할 수 있다.

동북 사람에게 온돌은 새로운 기원의 시작이었다. 매서운 추위와 차가운 눈으로부터 타고난 재능을 선사 받은 동북의 선조들은 또다시 온돌을 발명해서 스스로를 구원했다. 온돌이 지하 깊은 곳에서 뜨거운 공기를 만들어 냈기에 지하에서 땅 위로 나와 오래된 황무지에 위풍당당한 집을 지을 수 있었다. 집은 온돌이 만들어 낸 풍경이고, 온돌은 이렇게 인류의 주거 역사에 큰 변화를 일으켰다. 온돌이 있었기에 인류는 열악한 생활에서 벗어나 햇빛을 쐬며 인간다운 삶을 영위할 수 있게 되었다.

같은 동북 지역이라 해도 온돌의 모양은 달랐다. 예전에 징푸후境泊湖경박호[3] 부근의 폭포촌瀑布村에서 하룻밤 묵은 적이 있다. 폭포촌은 조선족 마을이다. 예전에 역사 서적을 읽으면서 조선족의 선조가 옥저 사람일 것이고, 그렇다면 조선족의 온돌이 가장 전통적인 온돌일 것이라 생각한 적이 있다.

폭포촌 중심에는 조선족 교회가 있었다. 마을의 절반은 새로 지은 기와집이었고, 나머지 절반은 조선족 전통을 유지한 초가집이었다. 이 마을을 '폭포촌'이라 부르는 이유는 마을이 징푸후 폭포 옆 검은 현무암 위에 위치하기 때문이다. 이곳은 1860년대 말 중국 닝안寧安영안 남녹도南鹿道에서 이민자들이 단체로 건너와 형성된 마을이다. 새로 기와집을 지은 집은 징푸후에 놀러 온 여행객들에게 사진을 찍어 주면서 돈을 번 사람들이다. 아직도 초가집에 사는 사람들은 사진을 찍을 줄 몰라서 새로 기와집을 짓지 못했다. 하지만 기와집이든 초가집이든 온돌은 같다.

이곳의 온돌은 정말 크다. 이곳은 집안 어딜 가도 온돌이 있다. 옷장, 이불, 재봉틀, 선풍기, 식기 등 모든 물건이 온돌 위에 있다. 아궁이와 온돌방은 놀랍게도 같은 높이에 있었고, 가마솥은 마치 아궁이 위에 앉아 있는 듯했다. 부엌은 반지하의 땅굴처럼 만들어져 있었는데, 부엌에 쪼그려 앉아 아궁이에 불을 지필 수 있고, 불을 지피지 않을 때는 부뚜

---

3) 헤이룽장 성에 위치한 세계 최대의 언색호(堰塞湖).

막을 나무판으로 가리는 구조였다. 굴뚝은 방 옆에 따로 세워져 있었고, 방보다 약간 높은 독특한 형태였다. 집은 꽤 커 보였다. 저녁이 되면 방과 방 사이를 나무로 만든 미닫이문으로 구분한다.

이 마을에는 집집마다 큰 찬장이 있었는데, 그 안에는 알록달록한 플라스틱 그릇과 자기 그릇이 가지런히 놓여 있었다. 마치 그릇 가게를 연상케 했다. 나중에 알게 된 사실이지만 이렇게 그릇이 많은 건 일종의 전통이었는데, 그릇이 많으면 그만큼 돈이 많다는 의미라고 한다. 조선족 여인들은 항상 손에 마른 행주를 쥐고 다니다가 시간이 나면 온돌에 앉아 그릇을 반짝반짝 빛나게 닦는다.

내가 묵었던 집 주인아주머니도 손에 걸레를 쥐고서 나와 이야기를 하면서 온돌 구석구석의 먼지를 닦았다. 먼지를 닦아도 걸레는 여전히 하얀색이었다. 아주머니는 중국어로 이야기하고, 나와 같은 한족 옷을 입고 있었지만 (조선족 치마는 옷장 안에 넣어 두었다가 외출을 하거나 명절이 되어야 꺼내 입는다고 한다.) 온돌을 보면 아주머니에게는 자신만의 문화적인 배경이 있고 나와는 다르다는 점을 알 수 있었다. 그날 저녁에 아주머니는 고추튀김, 두부오이볶음, 된장찌개를 해주셨고, 나는 땀이 날 정도로 맛있게 먹었다. 저녁에 온돌 위에 누워 있노라니 허리와 다리가 너무나도 편안했지만, 잠은 오지 않았다. 그때 방안에 풍겼던 된장찌개 냄새는 정말 특별했고 친근하면서도 낯설었다.

징푸후의 토착민은 만주족이다. 청나라의 오진신吳振臣이 쓴 『영고탑기략寧古塔紀略』을 보면 만주족 온돌은 조선족 온돌과 다르다는 것을 알 수 있다. 만주족 온돌은 방 크기가 제각각이다. 방이 3~5개가 있고, 초가집도 있다. 벽은 꽤 두껍지만 찬 공기가 들어오면 서리가 낀다. 방에는 남쪽, 서쪽, 북쪽 삼면을 둘러싼 온돌이 있고, 온돌 위에는 붉은 카펫을 깔아 놓는다. 온돌은 약 2미터이고, 방은 가로세로 약 6미터다. 날이 저물면 머리를 나란히 하고 온돌 위에 가로로 눕는다. 온돌 위에는 의자 없이 식탁만 있기에 양반다리를 하고 모여 앉는다. 손님이 오면 남쪽 온돌에 모여 앉는다.

양빈楊賓은 『유변기략柳邊紀略』에서 만주족 온돌에 대해 더 자세히 설명했다. 만주족 온돌 집은 동남쪽을 향해 지어졌다. 온돌의 남쪽 길이는 약 2미터이고, 동쪽은 비어 있으며, 남쪽, 서쪽, 북쪽 삼면을 둘러싸고 있다. 그리고 남북 쪽의 아랫목을 부뚜막으로 사용한다. 잠을 잘 때는 각각 온돌 한쪽에 자리를 잡는데, 남쪽, 서쪽, 북쪽 순으로 좋은 자리라고 한다. 새벽에 일어나면 이불을 개어 온돌 한쪽 구석에 놓는다. 서쪽과 남쪽 창문은 매우 큰 편이며, 문풍지를 붙여 추위와 더위를 막는다.

여기서 말하는 온돌은 모두 만주족 온돌이다. 만주족의 선조는 발해 시대에도 상업이 발달했던 당시의 수도 상경용천부上京龍泉府를 제외하면 대부분의 지역에서 혈거 혹은 반 혈거에서 생활했다. 금나라 때 완옌부完顔部완안부[4]가 요나라와 송나라를 점령한 후 요나라의 천조제天祚帝, 송나라의 휘종徽宗과 그의 아들 흠종欽宗을 금나라로 데려왔을 때 이들이 지냈던 곳도 마찬가지로 혈거 주택이었다. 휘종은 이러한 집을 난생 처음 보았고 '매일 같이 우물에 앉아 하늘을 보았다'고 표현했는데, 당시 휘종이 앉아서 경치를 구경했던 곳도 사실은 반 혈거 형태의

---

4) 12~13세기에 금나라를 세운 여진의 일족.

땅굴이었다. 휘종은 다음과 같은 시구를 남겼다.

> 깊은 밤 서풍은 사립문을 흔들고,
> 희미한 등불만이 적막한 방 안을 비추네.
> 고향은 멀기만 하고, 하늘에는 기러기 하나 없네.

'사립문'이라는 단어에서 당시 휘종이 반 헐거 집에 묵었다는 것을 알 수 있다. 당시 그곳에는 온돌이 있었지만 휘종의 마음은 결코 편안하지 않았다. 그는 금나라의 오국성五國城에 온 지 8년 만에 병으로 세상을 떠났다. 휘종과 함께 금나라에 잡혀 온 흠종은 나이가 어렸기에 금나라에서 30년을 살았는데, 마지막 몇 년 동안은 반 헐거의 땅굴에서 나와 요나라 황제와 함께 절에 갇혀 살았다.

동북에서 온돌은 항상 성씨를 가지고 있었고, 민족이 있었고, 항상 시골의 전유물이었다. 동북의 겨울은 너무 길고, 온돌은 너무나도 뜨거워서 동북만의 게으름을 낳았다. 시골 남자들은 겨울이 되면 온돌 아랫목에 취해 산다. 아랫목에 앉아 있을 때도 두 손을 소매에 넣고는 겨울잠을 자는 듯한 자세를 취하는 습관이 있다. 나는 동북 지역 남자와 남쪽 지방의 남자들을 자주 비교하곤 한다. 남쪽은 날씨가 더워서 그런지 남자들이 모두 덩치가 작고 매우 말랐다. 항상 구부정하게 등을 굽히고 바쁘게 걸어 다니는 이미지가 연상된다. 말하는 것도 빠르고 어수선한 것이 꼭 여자 같다. 하지만 동북의 남자들, 특히 시골 남자들은 가슴을 쫙 펴고 걷는다. 얼굴에는 무식하면서도 고귀한 표정이 묻어난다. 이들은 말도 웃음도 없어서 큰 포부라도 있는 것 같지만, 실제로는 게을러서 움직이는 것조차 귀찮다고 생각한다. 동북은 땅이 너무 비옥해서 땅에 젓가락만 대충 꽂아도 싹이 자란다. 이렇게 먹고 살 걱정이 없으니 남자들이 편안하게 아랫목에 앉아 있는 것이다. 집 안을 살펴보면 그릇이고 항아리에 딱 굶주리지 않을 정도의 잡곡이 담겨 있을 뿐이다.

온돌이 사람을 이렇게 만들었다. 온돌은 인류를 구원해 주었지만, 거기에 그치지 않고 추운 날씨와 음모라도 꾸민 듯이 인간을 나태함에 빠지게 했다.

겨울이 왔다. 친구들은 우리 고향에 가서 돼지고기찜과 닭버섯찜을 먹자고 조른다. 더 중요한 이유는 온돌에서 자보고 싶다는 것이다. 도시의 침대와 소음에 이미 지칠 대로 지쳤으니 시골의 온돌에서 몸을 녹여야 한다는 게 친구들의 주장이다. 나도 고민을 많이 했다. 우리 집이 그렇게 먼 것도 아니고, 온돌도 여전히 따끈따끈하니 더할 나위 없이 좋다. 다만 한 가지 걱정되는 게 있다면, 도시에 사는 친구들이 온돌에 푹 빠지면 어쩌나 하는 것이다.

14

술에 취하다
: 술의 유혹에 빠져든 동북

술은 남자가 발명했다고 한다.

술을 처음 만든 사람은 의적儀狄이다. 『세본世本』과 『고사고古史考』에서 '우禹 임금 시기에 의적이 처음으로 술을 만들었다'는 대목을 보면 알 수 있다. 하지만 하夏나라 우 임금은 술을 만든 의적을 싫어했다. 후세가 술에 의해 멸망할 것이라 생각했기 때문이다. 당시에도 신분 높은 사람들이 술을 자주 마신 탓에 그 짙은 술 냄새 속에서 불길한 기운을 느꼈나보다. 우 임금의 생각이 틀린 것은 아니었다. 상商나라 말기에는 관료부터 백성까지 온 국민이 밤낮 가리지 않고 술에 취해 나라가 망할 지경이었으며, 주紂왕도 여우같은 달기妲己를 품에 안고서 술과 함께 방탕한 세월을 보내느라 나라를 돌보지 않았다. 결국 상나라는 술과 색기에 가라앉고 말았다.

『세본』과 『고사고』에는 '소강少康이 출주秫酒를 만들었다', '두강杜康이 고량주를 처음으로 빚었다'는 기록이 있다. 여기서 소강과 두강은

같은 사람이다. 사람들이 두강만 알고 의적을 모르는 것은 대부분 조
조曹操의 시 때문일 것이다.

　　'술을 마주하고 노래하노라. 인생은 무엇인가? 이 근심을 어이 풀
까. 오로지 두강뿐이로다.'

　그래서 최초로 술을 만든 사람을 두강으로 알고 있는 사람들이 많
다. 그 당시에 의적이 수수가 없어서 기장, 벼, 밤 등으로 술을 빚었다
면, 두강은 출주인 고량주를 최초로 만들었다. 그런데도 두강이 더 유
명한 것은 그만큼 공로가 크기 때문이다. 그도 그럴 것이 마오타이주,
루저우라오자오瀘州老窖노주노교, 시펑주西鳳酒서봉주, 슈앙고우주雙溝酒쌍
구주 등 중국의 명주는 모두 고량주이기 때문이다. 고량주가 너무 맛있
었기에 의적보다 두강의 이름이 널리 알려진 게 아닐까?

　역사적으로 의적과 두강이 최초로 술을 만들었다고 하지만, 나는 술
을 발명한 건 여자라고 생각한다. 10여 년 전, 산시陝西 성 메이시안眉縣
미현 양지아촌楊家村양가촌에서 수많은 주기酒器 도자기가 출토되었는
데, 작은 술잔에서부터 포도주 잔, 주전자까지 포함되어 있었다. 전문
가의 감정 결과, 신석기 시대 앙소문화 중기에 사용된 주기로 밝혀졌
다. 기록이 남아 있지 않을 뿐이지 의적과 두강이 술을 만들기 전에도
인류는 술을 마셨다는 뜻이다. 그래서 한 번 상상해 보았다.

　원시시대의 남자는 밖에서 사냥을 하고, 여자는 채집을 했다. 그러
다가 남자가 불을 발견했고, 불을 이용해서 사냥한 고기를 익혀 먹었
다. 인류가 생고기를 먹던 미개한 시대는 그로부터 막을 내렸고, 인류
의 지능은 갈수록 발달했다. 하지만 농업을 발견한 것은 여자였다. 여
자들은 다양한 종자를 채집해 땅에 심었고, 그러다가 야생에서 채집해

오던 벼를 거주지에서 직접 재배하기 시작했다. 물에 닿은 쌀은 무더운 여름이 되자 발효되었고, 이상한 냄새를 풍겼을 것이다. 목이 말랐던 남자들은 아무것도 모른 채 그 물을 꿀꺽꿀꺽 마셨다. 남자들은 곧이어 크게 웃으며 춤을 추다가 술에 취해 잠들어 버렸을 것이다. 남자들이 '술을 빚었다'는 말도 바로 이렇게 해서 나오게 되었을 것이다.

여자들은 쌀을 물에 불리려다가 술을 발명하게 되었다. 술을 좋아하는 남자들은 술잔을 발명했다. 이를테면 앞서 양지아촌에서 출토된 각종 주기도 있고, 은殷나라 유적지에서 발견된 그 유명한 청동 술잔도 있다.

'맛 좋은 포도주 야광 술잔에 가득 담아 마시려니 말 위의 비파소리 재촉하네.'

이 시구에서 등장하는 야광 술잔은 옥으로 만든 것이다. 남자들은 술을 좋아했기에 다양한 술잔을 만들었다.

7천 년의 곡식과 5천 년의 술. 여자들은 술을 발명했을 때 남자들이 이토록 술에 열광할 줄은 상상하지 못했을 것이다. 술을 좋아했던 한漢나라의 사마상여司馬相如가 돈이 없어서 입고 있던 옷을 팔아 술을 사 마셨다는 이야기도 있다. 진晉나라 죽림칠현竹林七賢) 중의 한 사람인 유령劉伶도 술병을 들고 거리를 다닐 정도로 술을 좋아했다. 유령은 두강이 만든 묵힌 술을 마시고 3년 동안 깨어나지 못했다고 한다. 이 이야기는 '두강이 만든 술에 유령이 취하다'라는 제목으로 전해져 내려온다. 두보가 이백에 대해 묘사한 시구도 흥미롭다.

'이백은 술 한 말에 시 백 편을 쓰고 장안長安에서 잠들었다네. 천자가 불러도 배에 오르지 않고, 자신을 술의 신선이라 했다네.'

술에 관한 이야기는 하나하나가 모두 작품이다.

이 세상에 술이 생겨난 이상 다시는 돌이킬 수 없게 되었다. 술은 복이자 화다. 여자들은 술 마시는 남자들을 말릴 수도 없게 되었다.

동북 사람과 술이 만나게 된 것은 여진족 때문이 아닐까 생각한다. 여진족은 주周나라에 짐승 가죽이나 화살을 바쳤는데, 주나라 황궁에 갈 때마다 술을 마셨다. 거칠고 사나운 동북 사람들이 술을 마시고 과연 이성을 잃지 않을 수 있었을까? 중독될 정도로 술을 마셔대는데 자기 나라로 가지고 가서 마시는 것도 어쩌면 당연한 일이다. 『후한서後漢書』의 「동이전東夷傳」을 보면 이런 기록이 나온다.

'동이족東夷族[1]은 대부분 그 지역에서 태어나 성장한 사람들인데, 술을 마시거나 노래하고 춤추기를 좋아한다.'

『위서魏書』의 「실위전室韋傳」에 따르면 당시 동북 평원에는 누룩주麴酒국주가 있었다고 한다. 『위서』의 「물길전勿吉傳」에서는 쌀을 갈아서 술을 빚으면 취할 때까지 마실 수 있다고 하면서 누룩 술을 만드는 방법과 술의 강도를 설명했다.

옛사람들은 술을 신성한 것으로 여겼다. 그래서 대부분 동맹을 맺거나 제사를 지내거나 손님을 맞이할 때는 술을 마셨다. 동북의 황제들도 중원처럼 술에 종교의 색채를 더했다. 거란 왕이 송나라 황제에게 생일 선물로 준 것도 누룩주 항아리 20개였다. 신라가 거란에 조공을 바칠 때도 진한 청주 수백 병을 보냈다. 다른 나라의 재물을 약탈해 오거나 전쟁에서 승리해도 술을 상으로 받았다. 그런 날은 술을 마음껏 마실 수 있었다.

---

1) 중국 동북 지역과 한국, 일본에 분포한 종족을 중국인이 부르던 명칭.

동북은 춥다. 외로운 유목민들과 사냥꾼들도 이처럼 추운 겨울 날씨
에는 달리 어찌할 방도가 없었을 것이다. 거란족은 추위를 이기기 위해
몸에 돼지기름을 바르기도 했다. 그들이 오랍초烏拉草[2]를 솜처럼 장화에
넣었던 것도 추위를 막기 위해서였다. 하지만 추위를 이기는 데는 술만
한 것이 없었다. 그들은 술이 있었기에 차가운 땅 위에서도 오랜 시간을
버티면서 더 많은 동물을 사냥할 수 있었다. 그래서 중원에서 온 술이 동
북에서는 하늘이 내린 선물과도 같았다. 술을 마시기 시작하면 멈출 줄
모르고 마셨다. 오로첸족은 지금도 그때의 주량을 유지하고 있다.

동북에는 맹수가 많다. 사람과 맹수가 싸우던 시절에 술을 마신다는
것이 그토록 아름다울 수 없었다. 술을 마시면 영웅이 된 것처럼 용기
가 생긴다. 사냥꾼들은 술을 많이 마시면 맹수 앞에서도 숨어 있던 야
성이 튀어나와 맹수보다 더 사나워졌다. 『수호지』를 쓴 시내암施耐庵[3]
과 나관중은 술을 마시면 호랑이도 때려잡을 수 있는 사내 둘이 송나라
에만 있는 줄 알았지, 동북의 깊은 산속에도 무송과 이규[4]처럼 술을 마
시면 호랑이도 때려잡을 수 있을 정도로 야성적이고 강한 사내가 많다
는 사실은 몰랐을 것이다.

이 글을 쓰다가 TV에서 드라마 「수호전」을 봤다. 양산梁山의 사내들
이 술 마시는 모습은 정말 통쾌했다. 대부분의 동북 사람은 중원의 후
예다. 중원에서 관동關東[5] 지역으로 건너온 이민자들은 대부분 양산의

---

2) 지린(吉林) 성 지중(吉中길중) 습지대에서 생산되며, 과거에는 장화 안에 넣어 보온용으로
   쓰였다.
3) 나관중과 함께 『수호지(水滸誌)』의 작가로 알려져 있는 원나라 말기에서 명나라 초기의 작가.
4) 『수호지』에 등장하는 인물.
5) 중국의 동북 지역을 달리 이르는 말.

전통을 가지고 있었다. 나중에 이들과 동북의 토속 유목인은 서로 만나게 되었는데, 둘 다 사납고 거칠어 술을 마시면 끝을 몰랐고, 자연스레 점점 더 센 술을 찾게 되었다. 이렇다 보니 동북 사람들의 주량도 예전보다 강해질 수밖에 없었다.

동북에서 술은 이렇게 발전하기 시작했다. 술은 혈관 속에 흐르는 피이자 몸 안의 버팀목 같은 존재였고, 암울한 나날 속의 복이자 절망 속의 희망이었다. 술은 얼어붙은 시골 마을에서는 풍속이었고, 새하얀 들판에서는 활활 타오르는 동토凍土의 경관이었다. 동북은 자연스럽게 만취滿醉의 지대가 되었다.

나는 어린 시절을 시골에서 보냈다.

시골에서 술은 매일 마실 수 있는 것이 아니다. 평소에 술을 즐기는 사람들은 집안의 할아버지나 아버지뿐이다. 좋은 안주가 없어도 상관없다. 무 볶음 한 접시에 술 한 항아리, 좋은 술도 필요 없이 고구마주 하나면 된다. 고구마주를 많이 마시면 가슴이 쓰리다. 그래도 그냥 그렇게 가슴이 쓰린 채로 마신다. 시골 사람들은 술을 마시는 것이 구차하고 애처롭기 짝이 없다. 나는 집에서 술을 마셔본 적이 없다. 집에 어린아이가 마실 술은 없기 때문이다. 하지만 시골에는 좋은 일이건 나쁜 일이건 항상 사건이 생기는데, 이런 때면 어른이든 아이든 평등하게 술을 마실 수 있다. 기쁠 때나 슬플 때나 술을 마시는 것을 시골에서는 '잔치에 간다'고 한다. 나는 부모님과 함께 다른 집으로 잔치에 간 적이 많다. 술을 잘 마시는 남자들이 잔치 자리에 가는 것은 술을 마시는 것과 같은 의미다. 남자들은 자기 집에서 술을 마시면 절대로 취하지 않지만, 남의 집 잔치에서 술을 마시면 취해서 몸을 가누지 못한다.

시골에서는 무슨 일이 생기면 반드시 잔치를 여는 풍습이 있다. 잔치를 열면 도와 줄 사람을 한 명 섭외해야 한다. 도우미는 시골 특유의 전통이다. 이들은 누가 같이 술을 마셔도 되는지, 누가 함께 술을 마시면 안 되는지를 잘 알고 자리를 정해 준다. 사이가 안 좋으면 술에 취해 시비를 걸고 싸움을 하는 경우가 많기 때문이다. 내 고향에는 마을을 절반으로 가르는 강이 하나 있다. 강의 남쪽과 북쪽에는 각각 도우미가 있는데, 나는 강 북쪽의 도우미를 '아저씨'라고 불렀다.

그 아저씨가 잔치에서 도우미를 할 때면 그 옆에는 술을 들고 손님을 맞이하는 새끼 도우미 무리가 꼭 함께 있었다. 아저씨는 그저 뒤에서 이래라저래라 할 뿐 그다지 바빠 보이지 않았다. 손님들은 아저씨 한 사람의 지시에 따라야 했다. 술을 많이 마시고 얼굴이 달아올라 몇 마디 하다 보면 어느새 서로 멱살을 잡고 있는 사람들이 보이게 된다.

시골은 좁다. 조약돌, 작은 땅, 나무 한 그루 같은 사소한 것들로 생긴 갈등이라 해도 한 번 생긴 원한 관계는 대대로 이어진다. 그래서 마을에 잔치가 열리면 원수와 마주칠 수밖에 없다. 술자리가 원수들에게 싸울 수 있는 빌미를 제공해 주는 것이나 마찬가지다. 처음에는 도우미도 싸움을 말리지 않는다. 하지만 싸움이 심해진다 싶으면 새끼 도우미를 불러 물불 가리지 않고 싸우는 사람들을 돼지우리에 던져버린다! 그래서 잔치가 한 번 열리고 나면 이런 스토리를 소재로 한동안 집안에 웃음이 사라지지 않는다는 농담이 있을 정도다. 잔치가 끝나고 보름 정도가 지나면, 또 다른 집 딸이 시집을 간다. 그래서 시골의 잔칫집 식탁은 치워지는 날이 없다. 공산주의의 공용 식당처럼 말이다.

이렇게 어머니를 따라 잔칫집에 다니면서 술을 마실 수 있다는 걸 알게 됐다. 나는 다른 아이들과 함께 식탁에 앉았다. 사실 식탁이라고 부르기에도 모호한 것이 그때 우리가 썼던 식탁은 사실 문짝이었다. 벽돌 위에 올려놓으면 문짝도 식탁이 되었고, 여덟 명이 둘러앉으면 술자리가 되었다.

아이들도 어른들처럼 각자 앞에 빈 그릇을 놓고 벽돌 위에 앉아 음식이 나오기를 기다렸다. 그런데 음식을 가져다주는 아저씨가 잔치에서는 음식을 먹기 전에 반드시 술을 마셔야 한다며 그릇에 술을 한 잔씩 따라주었다. 처음에는 망설였지만 다른 사람들이 술잔을 비우고 안주를 맛있게 먹는 모습을 보고 군침이 돌았다. 결국 눈을 질끈 감고 술 한 그릇을 입에 털어 넣었다. 고구마주 향과 함께 목이 타들어 가는 것 같은 느낌에 얼른 안주를 집어 먹었다.

음식은 대부분 채소 위주였고, 고기반찬은 하나뿐이었기 때문에 한 사람당 얇은 고기 한 점씩만 먹을 수 있었다. 그래서 오히려 술을 배울 수 있었다. 시골 잔치는 술에 마음껏 취할 수 있는 장소이기도 했고, 아이들에게 술을 가르치는 곳이기도 했다. 시골 아이들은 잔치에서 술을 처음 맛보고 그곳에서 술에 빠져들었다. 이렇게 잔치는 시골 사람들의 주량을 늘렸고, 또 그들의 기질을 만들었다.

도시에 온 이후로 술을 마시면 고향이 그리워지곤 한다. 누구와 함께 마시든 술잔을 들면 어머니와 함께 갔던 잔칫집이 눈앞에 어른거린다. 모든 날이 배고프고 쓸쓸했지만, 잔치가 있는 날만은 배부르게 먹을 수 있었다. 밤에 꿈을 꿔도 달달했다. 목을 태우는 술의 향기가 났다.

시골에서는 지금도 잔치가 열리고, 시골 사람들은 여전히 그렇게 술을 마신다. 다른 점이 있다면 술과 안주가 더 좋아졌다는 거다. 다시 생각해 보면 내가 술을 배웠던 시골 마을의 잔치에는 중원 문화의 색채, 즉 예禮의 느낌이 꽤 강했던 것 같다. 신분의 고하를 막론하고 모두 예를 지키며 술을 마셨기 때문이다.

사실 동북에서 술을 정말 잘 마시는 사람은 시골 사람이 아니다. 특히 랴오난遼南요난[6) 지역의 시골 사람은 더더욱 아니다. 이들은 진정한 의미에서의 동북 사람이라고 할 수도 없다. 술잔치는 깊은 산속에 있는 마을에서 열린다. 이런 마을에서는 모두가 술을 마시고, 또 거칠게 마신다. 유목민, 사냥꾼, 채삼꾼, 금광꾼, 나무꾼 모두가 술꾼이다. 하지만 남자들만 술을 잘 마시는 것은 아니고, 여자들도 술을 잘 마신다.

내가 이렇게 말하는 이유는 그 지역 남자들이 술을 어떻게 마시는지 직접 본 적은 없지만, 장백산에서 여행하던 중 여인과 술에 대한 이야기를 들은 적이 있기 때문이다. 여인들도 우리 고향 마을과 비슷한 잔치에 가본 적이 있을 것이다. 하지만 여인들은 자신들만의 술자리가 따로 있었다. 장백산 북쪽으로는 두만강, 남쪽으로는 압록강, 동북쪽으로는 송화강이 흐른다. 겨울이면 남자들은 숲에서 뗏목을 구하고, 여름이 되면 강물에 띄워 보낸다. 남편이 떠난 빈집을 지키던 여인들은 술을 벗 삼았다.

이 여인들은 술을 마실 때 욕심이 없다. 그저 자신의 술잔을 먼저 비우고 나서 남편의 술잔을 비울 뿐이다. 보통 한 번 마시면 기분이 좋아질 때까지 마신다. 여인들은 술을 마실 때 이야기도 하고 노래도 부르

6) 랴오둥(遼東요동) 반도 남쪽을 이르는 말.

고, 남자들처럼 크게 소리도 지른다. 술로 답답한 마음을 풀던 여인들은 그렇게 술에 취하게 된다. 술에 취하면 남편도 더 이상 그립지 않다.

이 여인들은 옛사람들이다. 이제 늙어서 거동조차 불편한 처지다. 장백산의 젊은 세대는 이 여인들을 이해하지 못했다고 한다. 술을 흥하게 마신다고 비난했다. 아름다움이란 무엇일까? 순수하게 사랑을 위해 술을 마시고, 술에 취하며 노래를 부르는 여인들. '아름다움'이라는 말은 그 여인들에게 가장 잘 어울린다.

> 심술궂은 강과 파도가 마음을 아프게 치는구나.
> 강 가까이 가니 뗏목만이 흔들리네.
> 그리운 마음은 가슴 한쪽에, 비참한 운명은 내 손 안에.
> 그대가 떠나면 내 마음은 무너져요.
> 그저 그날 밤 그대를 더 많이 안아주지 못한 걸 후회할 뿐.

중국에서 유명한 「인부의 사랑」[7]보다 몇 백 년은 더 먼저 불리었던 장백산 여인들의 연가다. 술이 있었기에 술보다 더 독한 사랑을 겉으로 표현할 수 있었다. 이것이 아름다움이 아니라면 무엇이란 말인가?

술을 가장 잘 마시는 건 남자일 것이다. 하지만 내 마음을 흔든 건 장백산의 여인들이었다. 여인들은 술을 비장하게 마시는 것이 아니라 슬프게 마신다. 술을 마실 때는 비장함보다 슬픔이 더 의미가 있다. 남자들이 술을 마실 때는 슬픔이 부족해서 허세를 부리는 듯한 느낌을 지울

---

7) 중국에서 1990년대에 유행했던 가요.

수 없다.

예전에 작가 연합회에 참석하려고 남방南方[8]에 간 적이 있다. 사람들은 술자리에서 내 억양을 듣더니 내가 어디 사람인지 단번에 알아냈다. 그러고는 "동북 사람이죠? 술 잘 마시죠!"라며 술을 따라주었다. 그렇게 해서 나는 순식간에 연약한 동북 여인에서 거칠고 호방한 술꾼이 되었다. 동북 지역은 쓰촨四川사천과 구이저우貴州귀주처럼 술 자체로 유명하지는 않다. 다만 동북의 여인들이 술을 잘 마시는 걸로 유명하다. 나는 동북 사람의 얼굴에 먹칠을 하지 않기 위해서라도 잘 마시는 척을 해야 할지 잠시 고민했지만, 끝내 그 술잔을 비우지 못했다. 그때부터 나는 술을 다시 보기 시작했다. 술은 참 심오하다. 그 어떤 음식이나 음료보다 더 많은 문화적 가치를 가지고 있다. 사람들은 술을 통해 내가 누구인지, 어느 지역 출신인지를 알아본다. 동북 사람의 얼굴에는 모두 '술꾼'이라는 표시가 있는 것만 같았다.

남방 사람들의 이런 생각이 틀린 것은 아니다. 언젠가는 옌지延吉연길[9]에 간 적이 있는데, 옌지 사람들은 1년에 고량주를 100근[10]씩 마신다고 한다. 이제 술은 옌지 사람들의 인생에서 빠질 수 없는 것이 되었다. 당시 100근이라는 수치를 듣고 별로 놀라지 않았던 기억이 난다. 동북의 여러 곳을 가보았기 때문이다. 동북 지역 어디를 가도 사람들은 술을 권한다. 어느 지역을 가도 그 지역에서 생산한 술이 있다. 뿐만 아니라 고량주, 과일주, 맥주 등 그야말로 없는 술이 없다. 유명 상표는

8) 중국의 남쪽 지방 전반을 가리키는 말.
9) 지린 성에 있는 조선족자치주의 주도(州都).
10) 1근(斤)은 500그램.

아니지만 수많은 사람들이 마신다. 당시 TV를 켤 때마다 술 광고가 나왔고, 식사를 할 때도 항상 술이 나왔다. 심지어 어떤 사람들은 하루 삼시 세끼 모두 술을 마신다고 했다. 아침에는 술을 마시며 해를 맞이하고, 점심에는 술을 마시면서 힘을 내고, 저녁에 술을 마시면 잠이 잘 온다는 것이다. 이 정도면 구차하고 애처로운 정도를 넘어서서 산송장이나 마찬가지다. 이렇게 온종일 술을 마시며 몽롱한 상태로 지내다 보면 제정신으로 사람답게 행동할 수 없기 때문이다.

나는 비밀 하나를 알게 됐다. 술이 동북의 농촌에서 전국 곳곳에 있는 도시로 무섭게 퍼져 나갔다는 사실이다. 단정하게 차려입은 사람일수록 술을 잘 마신다. 도시 남자들은 술을 대할 때 마치 여자를 대하듯이 새로운 것을 좋아하고 옛것을 싫어한다. 요즘 들어 술자리에 가면 매번 새롭게 출시된 술이 많이 등장하는데, 모든 남자가 벌떼처럼 몰려들어 새로 출시된 술을 마신다. 그러다가 며칠 후면 점점 술맛이 없어진다. 곧이어 짝퉁이 생겼다는 소문이 들린다. 이때쯤이면 술자리에 또 다른 신제품이 등장하고, 남자들은 마찬가지로 벌떼처럼 몰려들어 술을 마신다. 미친 듯이 마시고 나면 또다시 짝퉁이 아니냐고 투덜댄다. 도시의 술은 마치 네온사인처럼 수시로 바뀌고 금세 사라져 버린다. 아무리 오래된 브랜드라 해도 도시 남자들이 벌떼처럼 마시고 나면 꼭 짝퉁이 등장한다. 나중에는 아예 고량주 대신 포도주를 마시기 시작했다. 지금은 수입 포도주마저 짝퉁이 있다는 이야기가 들린다.

술을 많이 마시다 보니 술은 더 이상 술이 아니라 뿌리칠 수 없는 유혹이 되었다. 그렇게 많은 도시 남자들이 술에 흠뻑 빠져 산다. 위는 허약해지고 배는 나오고, 얼굴은 퉁퉁 부은 채 충혈 된 눈을 하고 있는 도시 남자들을 보고 있으면 마치 내일이 없는 것처럼 술을 마신다는 생각이 든다.

동북 사람은 술을 잘 마시는 것 외에도 술을 잘 권하기도 한다. 술을 권하는 단어만 해도 셀 수 없을 정도다. 어느 한 마을에서 하루를 머문 적이 있는데 친구가 사 준다기에 함께 저녁을 먹었다. 친구가 자리에 앉자마자 술을 권하러 오는 사람들이 끊이지 않았다. 술을 권하는 이유는 수만 가지였고, 술을 권하는 말도 다양했다. 술을 권하러 온 사람들은 모두 교양 있는 사람들이었지만, 술은 거칠게 마셨다. 그들은 누가 어느 식당에서 술을 마시고 있는지 알기라도 하듯이 한 바퀴 돌더니 나중에는 서로 술을 권하며 마시기 시작했다. 모두가 술에서 깨어난 적이 없는, 또한 깨어날 필요가 없다고 생각하는 듯했다. 사람이 술을 위해 존재하는 것 같았다.

술은 항상 조심스러운 화제다. 동북 사람들에게는 특히 그렇다. 동북 사람들이 양산의 사내들처럼 거칠게 술 마시는 모습을 보고 있으면 참 흥미롭다 싶으면서도 반성을 하게 된다. 술의 역사는 아직 끝나지 않았다. 술에 취하면 잠들게 되고, 이런 상태가 오랫동안 지속되면 사람은 초췌해진다. 겉으로는 강한 것처럼 보일지 몰라도 속은 더없이 약해진다. 이처럼 동북 사람들도 겉으로는 건장해 보이지만 속은 굉장히 나약한 것 같다. 덩치가 크고 목소리도 크고 주먹도 커서 겉모습만 보면 다른 사람들을 기죽게 하지만, 똑똑한 머리로 타인을 압도하는 경우는 극히 드물다.

술로 근심을 덜고 술로 얼굴을 가린다. 많은 동북 사람들이 술을 통해 민망함을 가리려고 한다. 술은 동북 사람에게 아름다움을 선사하는 동시에 추악한 모습도 가져다주었다. 동북 사람들이 술자리에서 상하이 사람들처럼 똑똑하고, 영국 사람들처럼 우아해진다면 동북의 풍경도 지금과 달리 많이 변할 것이다.

　다행히도 요즘 동북 사람들의 주량이 점점 줄어들고 있다. 군이 다른 사람이 일러 주지 않아도 술을 마시는 자기 자신이 비참하다고 느낀 것 같다.

15

담배의 동화
: 관동 여인과 담배 이야기

그날 나는 영고탑寧古塔[1] 고지故地를 걷고 있었다. 사방에는 녹색 벌판이 끝없이 펼쳐져 있었다. 벌판 위의 녹색 풀이 무엇인지는 중요하지 않았다. 이름 모를 풀들이 서로 뒤엉킨 채 내 시야에 들어왔고, 온몸으로 전해져 오는 상쾌함과 광활함을 깊이 들이마셨다. 이제껏 경험하지 못했던 자유로움을 느낄 수 있었다.

바로 그때 어딘가 먼 곳에서 익숙한 냄새가 날아와 코를 자극했다. 나는 마치 젖을 찾는 아기처럼 길가 주변의 밭을 두리번거리면서 그 무언가를 찾기 시작했다. 밭에 있던 녹색 풀은 놀랍게도 오랜만에 보는 담뱃잎이었다. 연하고 푸른 담뱃잎. 연하고 푸르렀던 나의 어린 시절. 아직 내 몸속 한 구석에는 어린 시절의 수많은 여름 동안 쌓아 온 담뱃잎 냄새가 남아 있는 게 분명하다.

---

1) 헤이룽장 성 닝안(寧安)의 청나라 때 지명.

언제부터 담배 밭에 가기 시작했는지는 기억나지 않는다. 하지만 담뱃잎을 꺾을 때 코를 찌르던 담배 냄새는 영원히 잊을 수 없다. 나는 어렸을 때부터 거의 놀지도 못하고 일을 했다. 각 계절마다 해야 하는 일이 있었는데, 여름에는 담배 밭을 지켜야 했다. 그 당시 시골에서는 잎담배를 피웠고, 집집마다 담배 밭이 있었다. 우리 집도 큰 과수원을 담배 밭으로 썼다.

장마철이면 담뱃잎은 미친 듯이 자란다. 어머니는 직접 시범을 보여 주며 잡초 제거하는 법을 알려 주시고는 담배 밭을 내게 맡기셨다. 나는 마치 지주 아래에서 일하는 소년공少年工처럼 달아오른 붉은 얼굴이 되어 소매를 걷어붙였다. 그러고는 아무렇게나 뻗은 둥근 담뱃잎이 수분과 햇빛을 잘 받을 수 있도록 담배 밭의 잡초를 하나하나씩 뽑아냈다. 잡초를 뽑아내는 그 순간, 맑은 담배 냄새가 내 얼굴과 목구멍을 덮쳤다. 흐린 날이면 담배로 만든 술을 마시기라도 한 듯이 그 냄새에 취했다. 맑은 날 뜨거운 햇볕 아래서 타버린 담뱃잎을 뜯을 때는 진한 담배 냄새 때문에 기침과 눈물을 멈추지 못했다. 담뱃잎에 팔이 긁히기라도 하면 담배의 매운맛 때문에 화상을 입은 것처럼 상처 부위가 쓰라렸다. 그 당시에는 너무 어렸기 때문에 후각과 촉각이 민감했다.

담뱃잎이 가장 잘 자라는 북방의 장마철이 오면, 어머니는 어떤 잎을 따야 하는지를 알려 주셨다. 버드나무 가지로 만든 바구니 몇 개를 바닥에 두고서 풍성하게 자란 담뱃잎을 하나씩 따서 조심스럽게 바구니 안에 담았다. 저녁이 되면 온 가족이 더위를 식히면서 볏짚으로 담뱃잎을 엮었다. 다음 날 아침이면 마당에 담뱃잎이 줄줄이 매달려 있었다. 이렇게 매달려 있는 담뱃잎은 랴오난遼南요남 지방의 전통적인 풍경이었다. 이 시기가 되면 거의 모든 집 마당에 주렁주렁 매달려 있는 담뱃잎 때문에 이웃집에 가는 것조차 힘들었다.

장마철에 담뱃잎을 말릴 때는 늘 긴장해야만 했다. 집에서 멀리 나와 있는 날에는 날씨가 흐려지면 전력을 다해 집으로 달려가 마당에 걸려 있는 담뱃잎을 걷었다. 그런 날에는 이웃집에서도 닭과 개가 뛰어다니고, 어른 아이 할 것 없이 담뱃잎을 걷고 있는 소리가 들려온다. 하지만 햇볕이 워낙 뜨거워서 축축했던 녹색 담뱃잎도 며칠만 지나면 금방 노랗게 마른다. 담뱃잎이 마르면 볏짚에서 떼어내 하나하나 작은 뭉치로 만들어 바구니에 따로 담아 놓는다. 그러면 어머니는 마치 농장 지주처럼 그 바구니를 가지고 가서 서쪽 방 나무 선반 위에 올려놓는다.

이렇게 하면 내 임무가 끝난다. 여름 내내 담배 밭의 잡초를 제거하고 담뱃잎을 말리다 보면 머리, 손가락, 땀구멍, 심지어 숨 쉬는 공기까지 모두 담배 냄새로 범벅이 된다. 사실 담배와 관련된 이런 사소한 추억이 한순간 머릿속에 등장하고, 또 글로 쓰게 될 줄은 몰랐다. 하지만 동북의 들판에 가면 언젠가는 담배 냄새를 맡게 될 것이라는 걸 알고 있었다.

담배 밭에 한 중년 부부가 서로 등을 기댄 채 앉아 있었다. 담배 밭에서 한참을 일하다가 지쳤는지 땅에 그대로 앉아 담배를 피우고 있었다. 부부는 담배를 한 대씩 피우며 옅은 연기를 뿜어냈다. 둘은 아무 말도 하지 않았지만 이게 바로 누구나 부러워하는 그런 생활이 아닐까 싶다. 그들은 이 세상에서 가장 행복한 부부였다.

나는 특히 담배 피우는 여인을 좋아한다.

관동關東 여인과 관동 담배. 동북 지역이라고 하면 항상 따라붙는 단어들이다. 관동의 풍경에 익숙한 사람이라면 이 두 가지 존재를 알고 있을 것이다. 그리고 그 속의 시골 풍경에 대해 독특하면서도 친숙한 느낌을 받게 될 것이다.

여인이 담배를 피우는 모습은 다른 지역에서도 볼 수 있다. 하지만 큰 담뱃대를 물고 있는 여인들의 모습은 관동에만 존재하는 풍속일 것이다. 나는 관동 지역을 혼자 돌아다니면서 담배 피우는 여인들을 유심히 관찰했다. 외딴 마을의 나무 그늘에서, 작은 시골 마을의 여관에서, 작은 기차역의 지저분한 벤치에서, 어딜 가도 독한 담배를 피우는 여인들을 볼 수 있었다. 나이가 많든 적든 예쁘든 못생기든 모두 담배를 피웠다. 그녀들이 오늘날의 관동 여인이다. 이제는 담뱃대 대신 궐련卷煙을 피운다. 바로 이들이 담배를 피우는 관동 여인들의 마지막 남은 풍속이다. 은밀함과 온갖 풍파가 여인들의 얼굴과 손가락에서 희미하게 보인다. 그날 나는 여인들이 담배를 다 피우고 떠난 자리를 한참 동안 바라보았다.

나는 항상 관동 여인들이 담배를 피우는 것은 관동 지역이 관대하기 때문이라고 생각했다. 관동 남자들은 대부분 자유롭게 살아간다. 자기 인생에 규칙이 없으니 자기 여자에게도 규칙을 요구하지 않는다. 관동 남자들이 여자를 아끼는 방법은 바로 여자들이 담배를 피우도록 내버려두는 것이다. 관동 여인들이 담배를 피우는 것은 관동의 땅이 너무나 답답하기 때문이기도 하다. 여인들은 남자들과 마찬가지로 기나긴 겨울과 긴 밤을 보내야 한다. 추위와 어둠은 여인들을 괴롭고 힘들게 만든다. 이럴 때 담배가 있어야 한다. 담배는 고난 속에 위안을 준다. 그래서 거의 모든 관동 여인들이 담배를 피워 본 역사를 가지고 있다. 관동 여인에게 가까이 가면 옷소매, 머리카락, 말소리, 웃음에서 맵고 진한 담배 냄새를 맡을 수 있다.

관동의 여인들은 생각하기 위해서 담배를 피우는 게 아니다. 그저 담배만 피울 뿐 허세를 부리거나 교태를 부리지도 않는다. 관동 여인들에게 담배는 인생 그 자체다. 담배 한 대 한 대가 맵고 쓰다. 관동 여인들은 도시에서 너무 멀리 떨어져 있고, 오직 시골에만 머물러 있다. 그래서 담배를 피우는 관동 여인을 보고 있자면 순박한 옛사람들과 내 고향이 떠오른다.

이 세상에 담배를 피우는 여인은 많다. 그런데도 굳이 관동 여인에 대해 이렇게 긴 글을 쓰는 이유는 관동 여인들의 담배 피우는 방법이 매우 독특하기 때문이다.

어린 시절의 기억을 떠올려 보면, 내가 말렸던 담뱃잎들은 시장에 팔지 않았다. 보관해 놓았던 담뱃잎을 모두 피우고 나면 어머니는 서쪽 방 선반에서 담뱃잎을 몇 개 꺼내 아궁이에 구웠다. 손으로 문지르면 가루가 될 정도로 굽고 나서 담뱃잎을 다시 바구니에 담았다. 바구니 안쪽에 기름을 발라놓아서 담뱃잎이 바구니 사이로 새는 일은 없었다. 담배를 피우는 손님이 집에 찾아오면 어머니는 담배 바구니를 손님 쪽으로 살짝 밀어낸다. 담배를 피우라는 뜻이다. 만약 손님이 남자라면, 그는 허리춤에서 작은 담뱃대를 꺼내 커다란 대통을 담배 바구니에 넣었다가 꺼낸다. 그런 다음 대통 안에 가득 찬 담뱃잎을 거친 손으로 꾹 꾹 눌러 담고서 성냥불로 불을 붙인다. 하지만 여자 손님은 두세 배나 더 긴 담뱃대를 가지고 다닌다. 양반다리를 한 채로 몸을 움직이지 않아도 자그마한 대통이 담배 바구니에 쏙 들어간다. 성냥도 필요 없다. 엉덩이를 살짝 들어 기다란 담뱃대를 화로에 넣고 몇 모금 깊게 들이마시면 금방 불이 붙는다.

담배 바구니와 화로는 동북 시골집 온돌에서 쉽게 볼 수 있는 것들이다. 아무리 가난해도 꼭 있다. 추운 겨울날 방 안에 놓인 화로는 뜨거운 열기를 내뿜는다. 화로는 손을 녹이고, 고구마와 감자 혹은 참새를 굽는 것 외에 담뱃대에 불을 붙이는 데도 썼다.

남자들의 담뱃대는 외출하거나 일을 할 때 편하게 가지고 다닐 수 있도록 대통은 크고 설대는 짧은 것을 쓴다. 하지만 여자들의 담뱃대는 대통은 작고 설대는 길다. 여자들은 한가하고 자유롭기 때문이다. 아줌마들이 외출할 때는 기다란 담뱃대를 손에 들고 다니는데, 담뱃대가 마치 지팡이 같다. 하지만 아가씨들의 담뱃대는 부끄럽다는 듯이 주머니 속에 숨어 있다. 물론 외출할 때 담뱃대를 챙기지 않고 이웃집에 가서 빌려 쓰는 사람들도 있다. 담뱃대의 대통과 물부리는 보통 구리로 되어 있고, 옥으로 만든 것도 있다. 설대는 대부분 검은 나무로 되어 있다.

어머니의 담뱃대는 팔보다도 길었다. 여름에 온돌 위의 화로를 치우고 나면 어머니는 머리를 뒤로 젖히고서 손을 쭉 뻗어 숨을 들이 내쉬면서 어렵사리 성냥불을 붙이셨다. 어머니는 하루에 담배를 여러 번 피웠기 때문에 하루에도 몇 번이고 어렵게 담뱃대에 불을 붙이셨다. 그 모습은 정말이지 웃음이 난다. 저녁에 불을 끄고 잠들기 전에도 어머니는 꼭 담배를 피우셨다. 어둠 속에서 담뱃불이 붉게 피어올랐다가 다시 어두워지고, 어머니의 입에서 '후우' 하고 담배 연기를 내뿜는 소리가 들렸다. 담뱃불이 꺼지면 '후우' 소리도 사라진다. 곧이어 대통을 아래로 두고 온돌 마루 위에 다 태운 담뱃잎을 털어낸 뒤 입김을 세게 한 번 분다. 나와 남동생이 그때까지 자지 않고 재잘거리고 있는 날엔 그 뜨거운 대통이 마치 선생님의 매처럼 우리에게로 다가와 한 치의 실수 없이 우리 머리를 하나씩 때리고 간다. 그런 밤이면 우리도 어머니도 모두 코미디언이다.

관동 여인들이 내뱉는 담배 연기에는 긴 역사가 있다. 담배의 역사는 오래전 인디언들이 넓은 들판을 돌아다녔던 것에서 시작되었다. 넓은 들판에는 진하고 자극적인 냄새를 풍기는 야생식물이 수도 없이 많았다. 인디언들은 그 수많은 이름 모를 식물 사이에서 담뱃잎을 발견했다. 그 후, 어딜 가도 익숙하고 흥분되는 담뱃잎 냄새를 찾아낼 수 있었다. 이렇게 인디언이 담뱃잎을 발견하고 재배하면서 담배에 대한 이야기가 시작되었던 것이다.

오래 전, 책에서 432년에 건축된 팔렌케Palanque 신전[2]의 조각 그림을 보게 되었다. 조각에는 마야인들이 제사를 지낼 때 담배를 피우는 모습이 묘사되어 있었다. 인류가 담배를 피우고 있는 모습을 담은 최초의 기록이다. 콜럼버스가 신대륙을 발견했을 때, 그는 인디언들이 연기를 내뿜으며 담배를 피우는 모습에 매우 놀라 그들을 '연기를 내뿜는 사람'이라 불렀다고 한다. 곧이어 유럽에서도 신대륙에 인디언이 있

2) 멕시코 남부 차파스 주(州) 북부에 있는 마야 고전기 후기(600~900년경)의 유적

다는 소식을 알게 되었고, 수많은 해적들이 신대륙으로 향했다.

1560년, 포르투갈 주재 영국 공사가 담배 종자를 영국으로 가져가 여왕에게 바쳤다. 그 전에만 하더라도 영국에서는 담배를 관상용으로 정원에 심거나 약재로 사용했다. 그러다가 누군가가 담배를 대규모로 재배하기 시작했고, 유럽 사람들도 이때부터 담배를 피우기 시작했다.

담배는 유럽에 전해진 때로부터 100년이 지나서야 중국으로 들어왔다. 명나라 때 장개빈張介賓이 쓴 『경악전서景嶽全書』에는 이런 기록이 있다.

'이 물건은 예전에는 없었다. 만력제萬曆帝 때 처음으로 광둥廣東광동 성 일대에 나타난 이후, 저장浙江절강 성 일대에서도 재배하기 시작했다.'

담배에 대한 중국 최초의 기록이다. 담배는 중국에 들어오고 나서 더욱더 강력해졌다. 중국인들은 담배로 인해 혼란에 빠졌다. 담배는 명나라 만력제 때 처음으로 중국에 들어왔는데, 만력제가 가장 먼저 담배로 피폐해졌다. 만력제는 명나라를 38년간 통치했는데, 그중 25년은 담배를 피웠다. 그는 재위 18년째부터 담배와 술, 여자를 가까이 하면서 조정에 얼굴을 비치지 않았다. 황제가 조정에 나타나지 않으니 대신들의 상소문과 황제의 명령이 신하를 통해 전달되었고, 만력제는 교사제郊祀祭[3]에도 참석하지 않고 황족을 대신 보냈다. 만력 43년, 큰 사건이 발생했을 때도 조정의 대신들은 황제의 빈자리를 보며 아무것도 할 수 없었다.

---

3) 황제가 수도 밖 교외에서 지내던 제사.

만력제는 세상을 떠날 때까지도 조정에 나타나지 않았고, 명나라는 몰락의 길을 걷기 시작했다. 만력제가 한참 담배에 빠져 있을 때, 유럽에서 온 선교사 마테오리치가 선물을 바치겠다는 명목으로 광저우에서 베이징으로 올라온 적이 있다. 그때 만력제가 받은 선물이 바로 코담배 병이었다. 그 아기자기한 장난감 같은 병이 그 앞에 놓였을 때 만력제가 얼마나 기뻐했을지는 뻔하다. 그로부터 200여 년이 흐른 후 유럽인들이 큰 배를 타고 와서 아편을 팔아 치운 것도 어쩌면 당연한 결과였다.

담배는 남북으로 나뉘어 중국으로 들어왔다. 광둥 성 일대로 들어온 담배는 남쪽에서 왔다. 어부들이 필리핀 루손 섬에서 담배를 들여온 것이 최초였다. 청나라 『야사대관野史大觀』에는 이런 기록이 나온다.

'담배는 베고니아과 식물로, 한자로는 담파고談巴菰라 부른다. 명나라 때 필리핀 루손 섬에서 중국에 처음으로 들어왔고, 지금은 담배를 피우지 않는 사람이 없다. 어린 소녀와 문인을 막론하고 모두 담배를 피웠다.'

어린 소녀까지 피웠을 정도라면 담배가 꽤 유행이었던 것 같다. 반면에 관동 담배는 북쪽에서 왔다. 일본 열도와 한반도에서 조금씩 건너온 것이다. 『길림외기吉林外紀』에는 이런 기록이 있다.

'지린吉林길림 성 북쪽 일대에 대마초를 재배하는 사람이 많았다. 매년 대마초를 수확했는데, 그 양이 담배만큼이나 많았다. 가을이 지나면 상점에서 대마초를 팔았다. 이곳에서 담배와 대마초를 사다가 내륙 지방에 팔던 상인들을 연마객煙麻客이라 불렀는데, 지린에는 연마객이 수없이 많았다.'

『흑룡강외기黑龍江外紀』에는 다우르족達斡爾族달알이족[4]의 담배 재배 풍경이 담겨 있다.

'모내기에서 담뱃잎 말리기까지 힘든 고역을 모두 여성이 도맡아 했고, 다 만든 담뱃잎은 시내에 팔았다. …… 당시 한 발[5]을 단위로 담배를 팔았는데, 나중에 한 발을 몇 묶음으로 바꾸어 팔았고, 이것을 묶음 담배라 불렀다. 상점에는 다우르 담배보다 연하고 저렴한 태편台片이라는 담배도 있었다. 현지인들이 즐겨 피웠고, 곁에는 영고탑寧古塔이라는 산지가 표시되어 있었다.'

영고탑 고적을 거닐다가 보게 된 그 담배도 아직 '태편'이라 불릴까? 어렸을 적 어머니가 재배했던 건 '노달자老韃子'라는 담배였다. 어머니께 왜 항상 이 담배만 심느냐고 물은 적이 있다. 어머니는 튼튼하기 때문이라고 말해 주셨다. 노달자는 관동 지역의 토속민을 부르는 말이다. 담배가 관동에 뿌리를 내리고 나서 관동이 담배의 고향이 된 모양이다.

과거에 담배는 신성한 물건이었다. 루이스 헨리 모건은 자신의 저서 『고대 사회Ancient Society』에서 이렇게 적었다.

'원시 인디언 부족은 추장 회의를 할 때 성대하게 담배 의식을 치렀고, 다른 마을을 방문하거나 마을 간의 갈등을 해결하는 것과 같이 중대한 일이 있을 때도 마찬가지로 가장 먼저 담배를 피우고 시작했다.'

고대 인디언들은 담배를 발견했고, 담배의 예禮 문화를 만들었다. 하

---

4) 내이멍구자치구 동부와 흑룡강 서안에 거주하는 소수 민족.
5) 성인이 두 팔을 벌린 거리. 대략 다섯 자 정도에 해당함.

지만 신성한 담배는 인디언의 땅을 떠난 이후 세속적인 물건이 되었다. 담배를 처음으로 받아들인 나라는 영국이었다. 영국인은 아메리카 대륙의 버지니아에서 황화연黃花煙을 들여와 재배하기 시작했고, 그 다음으로 러시아인이 하르키우에 세계 최초의 담배 공장을 지었다. 그후 유럽의 담배 상인들이 아편을 무기 삼아 중국을 공격했다. 얼마 되지 않아 담배는 이 세상을 뒤바꾸어 놓았고, 인류를 바꾸어 놓았다. 만약 담배가 신성한 의식에만 사용되었다면, 관상용 식물 혹은 약초의 기능에만 머물렀다면, 정치 혹은 전쟁을 위해 사용되지 않았다면 이 세상은 지금과는 전혀 다른 모습일 것이다.

이런 어두운 면은 제쳐놓고 어린 시절의 담배를 다시 추억해 보면, 내 고향 랴오난遼南요남 지방에서 결혼식을 할 때마다 볼 수 있었던 담배가 떠오른다. 내 고향에서는 만주족과 한족을 불문하고 결혼을 할 때 담배를 채워 주는 풍습이 있었다. 약혼하고 나서 신부가 신랑 집에 가서 맨 처음 만나게 되는 어른에게 담배를 채워 드리고 불을 붙여 준다. 담배를 받은 어른은 예비 신부에게 담뱃돈을 채워 준다. 신부가 친정에 돌아가고 나면 가족들의 첫 번째 질문이 '어른에게 담배를 채워 드렸느냐?, 남자 쪽에서 돈을 얼마나 주더냐?'이다.

그래서 신부들은 결혼식 당일 신랑 측 어른에게 더 좋은 담배를 채워 주게 된다. 그러면 신랑 측 어른도 그만큼 많은 돈을 채워 주어야 한다. 결혼 후, 첫째 날 아침에 절을 올릴 때도 신부는 시어머니와 시아버지에게 담배를 한 대씩 채워 주어야 한다. 앞으로 밤낮 가리지 않고 잘 모시겠다는 의미가 담겨 있다. 결혼 후 아홉 번째 날이 되면 신랑과 신부는 문안 인사를 드리러 신부 집으로 간다. 이때도 신부는 부모님께 담배를 채워 드려야 한다. 부모는 딸이 담뱃불을 붙여 주면 손에 쥐고 있던 돈을 딸에게 건네준다.

내 어머니는 아버지에게 시집온 후, 하루가 아니라 매일 아침밥을 지으러 가기 전에 꼭 시부모님께 담배를 채워 불을 붙여 드렸다고 했다. 시부모님을 잘 모시는 것은 모든 여자의 사명이다. 담배를 채워 드리는 건 두말할 나위도 없다.

내가 여기서 '담배를 채우다'라고 표현한 것은 당시 관동 사람들이 담배를 피울 때는 담뱃대를 사용했기 때문이다. 지금도 시골에 가면 결혼식을 할 때 담배를 채우는 전통이 남아 있기는 하다. 하지만 대부분의 사람들은 담뱃대나 직접 종이에 말아서 피우는 옛날 담배 대신 상표 담배를 피운다. 오늘날의 신부들은 결혼식을 할 때 귀찮은 일이 많이 줄어들었다. 하지만 예전의 결혼식에서 볼 수 있었던 장엄함도 함께 사라졌다.

글을 쓰다 보니 어린 시절의 여름이 그리워졌다. 어머니를 도와 담배 밭의 잡초를 뽑고, 담뱃잎을 말리며 맡았던 취할 듯한 담배 냄새도 그립다. 하지만 지금 랴오난의 시골 마을에 가보면 담배 밭을 거의 볼 수 없다.

재래시장에서 원산지를 알 수 없는 담뱃잎 상인을 볼 수 있는 게 전부다. 상표 담배를 피울 돈이 없는, 하지만 평생 담배를 피워 온 할머니, 할아버지들이 주된 손님이다. 무단장牡丹江목단강 영고탑 고지의 광활한 벌판에 오고 나서야 내가 어린 시절의 담뱃잎과 굉장히 가까운 사이였다는 걸 처음 알게 되었다. 나는 집을 잃은 아이처럼 담배 냄새를 따라 나의 어린 시절까지 오게 되었다.

관동의 담배는 여전하다. 하지만 관동 담배와 관련된 모든 것들도 아직 그대로일까?

16

여인의 그네
: 여인은 날개가 없지만, 하늘을 날고 싶어 한다

나는 시골 여러 곳에 가봤다. 시골은 대부분 굼뜨다. 칠흑 같이 검은 땅에 단단히 붙어 있는 모습이 눈에 뒤덮이거나 바람에 휩쓸려 갈지도 모른다는 걱정은 전혀 안하는 듯했다. 이런 시골을 지나갈 때면 무더운 여름인데도 여전히 엄동설한에 대비하고 있는 듯한 모습을 엿볼 수 있다. 시골은 추위에 대한 긴장감을 단 한순간도 늦춘 적이 없다.

이렇게 걷다가 어느 외진 마을에 오게 되었다.

나는 그 마을을 향해 걸어가면서 내 마음속 탈곡장에 드높은 그네 하나를 지었다. 그 그네를 타고 하늘로 날아가고 싶다는 생각이 나를 가득 채웠다.

서재에 앉아 있던 어느 봄날, 나는 이미 알고 있었다. 내가 그 어느 여름날에 그곳에 갈 것이란 걸. 내가 가는 그곳에는 크지 않은 탈곡장이 있고, 또 그 안에는 여인의 그네가 있을 것이란 걸. 이렇게 먼 곳까지 온 이유도 다 그 그네를 위한 것이란 사실은 오직 나만 알고 있었다.

머나먼 그곳의 그네.

사실 그네는 아주 오래된 놀이기구다. 오래전에 인류는 나무 위의 열매를 채집하거나 동물을 사냥할 때 나무를 타야만 했고, 또 빠르게 뛰어다녀야 했다. 굵은 넝쿨을 잡고서 몸을 힘껏 밀면 나무에서 나무 사이를, 산과 산 사이를 옮겨 다닐 수 있었다. 그때의 넝쿨이 바로 최초의 그네였다. 원시의 인류는 아직 미개한 상태였고, 그네를 사용했던 것도 오락이 아닌 생존을 위해서였다. 넝쿨을 잡고 나무 사이를 옮겨 다녔던 것도 대부분 남자였다.

그네는 여인과 연결되는 순간부터 특별한 생동감을 부여받았다.

그네를 타고 있는 모든 여인이 아름다운 것은 아니다. 옛날이야기나 시 속의 그림에 아름다운 여인이 그네 위에 앉아 있는 모습을 자주 볼 수 있다. 그런데 이런 여인들은 얼굴에 근심 걱정이 가득하고 처량해 보인다. 담장 밖에서 웃음소리가 넘어와도 여인은 여전히 아픈 듯한 모습이다. 이 여인은 공자의 종갓집 공부孔府의 여인이다. 공부의 여인들은 집 안 정원에서만 생활할 수 있었기에 대문 밖 머나먼 세상의 모습은 그저 상상만 할 뿐이었다. 그녀들에게 그네는 그저 친구이자 놀이기구에 불과하다. 그네는 조선족 여인들의 발아래에 있어야 비로소 생명의 버팀목이 된다.

예전에 TV에서 옌벤延边연변 조선족 여인이 그네를 타는 장면을 보고 가슴 떨렸던 기억이 있다. 그 장면은 내 속에 깊은 잠을 자고 있던 생명의 일부분을 일깨운 것만 같았다. 그때부터 그네가 움직이며 만드는 바람이 내 속에서 끊임없이 휘몰아쳤다. 그건 생명의 바람이었다.

TV 속 여인이 탔던 그네가 드디어 내 눈앞에 나타났다.

정말 너무도 멀리 있었다. 장백산 북쪽의 캄캄한 숲 안에 숨어 있었다. 내가 그 탈곡장에 도착했을 때는 날이 어두워지고 짙은 안개가 끼면서 주변의 집과 나무의 윤곽이 희미하게 보였다. 나는 마치 꿈속에 있는 듯했다. 그 순간 먼발치에서 익숙하고도 낯선 그네가 안개를 뚫고 내 시야에 들어왔다. 그네는 마치 먼 곳에서 오는 손님을 기다리기라도 하듯이 고독하고도 정다운 모습으로 서 있었다.

그곳엔 아무도 없었다. 나는 그 텅 빈 땅에 앉아 그네를 바라보았다.

그네는 정말 단순했다. 나무 막대 두 개에 밧줄 두 개가 매달려 있고, 밧줄 사이에 나무 발판이 연결되어 있었다. 나무 발판과 땅 사이에는 약간의 공간이 있었다. 나무 발판 위에 서 있는 여인이 그네를 움직일 수 있도록 하려는 공간이었다.

나는 또다시 TV에서 보았던 조선족 여인이 떠올랐다. 새하얀 치마와 붉은 리본, 검은 머리카락이 내 머릿속을 스쳤다. 그네는 점점 높아졌고, 그 여인도 점점 하늘 높이 올라갔다. 마치 자신을 하늘로 날려버리는 것 같았다. 그 순간만큼은 하늘나라와 인간 세상의 경계도 모호해졌다.

옛사람들은 그네가 마음속의 답답함을 해소해 주고 액운도 떨쳐 준다고 했다. 여인이 그네를 타고 날아가는 그 순간 스트레스나 걱정도 함께 날아갔을 것이다. 어두운 그림자 역시 쥐도 새도 모르게 흔적 없이 사라졌을 것이다. 연약한 여인이 그토록 힘차게 흔들리는 그네를 탈 수 있다는 것이, 게다가 그렇게 큰 움직임 속에서도 즐겁고 힘찬 웃음소리를 낼 수 있다는 것이 놀라울 따름이다. 그만큼 여인은 원래 강하다는 뜻일지도 모른다. 천국으로 날아갈 수만 있다면 지옥으로 떨어

옌벤 조선족 민속촌에 설치된 그네 타는 여인 조형물.

저도 괜찮다고 외치고 있는 것만 같았다. 확실히 여인의 종교 의식이 가장 강한 것 같다. 그네는 여인의 종교다. 사랑도 마찬가지다. 여인은 사랑에 모든 것을 바친다. 그 누구도 이를 막을 수 없다. 여인들은 사랑을 위해 아무 조건 없이 한 몸을 바친다. 그러기에 자손들은 여인들의 곁을 떠나지 않는다. 강인한 육체와 고귀한 영혼이 그녀들을 남자와 함께 설 수 있게 만들었다. 그러므로 그네를 타는 여인들 곁에 답답함은 물론 사악함이라고는 조금도 자리할 수 없다.

오래전 남자들은 말이 생긴 이후 그네를 여인들에게 내어 준 것 같다. 그래서 여인들은 그네를 말로 삼았다. 남자들은 말 위에서 술을 마시면 걱정이 사라진다. 술은 남자들의 영혼을 춤추게 한다. 여인들은 그네 위에 서면 고민이 사라진다. 그래서 여인들은 천성적으로 남자보다 낭만적이다. 여인들이 그네 위에서 감정을 자유로이 표출하고 생명의 존엄을 널리 뿜어내는 것은 과거를 뛰어넘는 것이면서 도전하는 것이다.

여인들은 부계 사회에 들어서면서부터 항상 조심하고 자제하면서

옌볜 조선족 민속촌에 설치된 짚신 조형물.

남편을 공경하고 헌신하다 보니 잠시도 몸과 마음을 내려놓을 수 없었다. 그네 위에 서면 여인들은 비로소 옛이야기에서 벗어나 진정한 사람으로 돌아간다. 그네는 여인들이 꿈을 꾸는 곳이다. 그네가 조심스럽던 여인들을 하늘로 밀어내면 여인들은 매혹적으로 변한다. 여인들은 온몸으로 바람과 구름, 무한함과 빈 공간을 만진다. 그렇게 생명의 가장 원시적인 비밀을 발견하게 된다.

아름다운 조선족 여인이여! 오래된 그네가 드디어 그대의 품으로 돌아와 민족의 풍속을 만들어 냈노라. 풍속을 만들고 그것을 영원히 지켜 가는 것이 여인의 사명인 것만 같다.

그네를 타던 그 여인은 어쩌면 이 마을에 살고 있을지도 모른다. 어쩌면 이미 중년이 되어 가느다란 허리와 풍성한 머리카락은 이제 사라지고 없을지도 모른다. 자신이 그네를 타던 장면이 먼 곳에 살고 있던 낯선 여인에게 그토록 깊은 인상을 남겼고, 그 여인이 지금 자신의 고향에 와서 그네 아래에 앉아 있다는 사실을 그녀는 모를 것이다.

안개가 서서히 사라지자 주변의 풍경이 다시 나타나고 있었다. 사실 아직 밝히지 않은 비밀이 하나 있다. 나는 그 탈곡장에 가본 적도 없고, 내 눈으로 직접 연기가 피어오르는 조선족 마을을 본 적도 없다. 나는 그와 비슷한 마을에 머문 적이 있긴 하지만, 그곳에는 내가 찾는 그네가 없었다. 그래서 마오얼산帽兒山모아산[1] 아래에 있는 조선족 민속촌에 갔다. 그곳은 마치 큰 공원 같았다. 공원 한쪽에는 조선족 정원과 물레방아가 꾸며져 있었다. 잔디밭에는 노부부가 장구춤을 추고 있었고, 아가씨 둘이서 널뛰기를 하고 있었다. 그중 한 아가씨가 하늘로 뛰어오르는 순간 시간이 멈추었다. 나는 그 앞에 서서 그녀가 다시 내려오기를 기다렸지만, 그녀는 조금도 움직이지 않았다.

그네처럼 널뛰기도 조선족 여인들의 오래된 놀이였다. 오래전 집 안에서만 생활하던 여인들은 널뛰기를 할 때 담장 밖의 풍경과 남자들을 볼 수 있었다. 그래서 여인들은 널뛰기를 할 때 자신을 더욱더 높이 뛰어 올렸다.

여인은 날개가 없지만, 항상 하늘 높이 날고 싶어 한다.

나도 그들과 함께하고 싶었지만 널뛰기를 하는 널에는 이미 아가씨 둘이 있었고, 장구도 노부부 허리에 단단히 고정되어 있었다. 그래서 물레방아를 밟아 보았다. 바로 그때 내가 찾던 그네를 발견했다. 그리고 상상 속의 탈곡장에 앉았다.

1) 지린 성 지린 시에서 남쪽으로 10킬로미터 정도 떨어진 곳에 위치하고 있다.

그네는 계속 비어 있었다. 나는 드디어 바닥에서 일어나 그네를 향해 다가갔다. 두 손으로 밧줄을 잡고 두 발을 차례로 발판 위에 올렸다. 숨을 한 번 참고 천천히 그네를 흔들자 몸 전체가 함께 움직였다. 한족 여인이 조선족 민속촌에서 그네를 탔다. 내 몸이 그렇게 유연하지는 않았지만 내 마음만큼은 말로 표현할 수 없을 만큼 가벼웠다. 나는 날고 있었다.

그네 위에서 민속촌을 거니는 사람들을 보았다. 그들은 나처럼 이제 껏 접하지 못했던 풍경을 보기 위해 먼 곳에서 여기까지 왔다. 어쩐지 하늘로 날아오르는 기쁨이 갑자기 사라졌다. 그들의 텅 빈 표정을 보았기 때문이다. 그 표정들을 보고 있자니 그네를 타고 싶지 않아졌다.

민속촌은 한 민족의 실제 마을이 아닌 상업적 목적으로 탄생한 작품이다. 하이난海南해남 성[2]에 갔을 때, 산야三亞삼아에서 하이커우海口해구로 가는 길에 가이드가 묘족苗族 마을과 여족黎族[3] 민속촌으로 나를 네려갔다. 마치 표본처럼 길가에 진열되어 있는 민속촌은 참 어설프고 요란했다. 그저 대략적으로 어느 민족의 전통인지 알 수 있을 뿐이었다. 가이드가 나를 이곳으로 데려온 이유가 있었다. 내가 돈을 내서 묘족과 여족의 가짜 춤을 관람하게 하고, 어느 산에서 캔 것인지 알 수조차 없는 약재와 어느 마을에서 만든 것인지 알 수 없는 정체불명의 꽃무늬 가방을 사도록 하려는 것이었다.

어떤 민족의 전통이 민속촌의 형태로 나타나면 우리는 자연스럽게 그 민족의 안위를 걱정하게 된다. 한족漢族 문명에는 다른 문명을 동화

2) 중국 최남단에 있는 섬. 성도(省都)는 하이커우(海口해구).
3) 중국의 소수 민족 중 하나.

시키는 위력이 있다. 하지만 모든 민족은 위대하고, 모든 민족은 자신만의 멋진 개성이 있다. 그럼에도 불구하고 그들은 스스로 역사 속으로 사라지고 있었다. 민속촌은 스스로를 위한 기념품, 남을 위한 그림이 되어버렸다. 참으로 비극적인 일이다.

나는 나를 위해 응원했다. 그네를 조금이라도 더 오래 더 높이 타기 위해서였다. 그런데 그네를 아무리 타도 가장 높은 그곳에는 닿을 수 없었다. 하늘로 올라갈 때마다 그 높이에 다다를 수 있을 것 같다 싶으면 곧이어 아래로 떨어지고 말았다.

앞에서도 말했지만 이 그네를 발견하기 전에 근처의 다른 마을에 가보았다. 그 마을은 예전에 유명한 인사들이 많이 다녀갔기 때문인지 뭔가 허영심에 가득한 분위기였다. 유명인사가 다녀갔다는 온돌 위에 양반다리를 하고 앉아 봤는데, 그곳에도 허영심이 물든 것 같았다. 그 집 여주인은 몹시 뚱뚱하고 바빴다. 그네를 타본 적이 있느냐고 물었더니 그녀는 어렸을 땐 타봤지만 지금은 마을에 그네가 없다고 답했다. 그래서 딸아이는 그네를 타본 적이 있느냐고 물었더니 딸은 도시로 갔다고 했다. 그 순간, 도시가 그 조선족 여자 아이에게서 그네에 관한 기억을 앗아간 게 아닐까 하는 생각이 들었다.

아름다운 그네, 순수한 그네는 이제 탈곡장에 있다. 그리고 영화 촬영장처럼 임시로 지어진 민속촌에 있다. 그날 나는 그곳에서 혼자 그네를 타면서 천리만리 무언가를 찾아 헤맸다. 아마도 지금의 이 끝없는 즐거움을 찾고 있었던 것 같다.

그때 누군가가 내게 다가와 물었다.

"멋진 그네 공연 보실래요? 체고 여학생이 공연해 준답니다."

나는 "그건 내가 원하는 그네가 아니에요."라고 답했다. 그러자 그 사람이 그럼 더 한적한 곳으로 가야 한다고 말했다. 그러면 당신이 원하는 그네를 볼 수 있을지도 모른다고 말이다. 그 사람의 한 마디가 내 마음 한구석을 멍들게 했다. 나는 조심스럽게 말한다.

나의 조선족 여인이여. 내 마음속에서 당신과 그네는 떼어 놓을 수 없어요. 당신이 아름다운 것은 그네가 있기 때문이랍니다. 탈곡장을 지키세요. 그곳은 당신과 민족을 위한 정신의 고향이에요. 이 세상에 그네가 사라져 버리더라도 마음속에는 영혼을 끊임없이 하늘로 올려 보낼 그네를 만들어야 해요.

서구식 건축의 도시

: 다롄의 과거와 현재

어느 가을날, 작가 친구와 함께 광장 벤치에 앉아 오후의 따스한 햇볕을 쬐고 있었다. 우리는 한 폭의 그림처럼 아름다운 유럽식 건물에 흠뻑 취해 있었다. 각양각색의 건물 허리에는 황금빛 햇살이 드리워졌고, 도로는 빛줄기처럼 건물 사이를 곧게 가르며 보이지 않는 먼 곳으로 뻗어 나가고 있었다.

내 눈은 무의식적으로 광장 남쪽에 있는 바로크 양식의 호텔 문 앞에 멈췄다. 1974년 여름, 내가 이 도시에 처음 왔을 때 바로 저 호텔 문 앞의 돌계단을 따라 올라갔었다. 아치형 차양 아래의 무거운 유리 회전문을 밀면 푹신한 카펫이 깔려 있었다. 나는 3층에 있는 객실로 올라갔다. 선양瀋陽심양[1]에서 오는 편집자를 만나기 위해서였다. 내가 쓴 산문을 싣기로 한 상태였다. 내 작품이 외부에 발표되는 건 처음이었

---

[1] 랴오닝(遼寧요녕) 성의 성도.

다. 편집자는 그 산문을 썼다는 열아홉 살 시골 소녀를 한 번 만나보자는 생각에 나를 불렀던 것이었다.

그 당시에 내가 가본 도시라고는 아버지가 일하시는 작은 마을뿐이었다. 이토록 상쾌한 바닷바람과 화려한 광장, 그리고 호텔을 보는 건 난생 처음이었다. 호텔 벽에 조각된 화려한 장식과 알록달록한 천장 유리, 폭포를 연상케 하는 선홍색 백조 커튼을 보면서 너무 놀랍고 흥분해서 질식할 것만 같았던 기억이 난다. 그때는 이 도시에 왜 이런 광장과 호텔이 있는지 몰랐다. 그저 '대도시란 이런 거구나!', '대도시라면 모두 이런 풍경이 펼쳐지겠구나!' 하고 생각했다.

단지 그뿐이었다. 그때부터 나는 이 도시의 매력에 빠져버렸다. 몇 년 후, 붉은 색 천 가방 하나를 끌고서 아버지가 일하셨던 작은 도시를 넘어 내가 그토록 동경하던 대도시로 나오게 되었다. 학교는 근교에 있었지만 수도 없이 도심으로 나갔다. 광장 주변을 맴돌고, 그때 그 호텔 앞의 돌계단을 거닐며 몇 년 전의 두근거림을 되새겨 보았다.

나는 작가 친구에게 그것이 나와 이 도시의 첫 만남이었다고 말해주었다.

이곳에서의 도시 생활을 본격적으로 시작하고 나서야 내가 반했던 광장과 그 주변을 둘러싼 건물들이 이 도시와 관련된 최초의 이야기를 담고 있다는 사실을 알게 되었다.

19세기 말의 또 다른 가을, 일본이 쏜 폭탄이 라오둥遼東요동 반도에 떨어졌다. 그해 가을은 뤼순커우旅順口여순구와 다롄만大連灣에게 가장 참혹한 계절이었다. 하지만 얼마 지나지 않아 러시아의 협박에 못 이

긴 일본은 랴오둥 반도를 떠났다. 러시아인들은 위풍당당하게 랴오둥 반도의 주인이 되었다. 당시 랴오둥 반도 남쪽 연안에 있는 칭니와青泥窪청니와는 작은 어촌에 불과했다. 하지만 러시아인이 들어온 후 변화가 시작되었다.

러시아인들은 헐값에 중국인들의 땅을 사들였고, 중국인을 부려 폭탄 자국이 가득한 다롄만 남쪽 연안에 부두, 정류장, 광장을 지었다. 그리고 이 도시에 '달리니'라는 이름을 붙였다. 부두와 정류장도 같은 이름이었지만 원형 광장은 러시아 황제의 이름을 따서 '니콜라 광장'이라 불렀다. 당시 완공하지는 못했지만 항구까지 곧바로 이어지는 도로를 설계해서 '모스크 대로'라는 이름을 짓기도 했다. 러시아 함대가 랴오둥 반도 연안에 내리면 바로 그들 고향의 모습과 같은 광장을 볼 수 있도록 하려는 목적이었다.

7년 후, 러시아는 야심찬 꿈과 함께 극동 지역의 항구와 도시를 대대적으로 건설하기 시작했다. 이를 틈탄 일본이 복수라도 하듯이 바다에서 공격해 들어왔다. 왜소한 일본인은 덩치 큰 러시아인을 완벽하게 물리쳤다. 러시아 황제의 이름이 붙여졌던 광장과 서서히 형태를 갖추어 가던 도시는 한순간에 일본의 전리품이 되었다. 일본은 러시아 황제의 이름을 짓밟은 채 광장에 일본 육군대장 오시마 요시마사大島義昌의 동상을 세웠고, 광장 이름을 '대광장大廣場'으로 바꾸었다.

도시는 순식간에 화려해졌다. 이전에 지어졌던 러시아식 별장과 나중에 지어진 일본식 근대 건물로 시끌벅적해진 도심은 고요한 해변과 대조를 이루었다. 사실 작은 어촌 칭니와에 외국인이 발을 들인 그 순간부터 그곳의 어민들과 먼 곳에서 건너온 노동자들은 마음 편한 날이 없었다. 저녁에는 후미진 빈민촌에서 숨어 살다가 낮이 되면 힘든 육체노동을 했다. 외국인들의 구두를 닦아 주거나 길가에서 삼륜차를 몰거나 부둣가 정류장에서 짐을 날랐다. 하루도 허리를 펼 수 없는 힘든 나날이었다. 그들도 랴오둥 반도처럼 점령당했다.

니콜라 광장에서 뻗어 나오는 모스크 대로 혹은 키예프 대로 거리에서 러시아 여인들의 화려한 꽃무늬 원피스와 가방을 보며 부러워하면서도 한편으로는 자존심이 상했을 중국 여인들. 그리고 그리스식 기둥과 조각 장식, 고딕 양식의 뾰족한 지붕, 바로크 양식의 건물들을 보며 현혹되고 또 답답했을 중국 남성들이 눈앞에 어른거린다. 이곳에서 중국인은 주인이 아니라 노비였다. 이곳 사람들은 중국어와 사투리 외에도 생존을 위해 낯선 러시아어와 일본어를 몇 마디 배우기도 했다. 지금도 나이 든 어른들은 그때 사용했던 러시아어와 일본어를 가끔 쓴다. 문제는 젊은 사람들도 이런 습관을 그대로 이어받아 러시아어와 일본어를 조금씩 할 줄 알고, 또 조각 장식과 아치형 문이 있는 광장을 지나면서도 이상하다고 생각하지 않는다는 점이다. 처음부터 이런 모습이었기 때문이다. 역사가 그들에게 이런 운명을 강요했다.

한 도시가 러시아에 7년 동안 통치를 당하고, 또 40년 동안 일본의 통치를 받았다. 너무나도 긴 시간이다. 특히 일본인은 허리에 긴 칼을 차고 사냥개를 끌고 다니며 탐욕스러운 눈빛으로 이 도시에서 당당하게 태양 제국의 꿈을 꿨다. 러시아인이 지은 거리의 이름들은 모두 일본인에 의해 일본식 이름으로 바뀌었다. 남쪽 해변은 일본인들이 말을 타거나 골프를 치는 휴가지가 되었고, 북쪽 연해 지역은 일본인들의 공장 지대가 되었다. 공장을 해변에 짓는 것은 모든 식민지의 공통된 특징이라고 한다. 그래야 식민지에서 만든 물건을 자국으로 쉽게 실어 나를 수 있기 때문이다.

　외국인들이 지어 놓은 화려한 건물 뒤에는 중국인이 사는 빈민촌이 있었다. 빈민촌에 모여 있는 중국식 붉은 주택은 마치 쓰레기처럼 도시 주변에 울긋불긋 버려져 있었다. 다른 지역에서 바다를 건너온 중국인들이 이곳에 모였다. 그러고는 다시 돌아가지 않았다. 그들은 이곳을 외국이라 착각하고, 돈을 많이 벌 수 있을 거라고 생각하여 고향 산둥山東산둥에 있는 가족들을 데려왔다. 비극적인 이민자들은 용감한 모험가가 되었다. 그들은 이 도시의 가장 지저분하고 어두운 곳으로 모여들었고, 굴욕적인 삶을 살아야 했다.

　또 다른 가을날, 포츠담 선언이 발표되었다. 일본식, 러시아식 건물에 살던 일본인들은 차례로 쫓겨나기 시작했다. 도시가 갑자기 텅 비었다. 길거리와 빈민촌에 숨어 살던 사람들이 한순간에 도시의 주인이 되었다. 새로 만들어진 시 정부는 이들을 도시 안의 현대식 건물에 들어와 살게 했다. 모두 꿈인지 생시인지 몰랐다. 계속 눈을 비비며 지금 자신이 누구와 이야기를 하고 있는지 확인했다. 자신이 정말 이 도시의 주인이 되었음을 확신하는 순간 도시는 기쁨으로 물들었다. 항상 허리를 굽히고 일하던 사람들의 그림자도 곧게 펴지고 거대해졌다. 이국적인 건물과 거리에, 한때 개와 중국인은 출입 금지였던 곳에 드디어 순수한 중국인들이 다니기 시작했다.

　이것이 바로 다롄의 과거이자 비극이다. 다롄은 드디어 거대한 그림자 속에서 빠져나오게 되었다. 점령당했을 때는 작은 마을에 불과했지만, 해방될 때는 어엿한 도시가 되어 있었다. 낯설고 아프지만 이제는 영원히 중국만의 낙원이 된 것이다.

하얼빈의 건물을 보면 다롄과 비슷하다는 생각이 든다. 동병상련의 느낌이 들 정도다. 『두 도시 이야기A Tale of Two Cities』[2])가 중국에서 재현이라도 된 것 같다.

하얼빈은 원래 평화로운 도시였다. 만주인의 조상이 줄곧 이곳에 살았고, 거란족도 대대로 송화강 유역에 모여 살았다. 19세기 말에 러시아 함대가 뤼순커우에 진입한 이후 리훙장은 서태후의 명을 받아 페테르부르크에서 열리는 니콜라 2세의 대관식에 참석했고, 이때 러시아인에게 수백만 루블을 뇌물로 받았다. 그래서 만들어진 것이 근대사의 그 유명한 중동철도다.

이때를 시작으로 식민주의 열강들은 악랄한 수법으로 대청제국의 목을 조여 왔다. 철도는 서쪽 만주어리滿洲裏만주리에서 시작되어 하얼빈을 지나 동쪽 쑤이펀허綏芬河수분하까지 이어졌다. 횡단 칠도를 먼저 놓고 뒤이어 종단 철도도 만들어졌다. 철도는 하얼빈을 기점으로 랴오둥 반도 남부를 향해 뻗어 나갔다. 이렇게 해서 멀리 떨어져 있던 다롄과 하얼빈은 역사에 의해 서로 묶이게 된 것이다.

나는 하얼빈에 갈 때마다 건축물에 매혹된다. 하얼빈은 동양과 서양이 하나로 섞인 혼혈의 도시 다롄과 달리 매우 순수한 도시다. 흡사 백년 전의 유럽 도시를 그대로 옮겨 온 것 같다. 러시아는 중국으로부터 빼앗은 하얼빈에 퍼즐 쌓듯이 고대 로마의 신전, 개선문, 콜로세움을 본떠 건물을 지으며 러시아의 국력과 승부욕을 마음껏 표현했다. 하얼

---

2) 영국의 소설가 C. 디킨스의 장편소설.

빈은 아름답게 꾸며졌고, 중국에서 19세기의 상하이 다음으로 큰 극동 도시가 되었다.

아픈 역사라도 인정해야 하는 사실이 있다. 전쟁이 일어나거나 식민 지배를 받는 지역이 정치적으로는 너무나 잔혹해서 인류의 재난과도 같지만, 문화적으로는 어느 정도 발전을 이룬다는 점이다. 최소한 다양한 문화를 전파하고 융합한다. 이러한 점은 라틴아메리카 대륙에서도 입증되었다. 하얼빈은 그 증거 중 하나에 불과하다.

그 여름 저녁, 나는 하얼빈 박물관 앞 광장에서 산책을 했다. 예전에는 라마대 광장이라 불렸던 곳이다. 이곳 남쪽에는 높은 언덕이 있는데, 하얼빈에서 가장 높은 곳이기도 하다. 광장 중앙에는 니콜라 대성당이 자리하고 있고, 그 주변은 정형적인 규칙에서 벗어나 자유롭게 이루어져 있다. 니콜라 대성당은 1960년대 말에 철거되었지만, 주변 건물은 남아 있었기에 니콜라 왕가의 위엄을 느낄 수 있었다.

중앙대로의 자갈을 밟고 있으면 러시아 부인들을 태우고 집으로 돌아가는 마차의 말발굽 소리가 들리는 듯했다. 레스토랑 화메이華梅화매의 화려한 샹들리에 아래에서 완자와 토마토 수프를 먹을 때는 러시아 남자들의 땀 냄새가 나는 듯했다. 여류작가 샤오훙蕭紅소홍이 묵었던 에우로파 여관을 찾아보았다. 당시 하얼빈에는 수많은 국가의 영사와 교민들이 살고 있었고, 갈 곳 없던 샤오훙은 난민 신분으로 유럽인으로 가득한 이 도시에서 배를 굶주리며 지냈다. 하지만 아무리 찾아도 그 여관은 찾을 수 없었다.

역사라면 무언가를 남겨야 한다. 이를테면 뿌리라도 내린 것처럼 단단히 고정된 러시아식 건축물처럼 말이다. 역사에는 확실히 뿌리가 있다. 내가 지금 하얼빈을 떠올리면서 이토록 긴 글을 쓴 것도 하얼빈이 다롄과 닮은 점이 너무나도 많았기 때문이다. 하얼빈과 다롄은 역사적으로나 문화적으로나 모두 같은 운명을 가지고 있다. 두 도시가 있었기에 동북 지역은 촌스러움과 단순함에서 벗어날 수 있게 되었다. 이국적인 모습이 마치 문신처럼 우리 살에 파고들어 남아 있다.

물론 하얼빈은 강간을 당한 여인처럼 아름다우면서도 치욕적인 과거를 안고 있다. 슬픈 과거는 지울 수 없는 상처처럼 중국인들의 마음속에 깊이 남아 있다.

오랜 생각에 잠겨 있던 나는 다시 햇볕 따가운 오후가 되어서 내가 앉아 있던 파리 분위기의 광장으로 돌아왔다.

100년이 흘렀다. 광장 주변 건물에서 볼 수 있는 조각무늬와 아치형 문은 이제 꽤 낡았다. 그 건물들은 도시의 바쁜 생활과 공허함을 그저 무심하게 바라보고 있었다. 식민지 시대가 사라진 지금, 그저 식민지 시대의 상징으로 광장에 남아 있을 뿐이다. 다행히도 매일 새벽이면 광장에는 산책하고, 태극권을 하고, 양걸 춤을 추는 사람들이 모인다. 저녁이 되면 바흐와 베토벤의 음악을 들으며 비둘기를 구경하는 사람들이 찾아온다. 도시가 한 권의 책이라면 이곳은 그 책의 표지다. 도시가 연대기라면 이곳은 그중의 한 장章이다.

이곳 다롄의 뿌리를 찾아다니는 사람이 많다는 것을 알고 있다. 뿌리는 일종의 가치관이다. 그런 사람들의 노력이 있기에 다롄이 서서히 제 모습을 갖추고 있다. 지난 반세기 동안 다롄은 식민지의 그림자에 갇혀 있었지만, 그 다음 반세기 동안은 이 땅의 진정한 주인이 되었다.

다롄에는 토속문화와 이민문화, 식민지문화가 함께 뒤섞여 복잡하고 도 알록달록한 밑그림이 그려졌고, 지금까지도 정취와 분위기에 그 흔적이 남아 있다.

다롄은 포장을 좋아한다. 다롄의 남녀처럼 외모를 중시하는 사람들도 드물다. 다롄 사람들은 러시아 여인의 연회복과 모피 옷을, 일본 여인의 아름다운 기모노와 미니스커트를 보았을 것이다. 당시에 그들은 자신들이 입고 있던 옷이 너무도 허름했기에 차마 고개를 들지 못했다. 언젠가는 그들처럼 멋진 옷을 입고 당당하게 길을 걷겠노라고 다짐한 게 어쩌면 그때부터 일지도 모른다. 처음에는 인간의 존엄을 위해서였지만 나중에는 일종의 집념, 나아가 다롄의 풍속이 되었다.

이제 나이가 들어 꾸밀 수 없는 이들을 대신해 손자, 손녀들이 그 응어리를 이어받았다. 그래서 다롄은 유명 패션 브랜드는 없어도 유명 모델을 많이 배출했다. 다롄의 여성들은 타고난 외모를 가지고 있지만, 어딘가 우아함이 부족하다는 느낌을 준다. 꾸미는 것을 좋아하지만 아름답다기보다는 그저 여성스럽게 잘 꾸민다는 표현이 어울린다. 다롄에서 패션 페스티벌을 여는 것도 사실은 문화를 패스트푸드식으로 만들고자 하는 심리에서 비롯된 것이다. 옷은 포장에 불과하다. 정신의 탑을 하나씩 쌓아 올려야 한다.

다롄은 유행잡지와도 같다. 유행에 민감하고 새로운 유행이 끊임없이 등장한다. 이 광장처럼 자유롭고 활동적이며 개방적이다. 토착민들의 전통문화와 이민자들의 외래문화는 다롄이라는 무대에서 마음껏 가치를 뽐낸다. 그리고 이런 문화는 다롄 사람들에게 빠르게 수용되고 융합되며 폭발적인 인기를 끈다. 자동차, 휴대폰, 패스트푸드점, 축구,

아트센터, 웹디자인의 그림이 몽타주처럼 눈앞에 펼쳐진다. 다롄은 포용적이고 현대적이고 로맨틱하고 외향적이며, 예측할 수가 없다. 다롄은 복잡한 배경과 밝은 미래, 그리고 말로는 형용할 수 없는 멋진 청사진을 가지고 있다. 유럽의 많은 도시를 닮아 바다를 바라보고 있다. 푸른 바다가 바로 앞에 있기에 하얼빈보다 오고 가기가 편하다. 다롄은 편리하다. 그래서 미래가 있다.

다롄은 향토적인 분위기가 물씬 풍기기도 한다. 다롄에는 지금도 음력 초하루와 대보름이 되면 사거리에 쪼그려 앉아 종이를 태우는 사람들이 있다. 처음에는 이해하지 못했다. 이 글을 쓰는 지금에서야 그런 행동이 이민자들의 심리라는 걸 알게 되었다. 종이를 태우는 노인들은 어려서 고향 집을 떠나 부모와 떨어져 살았기 때문에 이런 방식으로 멀리 있는 가족들을 그리워할 수밖에 없었다. 젊은 사람들도 종이를 태운다. 거동이 불편해서 직접 나올 수 없는 부모를 대신해서 나온 것이거나 부모가 세상을 떠나면서 자기 대신 꼭 종이를 태우라고 유언을 남겼기 때문이다. 이상한 도시 다롄에 이상한 사람들이 생기고, 마찬가지로 이처럼 이상한 전통이 생겼다. 그래서 종이를 태울 수 없도록 금지하는 특이한 법이 생길 수밖에 없었다. 하지만 매년 음력 초하루와 대보름 다음날 길거리에 나가 보면 종이 재가 수북하게 쌓여 있는 것을 볼 수 있다. 다롄을 보고 있으면 내 마음은 항상 복잡하다.

다롄은 조용하지만, 또 활력이 넘치기도 한다. 다롄은 허영심이 많지만, 또 창의력이 넘친다. 다롄을 생각하면 슬프기도 하고 가슴이 찡해지기도 한다. 나는 이곳을 잠깐 스쳐 지나는 손님이 아니지만, 항상 낯선 느낌을 지울 수 없다. 또한 다롄과 가까워질 수 없다는 걸 알고 있지만, 내 일생을 이곳에서 보내고 싶다.

　그날 오후, 광장에서 친구에게 말했다. 조각 장식과 아치형 문이 있는 다롄을 깊이 사랑하면서도 가슴이 아프다고…….

18

벌판
: 베이다황, 북방 벌판의 역사

죽기 전에 꼭 가보고 싶은 곳이 몇 곳 있는데, 그중에 북방 벌판[1]이 있다.

어렸을 적 내 기억 속의 북방 벌판은 제비가 집을 짓는 곳이다. 꿩도 함께 날아다닌다. 이렇게 제비와 꿩이 가득한 저수지에 사슴이 뛰어다니고 물고기가 헤엄친다. 그 당시에는 너무 어려서 지도도 볼 줄 모르고, 동서남북이 어떤 개념인지도 몰랐지만 '북방 벌판'이라는 지역에 푹 빠져 있었다.

1960년대 말, 어느 깊은 밤에 큰아버지가 가족을 데리고 조용히 사라졌다. 나중에 알게 된 사실이지만 북방 벌판으로 갔다고 했다. 큰아버지 가족은 가난 때문에 떠난 것이 아니라 살기 위해 도망친 것이었다. 큰아버지는 농장 지주셨는데, 당시 지주는 4대 착취 계급으로 분류되

---

1) 베이다황(北大荒). 중국 동북 지방에 위치한 지역 이름. 원문에 '벌판'이라는 뜻으로 '다황(大荒대황)'이라는 단어가 많이 나오므로 일관성을 위해 '북방 벌판' 또는 '벌판'으로 의역함.

었다. 고문을 더 이상 견디지 못한 큰아버지는 북방 벌판으로 떠나셨던 것이다. 그렇게 사라진 큰아버지 가족은 그 후 다시 돌아오지 않았고, 붙잡혔다는 소식도 듣지 못했다. 큰아버지 가족이 이렇게 평안하게 지낼 수 있을 정도라면 북방 벌판은 분명 아주 깊숙한 곳에 숨겨진 비밀스러운 공간일 거라 생각했다.

상상 속의 북방 벌판은 그랬다. 습하면서 녹음이 우거져 있고, 따스하면서도 신비스러운 곳.

나중에서야 북방 벌판의 정확한 위치를 알게 되었고, 그곳의 역사와 과거에 대해서도 알게 되었다. 나는 그때부터 단순히 북방 벌판에 빠진 것이 아니라, 뭔가 더 복잡한 감정을 갖게 되었다.

1996년 초여름 새벽, 하얼빈으로 향하는 밤기차를 타고 있던 나는 어느 순간 북방 벌판 깊은 곳에 있는 자무스佳木斯가목사에 와 있었다. 그리고 숙소가 있는 농컨빌딩 6층 객실에 도착해 짐을 풀던 중 농지 개간 행사가 열릴 예정이어서 지프차 38대가 곧 출발한다는 소식을 들었다. 「농컨일보農墾日報농간일보」 편집장이 북방 벌판을 보고 싶으면 지프차를 따라가라고 일러주었었다. 나는 재빨리 체크아웃을 하고 나서 짐을 호텔에 맡긴 후 27호 지프차에 몸을 실었다.

이렇게 많은 지프차 행렬과 함께한 것도, 5일 연속 차 안에서 장거리를 이동한 것도 난생 처음이었다. 송화강 강변의 자무스에서 출발하여 북쪽으로는 흑룡강 강변까지, 동쪽으로는 우수리烏蘇里오소리의 두 번째 하천 요하까지, 남쪽으로는 싱카이興凱홍개호와 완다完達완달산맥까지, 총 1,600여 킬로미터를 다녔다. 가지고 있던 북방 벌판 지도에 지프차 행렬이 다녀온 길을 따라 원을 그려 보니, 북방 벌판의 절반이 포함

되어 있었다. 닷새 후 모래 먼지를 잔뜩 뒤집어쓴 지프차 행렬이 다시 자무스로 돌아왔을 때, 집처럼 편안해져 버린 지프차에서 내리는 순간 지난 여행이 꼭 요원한 꿈만 같아 얼떨떨하면서도 놀라웠다. 내가 이런 방식으로 북방 벌판에 가게 되고, 그곳의 소리를 듣고, 내 영혼의 일부가 나를 떠나 그곳에 흡수될 수 있게 해준 운명에 감사하다. 운명 덕분에 앞으로 내 인생은 더 이상 벌판과는 무관한 평안은 없을 것이다.

이 세상에 북방 벌판이라는 곳이 있다.

전국시대에 집필된 『산해경山海經』의 「대황북경大荒北經」편에 '동북 바다 너머에 있는 벌판에는 끝없는 산과 거란족의 나라가 있다'는 말이 등장한다. 최근 들어 삼강평원三江平原에서 한漢나라, 위魏나라 시기의 고대 마을 유적이 발견되었는데, 성벽과 성문, 도랑, 배수구, 반혈거半穴居식 주택이 지금까지 잘 보존되어 있었다. 2천여 년 전, 유목 생활을 하던 거란족의 후예 읍루挹婁, 물길勿吉족이 이곳에 정착해서 마을을 형성했다는 사실을 증명해 주는 대목이다. 북방 벌판이 줄곧 허허벌판이었던 게 아니었다. 유목 민족이 이곳에서 최초의 굴뚝을 지폈던 것이다.

그렇다. 이 세상에 영원히 원시적인 곳은 없고, 영원히 토착민의 땅인 곳도 없다. 언젠가는 중원에서 한족이 이곳에 들어올 운명이었다. 한족이 얇은 베옷만 걸치고서 이 멀고 추운 벌판에 왔을 때 비극은 시작되었다.

타이라이泰來태래 현 타쯔성塔子城탑자성에서 11세기 요遼나라 때의 비석이 출토된 적이 있다. 이 비석에는 한족의 이름 47개가 새겨져 있었다. 이들이 북방 벌판의 최초 한족 이민자일 것이다. 하지만 나는 그곳에 살았던 한족이 47명보다는 더 많았을 것이고, 그 전에도 북방 벌판으로 이주해서 생활했던 한족이 있을 것이라고 생각한다. 그저 비석에 이름을 새길 생각을 미처 하지 못했거나, 이름을 새겼으나 아직 비석이 발견되지 않고 땅에 묻혀 있을 뿐이라고 말이다. 어쨌든 이미 출토된 비석에서 우리는 900여 년 전 이곳에 살았던 한족의 자취를 찾아볼 수 있다. 그들은 기근과 굶주림에 못 이겨 머나먼 길을 걷다가 짐승과 매서운 추위가 사방에 가득한 북방 벌판에 와서 한족 이민자의 첫 번째 불씨를 지폈다.

12세기 북방 벌판에는 또 다른 이민자들이 등장했다. 이들은 보통 이민자가 아닌 금金나라의 전쟁 포로였다. 바로 송나라 휘종徽宗과 그의 아들 흠종欽宗, 그리고 그들의 친족이었다. 두 황제는 오국성五國城의 마른 우물에 갇혀 지냈는데, 그 우물이 바로 북방 벌판 사람들이 추위를 막기 위해 만든 혈거穴居였다고 한다. 조趙씨 성을 가졌던 송나라의 두 황제는 그나마 이렇게 지낼 곳이 있었지만, 다른 친족들은 이런 대우를 받지 못하고 금나라 사람의 노비가 되거나 금나라 황실과 친족 관계를 맺었다. 그래서 만주족 후세 중에서 대부분이 고대 송나라의 조 씨 성을 따르게 되었다. 이들은 특별하다. 한때 유명한 가문 출신이었던 한족들이 지금은 마치 씨를 뿌리듯이 북방 벌판에 들어왔고, 척박한 오랑캐의 땅이었던 북방 벌판은 이렇게 중화 민족의 번영을 누릴 수 있게 되었다.

동북 지역의 인구 이동은 송나라와 금나라 사이의 전쟁과 함께 시작되었다. 그 후 원元, 명明, 청淸나라 시기에 중원의 수많은 관료들이 이곳에 갇혔다. 중국 땅에서 북방 벌판이 포로와 유배자를 가두는 감옥이 되어버린 것이다. 이렇게 만들어진 감옥은 마치 깊이 파인 함정처럼 수많은 위대한 영혼을 한낱 연기로 증발시켰고, 수많은 성스러운 영혼을 메마르게 했다. 동북 벌판은 죽음과 공포의 땅이 되었다.

중원에서 건너온 유배자들 대부분은 문인이었다. 작가 위치우위餘秋雨여추우는 『유배자의 땅』에서 유배당한 문인들 사이의 연민을 그렸다. 북방 벌판은 그들에게 감사해야 한다. 그들이 문인이었기에 벌판을 개간하는 것에 그치지 않고 『영고탑기략寧古塔紀略』, 『절역기략絶域紀略』, 『유변기략柳邊紀略』, 『용사기략龍沙紀略』 등의 작품을 통해 동북 벌판의 풍수와 지리를 생동감 있게 그려냈기 때문이다. 그들이 문인이었기에 아무리 지치고 힘들어도 정신적인 활동을 할 수 있었다. 그들이 있었기에 북방 벌판은 농작물 그 이상의 가치를 수확해 낼 수 있었다.

내가 여기서 말하고 싶은 것은 북방 벌판이 인적 없는 허허벌판이었던 적은 결코 없었다는 점이다. 거란족에게 이곳은 집이다. 하지만 중원에서 온 한족에게 이곳은 감옥인 동시에 죄인과 유배자들이 가야만 하는 지옥이었다. 북방 벌판은 마치 입을 크게 벌린 악마처럼 더 많은 사람이 쇠고랑을 차고 들어오기를 기다렸다.

큰아버지 일가가 북방 벌판에 도착했을 때, 이곳은 이미 번화한 도시였을 것이다. 질서정연하게 누워 있는 붉은 기와집, 끝이 보이지 않는 농구 경기장, 흙이 잔뜩 묻은 경운기, 그리고 여유롭게 풀을 뜯고 있는 말을 보았을 것이다. 이 모든 것이 동북 들판 어디서든 흔히 볼 수 있는 정경이다. 내가 왔을 때도 어딜 가나 이런 그림이 시야에 들어왔기 때문이다.

큰아버지가 북방 벌판에 머물기로 한 것은 누군가에 의해 이곳에 잡혀 와서가 아니라 스스로 이곳을 피난처라고 생각했기 때문일 것이다. 이곳에는 큰아버지의 과거를 아는 사람이 없었으니 자유롭게 활동할 수 있었을 것이다. 여러 죄를 안고 이곳에 와서 노역하는 사람들을 보면서 큰아버지는 연민을 느끼는 한편, 어쩌면 약간의 우월감을 느꼈을지도 모른다.

그들에 비하면 큰아버지는 우월하다. 내게 『북방 벌판 이민록北大荒移民錄북대황이민록』이라는 책이 있다. 지프차 행렬과 함께 삼강평원 일대를 다니면서 이 책을 자세히 읽어 보기도 하고, 책 속에는 없는 북방 벌판의 실제 모습을 관찰하기도 했다. 책 속의 북방 벌판은 심오하기도 하고 나타나는 듯 하다가도 사라지기 일쑤였지만, 책 밖의 북방 벌판은 우리가 도착하자 아름답게 빛나기 시작했다. 현지인들은 시끌벅적하고 현란한 전통 행사와 함께 손님을 맞이했다. 또한 차량 행렬이 도착할 때마다 이런 축제 분위기가 이어졌다.

나는 군중 속에서 이곳에 사는 남녀와 노인, 아이들을 구분해 보려고 했다. 하지만 이들은 너무나도 다양한 지역에서 왔고, 광둥어에서 허난河南하남 성의 토속 사투리까지 다양한 말투를 지니고 있었다. 보잘것 없어 보이는 노인들도 입을 열면 신사다운 고귀함이 느껴졌다. 그들도 나와 같은 손님이었다. 그저 나보다 조금 일찍 이곳에 왔을 뿐이다.

그 책을 통해서 그들이 이곳에 어떻게 왔는지, 어떤 가족사가 있는지, 그리고 어떤 이야기를 가졌는지 알게 되었다. 그들은 북방 벌판에 꼭 와야만 했다. 이곳은 하늘이 그들에게 내린 늪과도 같다. 언젠가는 반드시 이 절망의 늪에 들어와야 하고, 숙명처럼 이 벌판과 마주해야 한다. 나는 이 책에서 믿을 수 없을 정도로 놀랍지만 충분한 근거가 있는 북방 벌판에 관한 사실을 알게 되었다. 이곳은 마치 징크스 혹은 저주에라도 걸린 것처럼 어떤 시기가 올 때마다 누군가를 위해 문을 활짝 열어 주곤 했다.

1940년대 말, 군인들은 전쟁이 끝난 후 평화를 누려볼 틈도 없이 그리운 아내와 아직 얼굴조차 보지 못한 아들을 만나보지도 못하고 북방 벌판으로 향하는 화물차에 몸을 실었다. 벌판에 집결하고 나서야 그중에 다친 몸을 이끌고 온 사람이 있다는 것을 알게 되었다. 무언가에 홀린 듯 표정 하나 없던 그들은 바로 투항한 국민당 군인이었다. 영웅과 원수가 이제는 같은 곳에서 땅을 일구게 되었다. 공통점이 있다면 그 누구도 이곳이 이토록 차가운 곳이라고는 생각하지 못했다는 것이다.

말로 이루 다 형용할 수 없는 실망감과 무력감이 가슴 속에 차올랐다. 그들은 전쟁으로 입은 상처를 뒤로하고 쟁기를 지고 허허벌판을 개간하기 시작했다. 그렇게 조금씩 개간한 땅이 드디어 그럴듯한 논밭이 되었다. 하지만 북방 벌판은 곧이어 얼어붙어 버렸다. 기나긴 겨울 동안 그들은 허름한 마구간에 옹기종기 모여 바람 부는 소리와 눈 내리는 소리, 그리고 북방의 포효를 들었다.

그 다음은 1950년대 말이었다. 즐거움에 흠뻑 빠져 있던 중국이 불현듯 방향을 잃고 민감해졌다. 중국 사람들은 평화로운 나날에 적응하지 못하기라도 한 것처럼 스스로 재앙을 만들었다. 그 재앙의 배경에는 학생 신분을 버리고 입대해서 북쪽으로 건너온 젊은 청년들이 있었다. 청년들은 모두 나름의 고충이 있었다. 어떻게 보면 그들은 당시 중국 사회에서 잉여의 존재였다. 그중에 복단대학교에서 공부했던 젊은 장교가 『북방 벌판 이민록』을 썼다. 이 책을 쓸 때, 그는 이미 나이가 들어 있었음에도 진실을 밝히지 않았다. 만약 그가 애국심에 불타올라 가족과 고향을 등지고 군에 입대하지 않고 복단대학교를 끝까지 졸업했다면, 그가 자본가의 아들도 아니고 외국과는 관련 없는 가정에서 태어났더라면 입대하는 10만 청년들 틈에 휩쓸려 다른 길을 선택하지도 못하는 비극이 발생하지 않았을 것이다. 북방 벌판에는 아직도 자신이 한때 10만 청년의 일원이었다는 사실을 자랑스러워하는 사람들이 있다. 그들은 철저한 이상주의자다. 그들의 이상이라고 해봤자 아들과 손자 대대로 열심히 공부시켜 어떻게든 명문대학에 보내고 나서 당당하게 고향에 돌아가고자 하는 꿈이지만 말이다.

마지막으로 1960년대 말, 45만 명의 중고교 학생들이 북방 벌판에 떼거리로 몰려왔다. 그들은 이곳에서 중국 최대 규모의 지식인 모임을 만들었다. 큰아버지가 고향을 떠난 것도 바로 이때였다. 청년들은 벌판에 수많은 발자국을 남겼다. 그들은 남몰래 북방 벌판으로 향하는 차에 올랐고, 모두들 흥에 겨워 노래를 흥얼거렸다. 그러고는 각자 새로운 집을 찾으러 갔다. 당시에 그들이 찾아간 집이 바로 맨 처음 이곳에 와서 황무지를 개간했던 군인들의 붉은 기와집이었다. 그러나 여린 청년들은 북방 벌판에서의 하룻밤이 지나자 집을 그리워하기 시작했다. 도시의 거리와 광장에서 구호를 외칠 때는 모두가 한마음이었지만, 이곳에 와서는 45만 명이 45만 개의 서로 다른 세계를 품고 있었다. 열정은 넘치지만 아직 미숙한 청년들을 북방 벌판은 따뜻하게 품어 주었다. 그 후 시간은 수은처럼 엉겨 붙어 움직이지 않았다. 청춘은 차가운 땅에서 사라지거나 늙어 갔고, 열정의 새싹은 다 자라기도 전에 뽑히거나 때 이른 추위에 메말라 버렸다. 이렇게 산전수전 다 겪은 청년들은 중국 문단에서 '북방 벌판파' 작가로서 뛰어난 실력을 뽐냈다. 그들은 펜을 놓는 마지막 순간까지 온몸을 바쳤다.

정말이지 교묘하게 겹쳐진 우연이 놀라울 따름이다. 세 가지 사건 모두 약속이나 한 것처럼 10년에 한 번씩 벌어졌다. 30년이라는 세월 동안 가장 먼저 이곳에 도착한 이들은 이미 늙어 버렸고, 이제는 이곳이 고향이 되었다. 당시 중고교생이었던 청년들만이 낡은 짐을 끌고 고향으로 돌아갔을 뿐이다. 이곳에 남은 사람들은 아직 젊고 꿈이 있지만 북방 벌판을 떠올리면 아직도 눈물을 흘린다.

30년이 흐르는 동안 북방 벌판에 온 사람은 이들만이 아니다. 소설가 딩링丁玲정령, 시인 아이칭艾青애청, 희곡 작가 우주광吳祖光오조광, 화가 딩총丁聰정총도 있다. 유명 지식인들이 정치의 폭풍우에 떠밀려 북방 벌판에 버려졌다. 사상의 날개는 부러졌고, 머나먼 북쪽에 이들을 위한 지옥이 만들어졌다. 하지만 '우파右派'라 불리었던 이들은 청나라 때의 유배자들에 비하면 형편이 나은 편이었다. 당시의 유배자들처럼 온 가족이 쫓겨난 것이 아니라 우파인 본인만 고통을 겪으면 되었기 때문이다. 펜을 잡던 손으로 호밋자루를 잡았고, 닭에게 먹이를 주면서도 휴식 시간에는 씁쓸한 농담을 던지거나 비참함을 감추기 위한 이야기를 지어냈다. 언제부턴가 육체와 영혼을 분리하는 법을 배웠다. 중국 문학사에서 빠질 수 없는 것이 북방 벌판 작가들의 작품이다. 하지만 북방 벌판의 역사 속에서 그들은 비참한 존재였다.

문학가들에 뒤이어 북방 벌판에 온 것은 여인들이었다. 북방 벌판은 여인이 필요했다. 정확하게 말하면 외로운 군인들을 위한 여인이 필요했다. 그래서 산둥山東산동 성과 허베이河北하북 성에서 건너온 젊은 여인들이 외로움에 젖어 있던 군인들의 짝이 되었다. 신문과 책을 보면 이러한 여성들이 '봉사 청년'으로 표현되었지만 내 생각에 그녀들은 정치적인 이유에 의해 강제로 이곳 사람이 된 것이다. 그녀들은 자신을 사랑한 남편과 함께 가정을 지키며 아이를 낳고 생활하면서 황량한 벌판에 생기를 불어넣었다. 이곳을 돌아다니다가 중년 여성이 보이면 나도 모르게 걸음을 멈추고 빤히 바라보았다. 그때마다 마음이 씁쓸했다.

자무스로 돌아가기 전 『북방 벌판 이민록』을 쓴 정지아전鄭加眞정가진 작가를 뵙고 왔다. 초여름인데도 추위를 타시는지 솜저고리를 입고 그 위에는 예전 지식인들이 자주 입던 남색 적삼을 걸치고 있었다. 작가님은 남방 사람 특유의 옅은 색 피부와 부드러운 말투를 여전히 간직하고 있었다. 그에게 물었다.

"작품에 나온 사람들은 이민자인가요, 아니면 유배자인가요?"

그는 침묵이 익숙해졌다는 듯이 말이 없었다. 시간이 한참 흐르고 나서야 내 질문에 대해 답해 줄 수 있는 사람은 아직 없다고, 그러니 본인도 섣불리 결론을 내릴 수 있는 입장이 아니라고, 역사에게 맡기는 수밖에 없다고 말해 주었다.

또 역사다. 역사에 맡겨야만 하는 문제가 이 세상에는 너무도 많다. 하지만 무정한 역사는 도대체 언제쯤 우리 앞에 나타나 우리의 현재를 평가해 줄까?

나는 이 글에서 북방 벌판의 경치는 묘사하지 않았다. 이곳은 이제 허허벌판이 아니기 때문이다. 늪은 흙으로 메워져 땅이 되었고, 나무는 잘려 나갔고, 짐승들은 쫓겨났다. 그 후에 만들어진 인공 방풍림은 우리의 시야를 조각조각으로 갈라놓는다. 후손에게 물려주어야 했던 중국의 마지막 벌판이 이제는 곡식으로 가득 차 있다. 그래서 이곳의 경치가 아닌, 존경스러우면서도 비참한 이곳 사람들의 이야기를 썼다. 북방 벌판은 중원에 비하면 아직 광활하고 황량하다. 앞으로도 이곳으로 향하는 사람들이 있을 것이다. 다만 그들이 이제는 유배자의 역사가 아닌 인간다운 삶의 이야기를 새롭게 썼으면 하는 바람이다.

마지막 남은 산

: 원시삼림의 비밀을 간직한 장백산

나는 선천적으로 산을 좋아한다. 그렇다고 명산에 많이 가보았다는 말은 아니다.

10여 년 전, 두장옌都江堰도강언[1])에 가는 김에 칭청산靑城山청성산[2])에도 들른 적이 있다. 칭청산을 세상 속에 꽁꽁 감추어진 산이라고도 하는데 수수께끼 같은 이 산은 많은 여인의 구미를 사로잡았고, 나 역시 반나절이나 산에 머물렀음에도 떠날 때는 차마 발길이 떨어지지 않았다. 몇 년이 흐른 후, 타이산泰山태산[3]) 아래에서 문예 포럼을 개최한 적이 있다. 타이산은 높은 산은 아니지만, 수많은 제왕이 타이산에 올라 하늘과 땅에 제사를 올렸다고 하여 오악五嶽[4])의 으뜸이라 불리었다. 많은 남자들이 타이산에 오른 후 천하가 작음을 깨닫는다. 하지만 그

1) 쓰촨(四川사천) 성 청두(成都성도) 시에 있는 고대 수리시설.
2) 쓰촨 성 옌(堰) 시 서남쪽에 있는 산으로, 명산 중의 하나로 꼽힘.
3) 중국의 5대 명산 중의 하나이며, '동악(東嶽)'으로 신성하게 여겨졌다.
4) 중국 5대 명산의 총칭.

건 남자들의 이야기이고, 내게는 타이산이 칭청산 만큼 좋지는 않았다. 그럼에도 타이산 역시 산이기에 내 마음을 흔들기에는 충분했다.

내게 있어서 산은 아버지 같기도 하고, 어머니 같기도 한 존재다. 묻지도 따지지도 않고 내게 의지할 안식처를 제공해 주기도 하고, 전지전능한 신처럼 나를 지탱해 주기도 한다. 산이 좋은 진짜 이유는 내 등 뒤에 가만히 서 있어서 내가 뒤돌아보지 않아도 그 존재를 알 수 있다는 데 있다. 산은 나를 가로막는 장애물이 아니라, 내가 더 멀리 내다볼 수 있게 해주는 발 디딤판 같은 존재다.

장백산長白山[5]을 바라보며 처음으로 오르고 싶은 욕구가 생겼다. 하지만 어렸을 적 어머니가 주신 톱니 모양 비스킷을 먹을 때 한 입에 톱니 모양 하나만 맛을 보았듯이 그렇게 장백산을 조금씩 음미했다. 톱니 모양 하나를 다 먹고 난 후에야 비로소 중간 쪽을 조금씩 베어 먹었던 것처럼 말이다. 어느 여름날, 장백산에 가까이 다가가기를 갈망했음에도 나는 그저 산 아래에서 오랫동안 빙빙 맴돌기만 했다. 너무 빨리 산에 올라버릴까 두려웠던 것 같기도 하고, 심지어는 영원히 산 정상을 향해 한 걸음 한 걸음 다가오도록 아예 산꼭대기를 등정하지 못하기를 바랐던 것 같기도 하다.

내게 장백산은 다른 산과는 사뭇 달랐다. 다른 산들은 대부분 중원의 번잡한 곳에 위치하고 있어서 산으로 향하는 모든 길이 사람들의 발길로 반들반들하게 닦여져 있었다. 길가의 정자나 산꼭대기의 사원 역시 매우 정교했고, 사람들의 소란함과 향불의 화려함으로 인간 세상의

5) 우리의 백두산(白頭山)을 중국에서는 '장백산'이라고 부른다.

번뇌와 욕망을 느끼기에 충분했다. 하지만 장백산은 달랐다. 속세에서 멀리 떨어져 있었고 스산하기까지 했다. 이 산은 단순히 멋진 경관을 뽐낼 뿐만 아니라, 그 자체로도 매우 큰 상징적인 의미를 띤다. 인적이 드문 동북부 끝자락에 위치하고 있으며, 동해를 등에 지고 중원을 바라보고 있었다. 거대한 벽 같기도 하고, 자연의 온갖 생명체들이 살아가는 터전이기도 했다. 장백산은 화려하게 자신을 치장하지 않았다. 사원도, 신비함을 상징하는 회랑回廊이나 다리도 없었다. 그저 산으로서 본연의 모습을 그대로 유지하고 있었다. 여러 생명체에게 이 산은 태어난 곳이자 돌아가야 할 곳이며, 온갖 헛된 상상과 방황 끝에 돌아가 몸을 눌 귀착점 같은 곳이었다.

그렇기 때문에 내게 이 산은 가까이하고 싶지만, 또 다가가자니 선뜻 발걸음이 떨어지지 않는 그런 장소였다. 가까이하고 싶은 이유는 내가 얼마나 이 산을 우러러보는지 내 말로 직접 속삭여 주고 싶었기 때문이다. 이 산이 바로 나의 토템totem 같은 존재라는 것을 일러주고 싶었다. 선뜻 발걸음이 떨어지지 않았던 이유는 마음속 깊은 곳에 경외심이 있었기 때문이다.

장백산에는 집중호우가 내리기 일쑤였다. 바이산白山백산 시[6]에는 이미 3일 연속 비가 내리고 있었다. 나는 매일같이 우산을 쓰고 길거리를 돌아다녔고, 걷다가 지치면 비 가리개가 설치된 삼륜차를 탔다. 그러고는 기사에게 아무 데나 데려다 달라고 했다. 이 도시에서 가장 인

---

6) 지린 성 동남부 장백산 서측에 위치하고 있는 지급시(地級市). 장백산이 경내에 있어 '바이산(白山)'이라는 명칭을 갖게 되었다.

상 깊었던 것은 일상용품을 판매하는 건물이었다. 그곳에는 버섯, 고사리, 개암, 꿩, 닭, 곰, 쓸개를 재료로 만든 인삼과 이름조차 들어본 적이 없는 산해진미가 가득했다. 나는 반나절을 그곳에서 머물렀다. 마치 장백산을 하나하나 곱게 잘라 상인의 판매대에 올려놓은 듯이 다채로웠고, 장백산의 풍미가 한껏 배어 있었다.

비는 도무지 그칠 기미를 보이지 않았다. 시내 중심가에서 장관을 이루고 있는 또 하나는 바로 예술 사진 촬영이었다. 화려한 사진관들이 하나 걸러 하나씩 보였는데, 그 모습이 정갈하다 못해 어둑하기까지 한 이 도시에서 밝은 빛을 뿜어내고 있었다. 나는 화려하게 치장한 사진관 안의 사진들을 촬영했다. 그것도 엄청나게 많이 찍었다. 이것이 바로 비 오는 도시의 풍경이고, 장백산이 내게 준 낭만이었다.

마침내 바이산 시에서 우쑹霧淞무송[7)으로 향했다. 하지만 우쑹에 도착하자 또다시 비가 온종일 쏟아져 숙소 밖으로 나갈 수가 없었다. 어젯밤 혼지앙渾江혼강 근처에서 일가족이 불어난 강물 때문에 피난을 갔다고 들었다. 장백산에 내리는 비가 무섭긴 한가보다.

3일째 새벽에 비가 그쳤고, 우리는 산행을 재개했다. 우쑹에 사는 친구가 차에 음료 캔, 빵, 과일 등을 바삐 옮겼다. 마치 탐험이나 장거리 여행이라도 가는 듯했다. 이 친구들은 그곳에 수도 없이 가보았는데도 채비를 단단히 하는 모양새였다. 이곳에서 나만 이번 산행이 낯설었다. 예전에 이 산에 왔을 때는 그저 맑은 하늘 아래 산의 어슴푸레한 모습만 하염없이 바라보았다. 그러나 지금은 약간 통증이 느껴질 만큼

7) 지린 성 바이산(白山)에 있는 현(縣).

긴장이 됐다.

진흙탕 길을 한동안 달린 후 마침내 쑹장허진松江河鎭송강하진[8]에 도착했다. 우쑹 출신의 친구는 이곳이 장백산 서록西麓 입구라고 했다. 입장권을 사고 나서야 비로소 장백산 속으로 한 걸음 내디딜 수 있었다.

장백산 안으로 들어가자 전혀 다른 세계가 펼쳐졌다. 안으로 들어갈수록 수풀이 우거지고 길이 좁아졌다. 갑자기 차와 사람이 아주 작아 보였다. 마치 하루아침에 현대 시대에서 원시 시대로 돌아간 듯했다. 문득 집 벽에 걸려 있던 유화가 떠올랐다. 화가는 그림을 가리키며 이곳이 바로 장백산이라고 내게 일러주었고, 나는 장백산이 대체 어디에 있느냐고 물었다. 화폭에는 어두운 빛깔의 나무 한 그루, 중간에 쭉 뻗은 길만 오롯이 자리하고 있었다. 산은 어디에도 없었다. 하지만 이제 깨달았다. 그 그림이 바로 장백산이었다는 것을. 그 그림은 바로 내가 지금 걷고 있는 길이었다. 단지 그 그림이 일반 유화보다 좀 더 고풍스러워 내가 눈치를 채지 못했을 뿐이다.

마치 고향으로 돌아가는 듯했다. 사실 인류는 숲에서 그 기원을 찾을 수 있다. 내가 서 있는 이런 숲속에서 아주 오래전 사냥꾼들이 나무에 집을 짓고 살았다. 그들이 모여 촌락을 이루었고, 그 후 밖으로 나가 중원 사람들과 살육이 만연한 싸움을 했다. 부여의 후예인 고구려는 중원을 함락하지 못했고 지리멸렬하게 흩어졌다. 숙신肅愼의 후예인 여진족과 만주족은 기마병을 이끌고 잇달아 중원 땅을 점령했다. 이로써 장백산이 길러낸 사냥꾼들이 승자의 거만한 미소를 짓게 되었다.

8) 장백산(백두산)의 서쪽 관문.

이러한 연고로 중원 사람들은 장백산을 얕잡아 볼 수가 없었다. 동북 지역으로 눈을 돌리면 이 거대한 산이 그들을 마주하고 있었다. 선명한 경계선, 닿을 듯 닿지 않는 요원함이 중원 사람들의 상상력을 자극하기에 충분했다. 그래서 장백산의 이름은 계속 바뀌었다. 중국에서 가장 오래된 지리서地理書인 『산해경山海經』9)에는 다음과 같은 구절이 있다.

'동북해東北海의 바깥쪽 …… 끝없이 펼쳐진 허허벌판에 부함不鹹이라는 산과 숙신족의 나라가 있었다.'

2천여 년 전, 그들은 부함산不鹹山10)을 동경의 눈으로 바라보았고 자유로운 왕국의 건설을 꿈꾸었다. 어째서 한漢·위魏 시대에 이 산을 단순히 '큰 고개', '큰 산'이라고 불렀는지는 알 수 없다. 혹시 이 산이 한때 중원 사람들의 등정을 방해했기 때문일까? 이 드넓은 산을 오를 엄두도 내지 못하게 만들었기 때문은 아닐까? 이 산은 남북조南北朝 시대에는 종태산從太山이라 불리었고, 수隋·당唐 시대에는 태백산太白山, 백산白山이라 불리었다. 결국, 이 산은 중원 사람들의 끝없는 관심을 받으며 계속해서 추측과 상상의 대상이 되었다. 중원 사람들은 아마도 이 산에서 중원을 통일할 만한 민족이 출현하게 될 것을 예감했던 것도 같다.

사실 장백산은 요遼나라와 금金나라 시대부터 불리던 이름이었다. 당시 동북 사람들은 이미 사서 편찬 능력을 갖추고 있었다. 『금사·본기金史·本紀』의 말머리에는 이런 구절이 있다.

---

9) 고대 중국의 지리서. 작가와 연대는 미상이며, 뤄양(洛陽낙양)을 중심으로 한 산맥, 하천, 신화, 전설, 산물 등을 수록하였다.
10) 장백산의 다른 이름.

'여진족의 출생지에는 혼동강, 장백산이 있는데 혼동강은 흑룡강으로도 불린다. 소위 백산白山 흑수黑水라는 뜻이다.'

내 생각에 이 산은 여진족의 고향이니 그들이 직접 이름을 붙여야 하지 않나 싶다.

나는 무엇이 원시삼림原始森林인지를 처음으로 알게 되었다. 원시삼림이란 우거진 나무들로 이루어진 자연 상태의 혼탁함을 의미한다. 고즈넉함과 과묵함이 합쳐져 비장하다 할 만한 장관을 만들어 내고 있었다. 모든 나무에는 세월의 흔적이 고스란히 묻어 있었다. 나무마다 이끼가 잔뜩 끼어 있었고, 그물 같은 넝쿨이 둘러져 있었다.

또한 세월의 흔적을 온몸에 휘두르고 있었다. 어떤 나무는 이미 죽었지만 여전히 장군 같은 기골을 뽐내고 있었고, 가지는 이미 시들어 누렇게 변했지만 찬란한 아름다움을 간직하고 있었다. 이 나무들은 원시삼림의 마지막 버팀목이 되어 주었고, 아직 살아있는 생명체를 위해 서리와 비를 막아 주었다. 이미 쓰러져 버린 나무도 있었는데, 그 모습이 비장한 느낌을 줄 정도였다. 삼림은 이 나무들의 안식처이자 돌아갈 묘지이기도 했다. 이 나무들은 세월의 흐름과 함께 결국 사라져 갈 것이다. 곧 사라진다는 을씨년스러움이 아직까지 살아남은, 그리고 꿋꿋이 서 있는 나무들에 황량함을 더해 주었다. 이곳에서만이 삶과 죽음은 털끝 하나 차이라는 윤회사상을 느낄 수 있다.

장백산은 수직으로 꿋꿋이 서 있었다. 태곳적의 적막함을 뚫고 차한 대가 굽이굽이 돌며 위로 향했다. 산의 신비로움이 무르익었고, 꿈결인 듯 안개가 자욱했으며, 산신령이라도 나타난 듯 아득한 분위기를 자아냈다. 위에서 아래를 내려다보니 마치 거꾸로 매달린 화폭처럼 봄, 여름, 가을, 겨울 뚜렷한 사계절의 장관이 아득히 펼쳐져 있었다.

이렇게 긴 길을 지나왔다. 조금 전 장대한 소나무와 부드러운 자작나무가 서로를 사모하듯 뜨겁게 바라보고 있는 것을 보고는 무더운 여름이 생각났다. 눈을 잠시 돌려보니 홀로 서 있는 소나무가 눈에 띄었다. 처량한 모습에 가을이 떠올랐다. 거대한 소나무 숲을 지날 때였다. 낮은 구름에 어둠이 자욱이 깔린 가운데 서 있는 하얀 자작나무 숲을 보면서 하늘 저 끝에 닿은 듯한 섬뜩함과 차가움이 함께 느껴졌다.

나는 여태껏 고독함과 아름다움이 이토록 잘 어우러진 나무를 본 적이 없다. 마치 꿈을 꾸듯 순백의 몸을 구부리고 있는 나무는 바람에 흔들리기도 하고 안개에 뒤덮이기도 했다. 기울여진 풍경 사진처럼 나무는 거의 바닥에 붙어 있었고, 위를 향해 고개를 들기 위해 필사적으로 몸을 뻗고 있었다. 사실 자연계에도 그들만의 언어가 있다. 그렇다면 자작나무 숲은 도대체 무슨 이야기를 하고 있는 걸까? 이 나무도 장백산에 있는 자신의 자리, 바로 그 자리에 쭉 서 있다. 이것이 이 나무의 운명이다. 그렇다면 나무는 자신의 운명에 도전장이라도 던지려는 것일까?

나무 위에는 이끼 같은 고산 툰드라가 있었다. 나는 이곳에 꽤 오래 머물렀다. 만약 장백산을 미녀에 비유한다면, 이 툰드라는 장백산이 살짝 드러낸 속살이라 할 수 있다. 또 백색의 사스래나무는 미녀의 옷깃에 달린 비단 테두리다. 이때 자작나무는 애가 타는 듯 울다가 눈물을 그친 듯 흔들림을 멈추었다. 이 자리가 바로 나무와 이끼의 경계선이다. 예술가의 걸작처럼 장백산의 아름다움이 이렇게 피어났다.

온갖 차량과 사람들이 이곳에서 발걸음을 멈추고 놀란 듯 산을 쳐다 보곤 한다. 마치 무언가를 쫓고 있는데 그 목표물이 갑자기 사라진 그 찰나처럼, 귀신이나 신선에 이끌려 세상에 알려지지 않은 어떤 곳에 온 것처럼 말이다. 사람들은 이런 수수께끼 같은 장면을 받아들이지 못하는 경향이 있다. 나무가 만들어 낸 환상적인 풍경은 온 데 간 데 없고, 눈이 닿는 곳은 온통 허허벌판 같은 헐벗은 산만 보이기 때문이다.

사람들은 장백산에 큰 기대를 품고 있었다. 하지만 장백산을 향해 걸어오는 모든 길에 나무가 서 있지는 않았다. 원시 상태의 장백산은 높은 곳에 위치하고 있고, 그마저도 털이 몽땅 뽑힌 수탉처럼 늠름하면서도 고독해 보이는 민둥 머리만 남겨 두고 있었다. 사람들은 처음에는 마치 어린아이처럼 장백산을 향해 내달린다. 마치 욕망을 채우듯이 말이다. 그런 그들이 숲을 지나 헐벗은 산을 보았을 때, 받아들이기 힘든 것은 당연하다. 장백산이 이토록 볼품없는 산이었단 말인가?

올라오는 길에 쓰러진지 얼마 되지 않은 숲을 보았다. 얼마 전 허리케인이 불어 닥쳤다고 친구가 말해 주었다. 물론 이것은 저항할 수도 막을 수도 없는 재해였다. 하지만 수백 년을 이어 온 숲이 하루아침에 무너져 버리는 데도 인간들은 조금씩 무너지는 과정을 멍하니 바라볼 수밖에 별다른 도리가 없었다. 그렇다면 장백산 꼭대기의 마지막 장관도 언젠가는 이렇게 하루아침에 사라져 버리진 않을까? 이런 생각이 들자 나도 모르게 서늘한 오한이 밀려왔다.

올라가는 중에 수풀이 무성한 곳에 차를 세워 두었다. 단단한 나무 줄기를 손으로 직접 보듬어 보며 대자연과 세월의 위력을 직접 느껴 보고 싶었다. 그리고 숲길을 지나면서 크게 소리쳤다.

"동북 호랑이야, 안녕! 곰아, 안녕!"

물론 대답은 없었다. 원시삼림이긴 해도 너무 조용한 것이 아닌가! 나는 가장 사나운 야생 동물과 맞닥뜨리고 싶었다. 만약 이 순간 숲에서 야수 한 마리가 튀어나온다면 그 무엇이든 기분이 좋을 것 같았다. 하지만 아기 다람쥐 한 마리만 살짝 튀어나왔을 뿐이다. 다람쥐는 큰 나무에서 다른 나무로 풀쩍 뛰어오르며 순식간에 내 시야에서 사라졌다.

우리는 다시 차를 타고 달렸다. 머지않아 앞에 있던 지프차가 멈추는 순간, 수록 한 마리가 지프차 앞쪽에서 번개처럼 내달리는 것을 보았다. 내가 장백산 원시삼림에서 본 유일한 야생 동물이었다. 어쨌든 야생 동물과 직접 마주친 셈이다.

현재, 장백산은 중국에서 마지막 남은 산일 뿐 아니라, 전 세계적으로 보아도 그렇다. 이 산은 유라시아 북반부 산지 생태계의 상징으로서 유엔에 의해 '인간 및 생태계 보호 구역'으로 지정되었다. 현재는 장백산의 새 한 마리, 나뭇잎 하나도 인류 공동의 자산이 되어 누구도 함부로 가지고 나갈 수 없다. 너무도 많은 상실을 경험했기에 이처럼 엄격히 보호하게 된 것이다. 하지만 지금의 장백산은 허허벌판에 가깝고, 우거진 숲은 극히 일부다. 인류는 이 산을 보호할 수 있을까?

자작나무 숲과 툰드라 사이에 서 있는 사람들의 눈빛은 몽롱했다. 눈앞의 광경은 그들을 무감각하게 만들기에 충분했다. 나무의 생명력은 아주 미약했고, 해발 높은 곳에 위치하고 있는 숲이라 해서 다 무성한 것도 아니었다. 또한, 산 아래의 나무는 인간 가까이에 있었기 때문에 잘려 나갔다. 장백산 꼭대기에서 그들은 틀림없이 가장 먼저 영혼의 울부짖음을 들었을 것이다.

　차가 더 이상 진입할 수 없었다. 걸어서 천지天池[11]에 가야 했다. 하늘은 줄곧 음산했다. 가끔씩 짙은 안개가 깔렸고 비까지 내렸다. 나는 얇디얇은 여름옷을 단단히 여미었고, 굵은 빗방울이 이미 차가워진 이마를 톡톡 두드려도 전혀 개의치 않았다. 힘들게 한 걸음 한 걸음 안개 속에 숨겨진 천지를 향해 걸어 나갔다.

　천지에 다가갈 무렵, 비바람이 몰아치고 안개가 더 짙어졌다. 중국과 북한의 경계를 표시하는 5번 표석만이 또렷이 보였다. 나는 이 표석을 꽉 붙잡았다. 바람 때문에 끓는 냄비처럼 뜨거운 천지에 빠질까 봐 두려웠기 때문이다. 많은 이들이 바람을 피하려 천지 바깥의 화산재 위에 쪼그리고 앉아 있었다. 지척에는 솜 같은 안개가 펼쳐져 있었다. 나는 사람들이 아래로 내려가려는 게 아닌가 생각했다. 하지만 그들은 그곳에 가만히 앉아 천지를 바라보았다. 마치 안개가 곧 걷힐 것처럼, 그래서 그들이 천지의 푸른 물과 물속의 괴수를 볼 수 있기라도 한 것처럼 말이다.

　어쩌면 어떤 이들은 괴수를 보러 왔을지도 모른다. 목격자들은 괴수가 불가사의한 존재이며, 외계인의 UFO와 아주 흡사했다고 말한다. 사람들은 안개가 걷히기를, 그래서 괴수가 출현하기를 인내심을 가지고 기다린다. 하지만 그 순간 천지는 모든 이들에게 등을 돌려 버린다. 천지는 맑을 때도 있지만, 대부분의 경우 이렇게 항상 깊게 웅크려 모습

11) 백두산 천지는 세계에서 가장 깊은 화산 호수이며, 아시아에서 가장 크고, 세계에서 가장 높은 화구호다.

을 감추고 있는 것 같다. 이것이 얼마나 많은 이들의 기대를 저버렸는지 모른다. 하지만 가만히 자문해 보면, 천지를 보았는지는 그렇게 중요하지 않다. 그저 이곳에 왔다는 것만으로도 또 다른 종류의 감동을 맛볼 수 있다.

안개가 더욱 짙어졌다. 산 전체에 나 혼자 덩그러니 놓여 있는 듯했다. 존재를 느낄 수 있는 또 다른 대상은 천지뿐이었다. 천지에서 콸콸 흐르는 폭포 소리를 들을 수 있었다. 천지는 성단과 같은 곳으로, 나는 폭포가 흐르는 방향을 추측해 낼 수 있다. 북쪽으로는 도문강圖們江이 흐르고, 남쪽으로는 압록강이 흐르며, 동쪽으로는 송화강이 흘렀다. 이 강들은 마치 혈맥처럼 동북을 향해 구불구불 이어져 있었다. 송화강과 흑룡강, 우수리강이 한 데 모여 드넓은 삼강평원 베이다황北帶荒북대황을 형성했다.

도문강과 압록강은 본연의 따뜻함과 투명함으로 기나 긴 국경을 나누고 있었다. 옛 사람들은 강가에서 뗏목을 띄워 보내며 노래를 불러 물의 여인들이 들을 수 있도록 했다. 이 강들이 바로 천지에서 흘러내려 온 세 개의 강이다. 강은 끝없이 흘렀다. 바람과 돌이 일으킨 물보라는 세월의 흔적을 남겼고, 장백산의 역사를 써 내려갔다. 천지가 있기 때문에 이곳은 결코 적막하지 않았다.

천지에 관해 전해져 내려오고 있는 아름다운 신화가 하나 있다. 하늘에 사는 선녀 불고륜佛庫倫과 그녀의 언니, 여동생이 인간 세상으로 내려왔다. 그녀들은 천지에서 목욕을 하다가 입에 붉은 과일을 물고 있는 까치 한 마리를 보았다. 까치는 그녀의 옷자락에 내려앉았고, 불고륜은 기뻐하며 이 과일을 먹었다. 그리고 아이를 한 명 낳게 되었는데, 그 아이가 바로 만주족의 시조다. 불고륜이 바로 시조의 어머니인 것이다. 그녀는 자신의 민족이 모성애에 대한 경외심을 갖도록 했다. 거짓말 같은 이 이야기가 줄곧 청나라 황족의 머릿속에 자리했다. 하지만 그들이 숲을 떠나 중원으로 진출한 뒤 어느 날 돌연 그들의 시조인 장백산이 떠올랐을 때는 이미 돌아가는 길조차도 기억나지 않는 상태였다.

그들은 자신의 기원을 찾기 시작했다. 기원전 1677년 4월, 강희제가 궁내대신 무목납武穆納 등에게 장백산을 답사하도록 명하며 이렇게 말했다.

"장백산은 선조의 발원지이지만, 현재 아는 이가 없다. 대신들이 직접 길 안내자를 선발하고 상세하게 조사하라."

무목납은 즉시 출발하였고, 그해 8월 귀경 명령을 받았다. 황제는 또 장백산은 선조의 발상지이자 길한 곳으로, 그 산 터는 제를 올리기에 좋다고 말했다. 그에 따라 이곳을 '장백산신長白山神'으로 명명하고 지린吉林길림 오랍烏拉에 망제전望祭殿을 세웠다.

산에 제를 올리는 것은 결국 조상에 제를 올리는 것과 같다. 장백산은 한 민족의 정신적 쉼터가 되었다. 강희제부터 광서제까지 청나라는 총 13차례에 걸쳐 사람을 보내 장백산에 대해 조사했다. 마지막으로 방문한 사람은 청의 마지막 황제 푸이溥儀부의였다. 당시 그는 일본인의 꼭두각시 황제 노릇을 하고 있었다. 재미있는 것은 이 꼭두각시 황제가 도망친 후 퇴위를 선언한 곳이 바로 장백산 발밑이었다는 점이다. 산의 아들인 그가 더 멀리 도망을 치진 못한 모양이다.

예전에 장백산에 갔을 때, 지린 소백산小白山 위의 망제전에 오른 적이 있다. 지금은 다 부서진 대좌臺座[12])만 남아 있었다. 나는 그곳에서 장백산을 바라보려 했지만 아무것도 보이지 않았다. 청나라가 이곳에서 제를 올린 것도 그저 구색만 갖추었던 것이다. 사냥꾼의 후예들은 세력이 이미 약해져 있었고, 다시는 장백산으로 돌아오지 않았다.

그들은 돌아오지 않을 거라면 아예 이곳을 봉쇄해 버리기로 결심했던 듯하다. 강희제와 건륭제의 후손들은 망제전에서 예를 표한 후 긴 버드나무 가지로 벽을 만들어 장백산을 둘러쌌다. 장백산은 텅 빈 무덤이 되고 말았다. 천지는 조상들의 두 눈이었다. 그들은 백년 동안 눈이 아프도록 장백산을 기다렸다.

나는 안개 속에서 천지에 대해 생각했다. 떠날 때까지도 천지의 진면목을 볼 수는 없었다. 천지는 상상의 장소일 뿐, 다가갈 수 없는 곳처럼 느껴졌다.

돌아오는 길에 제자하梯子河와 금강대협곡을 지나쳤다. 이곳 역시도 언젠가 화산 폭발이 있은 후에 생긴 기이한 장소다. 장백산의 비밀스러운 장소이기도 하다. 제자하는 미처 다 부서지지 않은 산의 틈새인데, 아래에서는 흐르는 물의 커다란 용솟음 소리가 들렸다. 금강대협곡은 산의 문을 여는 곳으로, 회색 빛깔의 예언 같은 신비한 곳이다. 이들은 아마 다음 번 화산 폭발이 언제 일어날지, 인간이 언제까지 이런 고요함 속에서 살 수 있을지 알고 있을 것이다. 이들이 당신에게 일러 줄 것이다. 원시 시대의 푸름은 얼마 남지 않았음을, 장백산이 언제라도

12) 불상을 올려놓는 대.

달콤한 꿈속에서 깨어날 수도 있음을 말이다. 우리가 장백산의 단잠을 방해하는 그날, 모든 것이 사라져 버릴 것이다. 지구 역시 다음 세기를 준비해야 할지도 모른다.

　이런 생각이 미치자 나는 너무 두려웠다. 장백산이 마치 움직이고 있는 것처럼, 포효하고 있는 것처럼 느껴지기까지 했다.

20

푸름의 상실
: 숲의 생명이 다하는 날

내 영혼 속에는 언제나 나무의 그림자가 있다. 홀로 서 있는 나무 한 그루가 아니라 까마득히 펼쳐진 수많은 나무들 말이다. 나무들은 햇볕을 받아 울긋불긋했고, 마치 한 폭의 그림 같았다. 까마득하다는 느낌을 주는 이유는 죽 늘어선 수많은 산봉우리들 때문이다. 산봉우리들이 언제나 내 뒤편에 서 있었고, 나는 마음속으로 그 산들을 자주 돌아다보았다. 그 장엄함과 짙푸름을 보면서 마음이 평온해짐을 느꼈다.

수많은 나무들이 그곳에서 나고 자랐다. 나무 그림자가 잘 어우러져 아름다웠고, 마치 생명의 신비를 내포하고 있는 듯했다. 나무는 그저 단순히 나무가 아니라 내 육체의 일부이자 정신적 쉼터였다. 심지어 나무에 대해 이런 생각까지 했다. 나무는 나의 어머니이고, 나는 나무의 딸이라고 말이다. 나무는 나의 어린 시절이고, 산봉우리의 숲은 동화 속의 시원한 그늘 같은 것이었다.

나는 영원히 그곳에 갈 수 없을 거라고, 혹은 그곳에 갈 필요가 없다고 생각했다. 그곳이 내 마음 속의 한편을 차지하고 있는 것만으로 충분했다. 하지만 이번 초여름의 어느 새벽, 객지를 떠돌던 나는 돌연 그곳으로 가게 되었다.

어느 날, 나는 구리안古蓮고련이라는 곳에 서 있었다. 왜 이런 이름이 붙었는지는 나도 모른다. 불火과는 전혀 관련이 없을 것 같은 이곳은 벌목기를 들고 있던 한 사내 때문에 엄청난 화재가 발생했었다. 봄철에 대형 화재가 발생한 데다 거센 바람까지 불어 무시무시한 규모의 대재앙이 발생했다. 높고 높은 산봉우리와 오랜 세월 그 자리를 지켜 온 나무들이 함께 타들어 갔다.

이른 새벽, 열차가 구리안 관목림 앞에 멈추어 서자 누군가가 손으로 먼 곳을 가리켰다. 어렴풋이 하얀색 푯말이 보였다. 푯말은 관목림 입구에 홀로 서 있는 나무 위에 걸려 있었다. 나는 이곳에서 불이 시작되었다는 걸 알 수 있었다. 젊은 사진가가 숲을 젖히며 안으로 달려갔다. 하지만 나는 한 발자국도 움직일 수가 없었다. 심장만이 바쁘게 뛰었다.

몇 년 전, 『관어노가關於老傢』라는 글을 쓴 적이 있다. 나는 고향을 사랑하며, 내 고향은 시골에 있다. 예전에는 나무가 울창했던 마을이다. 어머니가 막 시집을 왔을 때, 고향에는 온갖 나무들이 원시 시대처럼 늘어서 있었다고 말씀하셨다. 어느 날, 어머니가 고향 집 뒷문을 열었는데, 놀랍게도 이리 한 마리가 얌전히 배나무 아래 앉아 있었다고 한다.

내가 어렸을 적에도 고향 집에는 늘 나무가 서 있었다. 그 당시에 나는 매일같이 나무 아래에서 금빛으로 물든 노란 나뭇잎을 주워 집으로 돌아왔다. 어머니가 그 나뭇잎으로 만들어 주신 옥수수 죽은 정말 달콤했다. 하지만 울창하던 그 나무들은 모두 베어졌다. 백년이 넘은 마을은 옷이 벗겨진 늙은 여인처럼 추한 모습으로 벌거벗은 채 서 있었다. 그해 춘절에 마을 입구에 서서 길 잃은 아이처럼 사라진 나무들에 애석함을 느끼며 엉엉 울었다. 땅에 나무가 서 있어야 진정한 나의 고향 마을이다. 나무가 없는 고향은 더 이상 진정한 고향이 아니다. 나는 돌아갈 집이 영영 사라진 것 같은 느낌을 받았다.

구리안을 보며 어린 시절의 아픔을 다시 한 번 느꼈다. 엄청난 화재가 이곳에서 시작되었고, 100만 여 헥타르의 원시삼림이 수십 일 만에 재로 변해 버렸다. 아직까지도 나는 그 당시의 위성사진이 떠오른다. 전 세계인들이 숯처럼 검붉게 중국 땅에 응고되어 있는 동북을 보았다. 이 장면은 많은 사람의 마음을 울렸다.

열차가 오랫동안 눈에 뒤덮여 있던 산을 지날 때, 객실에서 누군가가 화적지火跡地에 곧 도착할 것이라고 외쳤다. 그때부터 내 가슴이 방망이질 치기 시작했다. 기분 나쁜 느낌은 장영역長纓驛에서부터 시작되었다. 숲이라는 느낌이 한순간에 사라져 버렸다. 시야에는 텅 빈 장면만 연출되었다. 폭풍이라도 몰아친 듯 오랜 역사가 있던 나무들이 보이지 않았다. 눈앞에는 산봉우리만 남아 있었다. 헐벗은 산이 무덤처럼 회색 빛깔 하늘 아래 가지런히 서 있었다.

나는 작은 수첩에 지나온 역 이름을 하나하나 적었다. 경도勁濤, 조휘朝暉, 도강圖强, 육영育英, 서림길西林吉…….

적고 보니 아주 유치한 이름이라는 생각이 들었다. 인간이 이곳에 온지 얼마 되지 않았다는 뜻이기도 했다. 하지만 이곳은 이미 화적지가 되어 있었다. 화적지는 대형 화재가 휩쓸고 간 지역을 뜻한다. 나는 하루 종일 10여 년 전 화재의 잔해 속을 걷고 또 걸었다.

이미 다 타버린 낙엽송 세 그루가 눈에 들어왔다. 나무 몸통이 쇠붙이처럼 단단해 보이는 게 화재 발생 전에는 숲이 얼마나 튼튼하고 촘촘했을지 미루어 짐작할 수 있었다. 불이 지나간 숲은 대부분 베어졌다. 누가 일부러 철길 주변에 이것들을 남겨 두었는지는 알 수 없었다. 나무들을 베어 버렸던 이유는 아마 다 타 버린 나무들을 직접 마주하기가 고통스러웠기 때문일 것이다. 이 세 그루의 나무들은 보는 사람들의 경외심마저 자아내는 듯했다.

베어져 나간 화림지火林地 하나하나는 차마 눈 뜨고 볼 수 없는 형상이었다. 화재로 까맣게 그을린 나무줄기 옆에는 사람 키 절반 높이의 그루터기가 아직 남아 있었다. 숯불 같은 그루터기가 줄지어 늘어선 묘비처럼 산을 가득 메우고 있었다. 죽음의 숨결이 느껴지는 것 같았다.

베이지 않은 것은 자작나무였다. 잎도 없고 그저 줄기만 있었다. 그럼에도 여전히 아름다웠다. 마치 살결이 고운 여자처럼……. 이 나무도 홍송낙엽송과 함께 불바다에 휩싸였었다. 피바람이 지나간 후 모든 지역이 시꺼멓게 그을렸음에도 이 자작나무만은 파리한 생명을 유지한 채 여전히 고결하게 그렇게 서 있었다. 화림火林을 베어낼 때 왜 이것들은 그대로 두었는지, 그래서 처량하게 홀로 바람을 맞이하고, 손님을 맞이하도록 놓아두었는지는 알 수 없는 일이다. 무서우리만치 잔혹한 광경이었다.

강도 있었다. 구불구불 흐르는 강은 원래 숲의 중간에 있었다. 지금은 갑자기 보호자를 잃은 사람처럼 외롭고 하릴없이 그렇게 흐르고 있다.

한때 나는 눈에 보이는 것이 전부 진실은 아니라고 의심한 적이 있었다. 다싱안링大興安대흥안령 산맥에 다른 건 없어도 상관없지만 나무만은 반드시 있어야 한다. 그러나 그 한 번의 대형 화재가 나무를 송두리째 먹어 치웠다. 나는 그저 뒤늦게 온 추모객과 같은 심정으로 나무의 폐허 속에서 배회했다.

텅 빈 느낌은 열차의 종착지인 서림길까지 계속되었다. 이곳이 바로 모허漠河막하[1]다. 과거에 모허는 중국 최북방 현성縣城으로서의 자부심이 가득한 곳이었다. 하지만 하루아침에 밥 짓는 연기도 나지 않는 곳이 되어버렸다. 지금의 모허는 큰 화재가 지나간 후 재건한 또 다른 모허다. 이렇게 빨리 새로운 현성을 지은 것을 보고 신화 같은 일이라고 말하는 사람도 있다.

기차에 올라탔을 때, 누군가가 저 멀리 모허성 안의 소나무 숲을 보라고 말했다. 화재로 인해 모든 것이 재로 변했고, 백년 된 장자송樟子松만이 성 가운데 우두커니 남아 있었다고 했다. 그러다 화재가 발생한 그날 새벽, 이 소나무도 불에 탔다. 하지만 그 불은 잠시 지나가는 것이었고, 소나무는 기적적으로 살아났다. 그리고 지금은 모허성에서 가장 역사가 깊은 경관이 되었다. 화재에도 이런 인간미가 있다니, 이것이야말로 신화 같은 일이라는 생각이 들었다.

그날, 나는 홀로 아름다운 벽돌담에 둘러싸인 장자송 숲으로 다가갔

---

1) 헤이룽장 성 다싱안링(大興安嶺) 지구에 있는 현(縣). 중국에서 가장 북쪽에 위치한 현으로 '한지(寒級한급)' 또는 '베이지촌(北級村북극촌)'이라고도 한다.

다. 고개를 들어 정면을 바라보자 나무줄기 위에 불이 지나간 흔적이 있었다. 하지만 그 쪼그라든 나무줄기는 살구색을 띠고 있었고, 마치 미인의 어깨처럼 그렇게 부드러웠다. 부드러우면서도 오밀조밀한 모습은 마치 천수관음을 연상케 했다. 다가갈 수는 있지만, 그저 우러러 보아야만 하는 존재였다. 죽어 있는 것은 절대 아닐 거라는 생각이 들었다.

모허의 현성은 거짓말처럼 밝게 빛났다. 나는 그 거리에서 성격이 아주 호탕한 한 노부인을 만났다. 그녀는 마치 내가 왜 이곳에 왔는지를 알고 있는 듯했다. 친절하게도 나를 자신의 집으로 초대해 주었다. 마당 입구가 길가에 나 있었는데, 마치 내 집 마당에서 더위를 식히듯 그녀와 허심탄회하게 이야기를 나누었다. 그녀는 화재가 현성 하나를 다 집어삼켰다는 이야기를 들은 적은 없지만, 그런 일이 실제로 발생했다고 말했다. 모허에서는 집집마다 나무를 태워 땔감을 만들었다. 전 현성이 마치 땔나무로 이루어진 듯했다. 대형 화재를 기다리기라도 하는 듯 말이다. 그녀의 며느리와 손자 셋이 화재로 목숨을 잃었다고 한다. 그것도 어두운 땅굴 속에서······. 매년 봄, 화재가 일어났던 그날이 되면 모허에서 가족을 잃은 사람들이 무릎을 꿇고 벌벌 떨어야 했다.

생명은 이처럼 미약한 것이다. 자연에 대한 인간의 두려움은 태곳적부터 존재했다. 원고遠古시대의 두려움은 대자연이 너무 막강했기 때문이다. 그리고 현재의 두려움은 바로 대자연의 예측 불가능한 보복 때문이다.

모허에 있는 동안, 대형 화재를 기리기 위해 만든 기념관을 방문했다. 이곳은 중국 유일의 대형 화재 기념관일 것이다. 비디오 영상에서

다싱안링 대화재 기념관.

는 당시의 화재를 다시 한 번 재현해 보여주었다. 대형 화재로 형체가 변해버린 철로와 전봇대, 자전거를 보았다. 한 남자의 손목을 보았는데, 손목시계는 그날 그 시각을 가리키고 있었다. 포대기 안에서 죽어 있는 아이도 보았다. 서로 끌어안고 있는 연인도 보았다. 그리고 생존자들의 그 고통스러운 표정도 보았다.

인간은 정말 그날의 화재에 대해 반성을 한 것일까?

다싱안링 산맥의 울창함은 하늘이 주신 것이다. 이곳은 고요한 평화로움을 누리고 있었다. 하지만 그 고요함은 인간에 의해 깨져 버렸다. 자거다치베이산에는 대형 조각물이 있다. 수직으로 세운 철도 레일 네 개로 만든 것으로, 의미가 상당히 모호한 상징물이었다. 묘비명을 통해서 철도병이 다싱안링에 들어온 30주년을 기념하기 위해 만든 것임을 알 수 있었다. 누군가는 얼어 죽었고, 누군가는 과로로 죽었다. 그중 누군가는 공로를 인정받아 상을 받았고, 또 누군가는 이름조차 남기지 못했다. 사실 철도병들은 원시삼림에 철로를 건설하기 위해 노력했던 사람들이다. 하지만 다싱안링에 철도가 들어온 것이 과연 복일까, 화일까?

열차가 개통된 그날부터 다싱안링은 더 이상 단순한 산봉우리도 숲도 아닌 존재가 되었다. 단지 이곳은 위대한 조국의 부유함과 화려함의 상징이 되었다. 인구가 많고 땅이 넓으며, 자원이 풍부한 곳. 이 말은 이곳을 묘사하는 데 입버릇처럼 쓰였던 말이다. 다싱안링은 넓은 땅, 풍부한 자원이 있는 곳이다. 그래서 이곳에 온 사람들은 하나같이 물질적인 욕망과 속세의 욕심을 가득 품고 있었다. 깊은 잠을 자고 있던 숲에 밥 짓는 연기가 나기 시작했고, 사람들은 그러한 화려함에 도취되었다. 오랜 세월 자리를 지켜 온 곧게 뻗은 소나무가 한 그루 한 그루 베어졌다. 사람들은 처음에는 조심스럽게 지름을 재고 나무의 연륜이 깊음을 칭송하곤 했다. 하지만 얼마 지나지 않아 경쟁적으로 나무를 베면서 "드디어 대자연이 무너졌다!"고 외쳤다.

사실 이것은 대형 화재보다 훨씬 더 두려운 학살이다.

어떤 사람들은 고귀한 서부 지역을 '천당'이라 불렀고, 혼잡한 동부 지역을 '속세'라고 불렀다. 동부의 많은 사람들이 행낭을 짊어진 채 서부로 길을 떠났고, 서부에서 정신적 쉼터를 찾고자 했다. 서부로 간 사람들은 신은 서부에 있으며, 신이 서부의 생명을 앗아갔지만 동시에 서부는 생명을 감싸 안은 곳이라고 생각했다. 서부로 간 사람들은 자신은 영혼만 가지고 이곳으로 왔고, 꿈결 속에서 걷고 있는 것 같다고 말했다. 또한, 신에 의해 이 길을 가고 있다고 생각했다.

나는 서부에 가본 적이 없다. 하지만 서부가 사람들에게 어떠한 감동을 줄 것인지는 미루어 상상할 수 있었다. 서부는 불을 두려워하지 않는다. 불이 없기 때문이다. 서부의 자연은 예로부터 한결같은 모습을 이어오고 있다. 서부 사람들은 영원히 그 자연의 일부다. 이것이 바로 서부의 매력이다. 이해할 수 없는 점은 동부 사람들은 욕망을 버린 적이 없다는 것이다. 속세를 탐하고 난 후 다시 서부를 칭송하는 것은 참회하기 위해서인가? 아니면 속세에서 해탈하기 위해서인가?

동부 사람들은 서부로 가는 길에서 사막을 보았다. 또한, 서부의 사막이 점점 동쪽으로 이동한다는 것도 알게 되었다. 동쪽으로 갈수록 점점 사막화되는 이유는 동부의 고갈 때문이다. 1970년대의 사막화 속도는 1,000킬로미터였고, 1980년대에는 거의 두 배로 증가했다는 이야기를 들은 적이 있다. 그렇다면 1990년대는 어떨까? 계속 이대로 간다면, 수년이 지나도 동북은 계속 푸른 상태를 유지할 수 있을까?

사막화는 화재와 같은 것이다.

역사적으로 다싱안링에서도 산불이 발생한 적이 있다. 하지만 그 당시에는 나무와 숲이 울창했으며 하늘은 촉촉했다. 대형 산불이 발생한 후에는 항상 큰 비가 약속이나 한 듯 내리곤 했다. 예를 들어, 30년 전 야니리치산에서 사람의 힘으로는 어찌할 수 없을 정도로 큰 산불이 났지만 비가 산불을 제압했다. 그 당시에 내렸던 비는 엄청난 양의 물을 뿌렸다. 이보다 더 전에, 그러니까 인류가 다싱안링에 발을 디디기 전에도 벼락으로 인한 대형 산불이 있었을 것이다. 그때 누구도 산불을 끄지 않았을 것이고, 대자연 스스로가 자신을 보호했을 것이다. 이처럼 생과 사는 하늘의 뜻에 달려 있는 것이다.

10년 전의 대형 화재는 하늘의 뜻이 아니었다고 감히 누가 말할 수 있겠는가? 불이 시작된 것은 새벽이었고, 불이 진압되고 나서 이튿날에는 갑자기 강풍이 불었다. 불씨가 되살아났거나, 아니면 애초에 불씨가 완전히 진압되지도 않았는데 사람들이 방심했던 것이리라. 불은 바람처럼 번졌고, 하늘 무서운 줄 모르고 치솟았다. 더 흥미로운 것은 그 시기에 '허완河灣하만'이라는 곳에서 남성 두 명이 버린 담배꽁초가 숲을 모두 태웠다는 사실이다. 타허塔河탑하의 어느 산에서도 원인 불명의 대형 산불이 발생했다. 대형 화재가 잇달아 세 번 발생한 것이다. 우리 인간의 잘못에 의한 것 혹은 하늘의 뜻에 의한 불이었을 것이다. 아니, 어쩌면 그것은 어떤 음모에 의한 것 같다.

결국 비가 그쳤다. 나무가 사라졌고, 비도 내리지 않았다. 물론 다싱안링은 서부와 관련이 없다. 이곳은 자체적으로 사막화된 곳이다.

그 어두웠던 봄날부터 다싱안링은 세상 사람들에게 놀라움을 선사했다. 입에서 입으로 전해지는 온갖 유언비어에 모두가 흠칫 놀라게 되었다. 이로써 인류가 또 한 번 대자연에 대한 경외심을 갖게 되었다.

그날, 나는 그 푯말에 다가가지 못했다. 그 푯말에 쓰여 있는 설명을 읽고 싶지 않았던 것이다. 도대체 어떤 말로 설명할 수 있단 말인가?

나는 관목림 앞에 쪼그리고 앉았다. 그 당시 화재를 일으킨 남성은 그 지저분한 관목을 베려고 했다. 관목을 자르는 기계에서 기름이 흘러나와 화재가 발생한 것이다. 관목은 여전히 울창했다. 하지만 오랜 역사를 가진 숲은 더 이상 볼 수 없게 되었다. 원래 숲이 있던 곳에 이미 소나무 묘목이 심어져 있었고, 파르스름한 나무는 내 키만큼이나 자라 있었다. 하지만 아무래도 크기가 좀 작아서 겨우 이들과 관목을 구분할 수 있었다. 누군가는 시간이 부족했던 것이라고, 고도가 높은 다싱안링 북쪽에서는 1년 중 80일 만이 성장기라고 말한다. 그렇다면 숲을 다시 보려면 수백 년을 더 기다려야 한다는 말인가!

지금도 여전히 산불이 발생한다. 얼마 전, 남태평양의 천도라 불리던 곳이 화재로 인해 거의 타버릴 뻔했다. 전 세계인들이 화재의 냄새를 맡아야 했다.

내가 이 글을 쓰는 순간에도 다싱안링에서는 또 대형 화재가 발생했다. 이번 화재는 후룬베이얼呼倫貝爾호룬패이[2] 일대의 원시삼림에서 발생했다. 내 마음도 덩달아 질식할 뻔했다.

어떤 것들은 한 번 사라지면 다시 오지 않는다. 석유, 석탄, 원시삼림 같은 것들 말이다. 숲의 생명이 꺼져가는 판국에 우리는 어째서 다싱안링이 타버리도록 방치하는 것인가? 푸름이 사라진다는 것은 자연적 생존 방식이 사라진다는 의미이고, 이 숲이 동북 사람들에게 주었던 야생의 푸름이 곧 사라지고 말 것이라는 뜻이다.

다싱안링, 너는 내 마음속의 영원한 상처다!

---

2) 중국 네이멍구자치구에 있는 도시.

21

백야의 약속

: 최북단 마을 베이지촌 이야기

내 앞에 서 있는 여자 아이는 백야白夜처럼 티 없이 맑다. 그녀의 길
고 검은 머리가 휘날릴 때 다싱안링 송진의 향기가 느껴졌다. 나는 그
녀가 쓴 『베이지촌동화北級村童話북급촌동화』가 생각났다. 그 이야기의
배경은 새하얀 눈이 소복이 내린 외할머니 집의 튼튼한 목각 집이다.
그녀의 검은 눈이 나무 창문 사이에서 반짝이고 있다. 그 눈은 바로 소
녀 츠쯔젠遲子建지자건[1]의 눈이자 여류 작가 츠쯔젠의 눈이다. 두 눈을
보면 백야의 아름다움과 흑룡강의 투명함, 그리고 극지의 신비로움을
미루어 짐작할 수 있다.

그녀는 하얼빈의 8층 집에 살았지만, 시가지의 소리는 여전히 들려
왔다. 그녀가 글을 쓰는 테이블은 창문을 등지고 있었고, 테이블 위에

---

[1] 1964년, 헤이룽장 성 모허(漠河) 출생. 루쉰문학상, 빙신(氷心)산문상, 좡중원(壯重文)문학상
등 권위 있는 문학상을 두루 수상하며 중국의 대표 작가로 두각을 나타내고 있다. 특히 루쉰
문학상을 세 번이나 수상한 유일무이한 작가이다.

는 남염한 무명이 덮여 있었다. 꽃병에는 가을 갈대가 꽂혀 있었다. 나는 놀라서 그것들을 쳐다보았다. 마치 내 집으로 돌아온 것 같았다. 내 집 테이블에도 무명과 갈대가 있다고 말하자, 츠쯔젠은 나와 마주 보며 서로 알겠다는 듯 살짝 미소를 지었다.

그녀가 벽에 걸어 놓은 그림을 보며 어느 유명 작가의 그림이겠거니 생각했다. 그해 츠쯔젠은 심장이 좋지 않았다. 심장이 1분에 120여 차례나 뛰었다고 했다. 심장이 너무 빨리 뛰어서 글을 쓸 수 없을 정도였고, 그래서 길가에 나가 도란과 무명을 하나씩 사서 집에서 그림을 그렸다고 했다. 한 번도 그림을 그려 본 적은 없었지만, 첫 장에 늦가을의 자작나무를 그려냈다. 황금빛의 평온한 자작나무 말이다. 놀랍게도 그림은 너무 아름다웠고, 그녀 스스로도 감동해 눈물을 흘렸다. 그러고 나서 비취처럼 순수하고 호수처럼 고요한 다싱안링의 숲을 그렸다. 그녀는 어째서 심장이 빨리 뛰는지를 잘 알고 있었다. 번화가는 그녀의 집과 달랐기 때문이다. 그래서 그녀는 떨리는 가슴을 안고 하행 열차를 타고서 베이지촌에 있는 외할머니 댁으로 갔다. 그 당시 치료도 받지 않았는데 그녀의 병은 완쾌되었다.

나는 츠쯔젠에게 베이지촌에 가서 백야를 볼 거라고 말했다. 백야를 보기 전에 반드시 당신의 손을 잡을 거라고, 당신이 그곳을 너무도 아름답게 묘사했기 때문이라고 말했다. 그녀는 이렇게 말했다.

"그래, 그곳에 가봐. 그곳에 가면 네가 대자연의 딸이라는 걸 알게 될 거야."

그렇게 해서 중국 최북단에 있는 마을에 가게 되었다. 츠쯔젠의 외할머니가 사시는 그 마을로.

내가 도착하기 전에 그곳에는 이미 수많은 차량과 인파가 몰려들었다. 그날은 하지夏至로, 1년 중 낮이 가장 긴 날이었다. 그날만큼은 사람들도 베이지촌의 적막을 깰 핑계가 생기는 것이다. 나 역시도 이곳에 오지 않았는가.

베이지촌은 그다지 크지 않았다. 오래된 목각 집과 그 후에 지어진 기와집, 더 시간이 흘러 지어진 시멘트 다층 건물이 제각각으로 흑룡강 주변에 늘어서 있었다. 왜 그런지는 모르겠지만, 건물 몇 채를 보니 낯선 느낌이 들었다. 기와집들도 조화를 이루지 못한 것 같았다. 숲과 강물을 배경으로 서 있는 수많은 건물 중에서 뾰족한 목각 집만이 주변 환경과 어우러져 있었다. 목각 집들 사이에는 아주 친근한 느낌이 있었다. 마치 한 폭의 그림과도 같았다.

나는 마을 중간에 있는 작은 건물에 머물렀다. 이름은 '베이지촌 식당'이었다. 들어가자마자 츠쯔젠의 외할머니는 어디에 사느냐고 물었다. 입구에서 한 여자가 이 식당의 주인이 츠쯔젠의 작은 외삼촌이라고 말해 주었다. 세상에나! 츠쯔젠은 아예 중간 절차를 생략해 버렸다. 그녀는 작은 외삼촌에게 단골손님인 나를 소개도 해주지 않았던 것이다. 나는 어쩔 수 없이 알아서 안으로 들어갔다.

마침 츠쯔젠의 작은 외삼촌은 식당에 없었다. 입구의 한 여자가 츠쯔젠의 작은 외숙모를 소리쳐 불렀다. 그러자 눈썹이 짙은 한 여자가 주방 뒷문에서 손바닥을 마주치며 걸어 나왔다.

"츠쯔젠 친구로구나! 얼른 올라오렴."

가까운 친척을 맞이하는 듯 아주 친절했다. 1층은 식당 주방이었고,

2층에는 깔끔한 객실 몇 개가 있었다. 그녀는 내게 가장 깨끗한 객실 하나를 내어 주었다. 객실에 짐을 풀면서 물었다.

"츠쯔젠의 외할머니는 어디 계세요?"

작은 외숙모가 말씀하셨다.

"아까 여기 계셨었는데. 집에 가본다고 하시더라. 항상 집 걱정이 많으셔."

나는 츠쯔젠이 한 천 번쯤 언급했던 그 낡은 목각 집에 외할머니가 계실 거라고 생각했다. 역시나 외할머니에게는 그곳이 바로 집이었던 것이다.

식당에서 점심을 먹고 홀로 흑룡강 강변으로 나갔다. 예전에 차를 타고 베이다황北大荒북대황에 갔을 때, 이곳을 지나친 적이 있다. 나는 머리를 차창 밖으로 내밀고 그쪽으로 손을 흔들었다. 한 여자가 이곳에 왔었고, 차에서 내리진 않았지만 그래도 영원히 이곳을 기억할 거라고 말하는 듯 말이다. 그 후 헤이허黑河흑하에 갔었고, 아이후이愛琿애휘에도 갔었다. 또 한 번 그곳과 마주했다. 그때는 마음가짐이 완전히 달라져 있었다. 감정의 먼지들이 검은 강물에 물들었고, 나는 피 빛의 역사에 빠져들었다. 그래서 나는 그곳을 똑바로 바라볼 수 없었고, 그저 그곳을 마음으로 기억하고 회상할 수밖에 없었다.

흑룡강이 흐르고 흘러 베이지촌을 지날 때, 물결이 호를 이루었다. 마치 이곳이 최북단 마을이 될 수 있도록 고의로 밀어내는 듯했다. 강물은 아주 맑고 깊었다. 기름처럼 오밀조밀 몰려 있었고, 아무런 소리도 내지 않았다. 뭍에는 마을이 있었다. 강 하나를 사이에 두고 두 마을에 사는 인종과 그들의 언어가 달랐다. 뭍에 있는 마을은 베이지촌이

라 부르지 않는다. 더 북쪽으로 가면 마을이 또 있기 때문이다. 뭍에서
는 속세의 소란함을 모두 들을 수 있으리라.

강가에는 비석이 두 개 있었다. 하나에는 '베이지촌'이라 쓰여 있었
고, 또 하나에는 '선저우베이지神州北極신주북극'라고 쓰여 있었다. 많은
이들이 이곳에서 기념 촬영을 했다. 그곳으로 건너가 사진을 찍을 때,
한 아가씨가 머리에 쓰고 있던 화관을 내게 건네주었다. 황금색 꽃을
엮어서 만든 아주 큰 화관이었다. 그 꽃의 이름은 잘 모르겠고 눈부신
황금빛만이 기억난다. 심지어 그것이 베이지촌의 색깔이라고까지 생
각했다.

모든 이들이 자신만의 방식으로 백야를 기다렸다.

어떤 이들은 나처럼 백야도 보고, 베이지촌도 보려고 이곳으로 왔
다. 그들은 베이지촌 거리에서 마냥 걸었다. 베이지촌 거리 곳곳을 걷
고 또 걸었다. 그들은 아무렇게나 현지인들 집 마당에 들어갔고, 집주
인과 이야기를 나누었다. 마당의 모든 것들은 감동을 자아내기에 충분
했다. 늘 보아왔던 것도 처음 보는 것처럼 느껴졌다. 이처럼 낯선 곳에
서는 '낯섦'이라는 감정이 가장 쉽게 생기는가 보다.

베이지촌 마을 입구에는 방문객 주의 사항에 관한 푯말이 있었다.
이곳은 더 이상 그냥 마을이 아니라 관광 명소가 된 것이다. 백야절에
는 이 소박한 마을 전체가 소란해진다. 내 마음에도 죄책감이 자리했
다. 나는 베이지촌으로 가는 거리에서 이곳의 과거가 보고 싶었다. 사
람들이 이곳에 백야가 있는지 몰랐을 때, 이곳은 외부로부터 차단되어
있었고 자유로웠으며 고독했다. 그 뾰족한 목각 집들은 겨울에는 눈

베이지촌 최북단에 살고 있는 가정집을 방문했다.

속에, 여름에는 비에 가려져 있다. 해마다 케케묵고 얼룩덜룩해졌다. 평범한 사람들은 늘 변함이 없는 것이 가장 좋으며, 베이지촌이 바로 그런 곳이어야 한다고 생각했다. 하지만 이곳은 결국 사람들에게 발견되었고, 이곳의 고요함 역시 사라지고 말았다.

수많은 아름다움이 이렇게 사라지곤 한다. 지금은 베이지촌에서 그런 비극이 발생하고 있다.

츠쯔젠은 베이지촌이 자신의 동화이자 마음의 화원이라고 말했다. 그녀의 이러한 감정은 어린 시절에 생긴 추억일 것이다. 그녀의 글 대부분은 과거를 회상하며 쓴 것이자 베이지촌에 관한 서사시였다. 그녀가 지금 머물고 있는 곳은 베이지촌보다 훨씬 더 쓸쓸하다. 마음이 갑갑할 때면 외할머니 댁의 목각 집이, 강가의 물고기가, 숲 속에 숨어 있는 작약마란화芍藥馬蘭花가 생각났을 것이다. 만약 다시 그녀를 만나게 된다면, 그녀에게 베이지촌에 대해 더 이상 쓰지 말라고, 더 이상 사람들에게 백야를 보러 가라고 부추기지 말라고 말할 것이다. 그러지 않으면 언젠가 또다시 가슴이 너무 빠르게 뛰어 글을 쓸 수 없을 때 찾아 갈 곳이 없어질 테니까.

백야는 약속대로 찾아왔다.

마치 사람들의 마음을 사로잡은 여자가 사방팔방에서 몰려든 자신의 팬들을 치맛자락 아래 모아놓듯, 백야 역시 그랬다. 저녁 8~9시 경이었다. 하늘이 어둑해지고 구름이 짙게 드리웠으나 아직도 오후가 겨우 지난 시간쯤 되는 듯했다. 사람들이 하나둘 강가로 모였다.

츠쯔젠의 외할머니도 오셨다. 나는 외할머니와 식당 입구에서 사진을 한 장 찍고 함께 강가로 갔다. 전족을 한 외할머니의 발은 작았고 키는 아담했으며, 머리를 땋고 있었다. 뺨은 발그레했고, 검은색 면 셔츠를 입고 있었다. 말을 할 때는 산둥 방언이 섞여 있었고, 수줍어하면서도 똑 부러진 면이 있었다. 나는 금세 츠쯔젠의 외할머니가 좋아졌다. 나는 어째서 츠쯔젠이 수많은 작품에서 외할머니를 언급했는지 알 수 있었다. 외할머니가 그녀에게는 풍부한 스토리와 상상력의 원천이었던 것이다.

나는 외할머니와 많은 대화를 하지는 않았다. 그저 어깨를 나란히 하고 걸었다. 내가 일찍이 알던 사람 같았다. 어린 시절의 따뜻함이 뭉게뭉게 피어오르는 것 같았다. 내 기억 속에서, 그리고 백야에서 가장 아름다웠던 것은 츠쯔젠의 외할머니였다. 내 기억의 일부가 그날 강가의 길가에서 그렇게 멈추어 있었다.

강가에 도착했다. 외할머니가 언제 내 곁을 떠났는지는 알 수 없었다. 오가는 사람이 너무 많았고, 외할머니는 키가 아주 작아서 찾기가 어려웠다. 나와 함께 있는 것이 힘이 들어 쉬러 갔다고 생각했다. 나는 아주 빠르게 사람들 틈으로 들어갔다. 사람들은 각양각색의 음료수와 간식, 장난감, 담배 따위를 파는 가판대에 섞여 있었다. 장사꾼들은 베이지촌 사람이었고, 매년 백야가 되면 이렇게 장사를 하러 나왔다. 하루 매출이 1년 쓸 돈 만큼은 된다고 한다. 장사치들의 얼굴 표정과 장사하는 방식은 베이지촌의 신비로움과 이곳에 대한 경외심을 산산조각 내기에 충분했다.

캠프파이어가 시작되었다. 이미 밤 10시였다. 구름 위에 있는 태양이 세상을 비추지 않을 시간이었지만, 강가의 작은 광장은 여전히 백주대낮처럼 밝았다. 사람들은 불가에서 춤을 추었다. 마치 이 하루가 가는 것이 아쉬운 듯 계속해서 춤을 추었다.

백야는 극지에서만 볼 수 있는 진풍경이다. 나는 일평생 남극에 갈 일은 없겠지만, 언젠가 중국 최북단 마을에 가서 백야를 감상할 수 있을 거라고 생각했었다. 그래서 먼저 지도책에서 모허를 찾았고, 그 다음에는 베이지촌을 찾아냈다. 그러고는 그 작은 지역을 펜으로 표시한 후 어느 여름날 반드시 그곳에 갈 거라고 다짐했었다.

어쨌거나 베이지촌의 백야 역시 백야는 백야다. 이곳에서는 2시간만 암흑의 세상이 펼쳐진다. 이날, 사람들은 깨어 있는 시간이 가장 길어서 더 많은 일을 할 수 있다. 동북 사람들에게는 깨어 있다는 것과 일을 한다는 것, 이 두 가지가 근면성실함을 의미한다. 나쁜 것이 뭐가 있겠는가? 여름날에 백야가 있다면, 겨울에는 흑주黑晝2)가 있다. 백야가 길면 그만큼 흑주도 길어진다. 동북 사람들은 너무 느긋하다는 인상을 주는데, 그것은 바로 흑주가 길어 사람들이 게을러졌기 때문이다. 나는 백야에 오래 머물고 싶은 마음이 강했다. 백야의 태양을 하늘에 붙잡아 두어서라도 말이다.

축제로 변해버린 백야는 늘 바빴다. 바빠진 백야는 이미 그 옛날의 백야가 아니라는 생각이 들었다. 하지만 츠쯔젠의 외할머니 댁이 있는 마을이 아무리 번잡해지더라도 매년 이날이 되면 천리만리 길도 마다하지 않고 사방팔방에서 사람들이 모여들 것이다. 그래서 백야를 마주할 것이다.

2) 겨울 낮에도 어두운 현상.

22

얼음의 도시
: 투명하게 빛나는 검은 하얼빈

빙등제氷雪祭[1]를 보기 위해 열흘 넘게 분주히 지냈다. 오리털 점퍼, 털신, 털가죽 장갑, 방한용 바지 얇은 거, 두꺼운 거 한 벌씩, 거기다 스웨터 몇 벌을 샀다. 침대 위에 물건들이 산처럼 쌓였다. 친구는 얼음의 도시가 얼마나 추운지 이야기해 주었고, 자신이 시집 갈 때 친정어머니가 직접 해주신 진홍색 솜저고리와 솜바지를 내게 보내 주었다. 친구는 이런 충고도 덧붙였다.

"하얼빈에선 밖에서 펜으로 글 쓸 생각은 일찌감치 접어 두는 게 좋을 걸!"

나는 깜짝 놀라 딸아이의 연필을 꺼내 깎고 또 깎았다. 대여섯 자루는 더 깎았나보다.

원래는 딸아이와 함께 갈 생각이었다. 딸아이가 여름에 초등학교에

1) 매년 1월 5일에서 2월 5일 사이에 헤이룽장 성 하얼빈에서 개최되는 겨울 축제. '하얼빈 얼음 축제' 혹은 '하얼빈 눈 축제'로도 불린다.

입학하기 때문에 그 전에 같이 여행을 가서 추억을 쌓고 싶었다. 하지만 친구가 또 전화를 해서는 하얼빈에는 칼바람이 불어서 어린 아이는 바람을 맞으면 피가 난다고 했다. 그 말을 듣고 딸아이는 겁이 나 얼어붙어 버렸다.

기차 침대칸에서 하룻밤을 보내고 얼음의 도시에 도착했다. 이상하게도 하얼빈은 별로 안 추웠다. 바람도 없고 눈도 내리지 않았으며, 햇살이 가득했다. 그저 입김이 서렸고, 코끝이 얼얼했을 뿐이다. 기차역에는 얼음 조각 하나만 덩그러니 놓여 있었다. 추상적인 조각상이었는데 푸른빛도 하얀빛도 없고 얼음 같지도 않은, 마치 오래된 돌 조각 같은 모양이었다.

길가에는 사람이 별로 없었다. 사람들은 하나같이 꽁꽁 싸매고 있었고, 조금 지나치다 싶을 정도로 껴입고 있었다. 하지만 걸음걸이만큼은 아주 가벼웠다. 그들이 그렇게 껴입은 것은 춥기 때문이 아니라, 이곳이 하얼빈이기 때문일 것이다.

짐을 호텔에 맡기고는 곧장 송화강으로 갔다. 송화강은 숲에 있는 탄광, 콩, 수수의 자양분이 되는 대자연의 어머니 같은 곳이었다. 지금도 해마다 한 번씩 천만 명 정도가 이곳을 찾아와 얼음 조각을 감상하거나 얼음놀이를 즐기곤 한다. 하얼빈은 얼음이 마르지 않고 끝없이 생기는 조롱박 같은 곳으로, 대자연의 어머니라 할 수 있다.

하얼빈은 마치 노인네처럼 자신의 모든 소리를 감추고 있다. 누군가가 얼음의 단단한 몸체를 조각해 인간들이 사용할 겨울 수영장, 빙상 요트 경기장, 정원식의 빙상 놀이공원을 만들었다. 빙등제는 내일 정식으로 개막한다. 빙상 요트 경기장과 놀이공원은 이미 개방되었다. 하늘에는 수많은 대형 애드벌룬이 날아다니고 있었다. 강가도 아주 번잡했다. 이것이 바로 축제 전야의 번잡함과 무질서함이리라. 나는 번잡스러움을 더하고 싶지 않아 홀로 조용히 강가를 거닐었다.

맞은편에서 한 중년 신사가 마스크를 벗더니 아이스크림을 한 입 크게 베어 무는 것이 아닌가. 한 입 베어 물자 마치 기차 한 대가 출발하는 듯 하얀 입김이 뿜어져 나왔다. 그가 내 곁을 지나가고 난 후 나는 '피식' 소리를 내고 웃었다.

젊은 커플 한 쌍이 가볍게 빙판을 걷고 있었다. 여자가 갑자기 얼음장 아래로 풍덩 빠졌다. 물이 천천히 허리까지 찼다. 남자는 바로 능숙하게 몸을 낮추고 여자를 끄집어냈다. 두 사람은 마치 아무 일도 없었던 듯 다시 길을 가기 시작했다. 한참을 걷다가 여자가 또 풍덩 빠져버렸다. 송화강의 얼음장은 마치 벙커 같았다. 남자는 상대하지 않고 괜히 여자만 골탕 먹이는 것 같았다. 이번에는 남자도 여자를 건지지 못했다. 어떤 사람이 다가와 거들었다. 여자는 큰 소리로 "내 다리! 내 다리!" 하고 외쳤다. 도움을 주던 사람들은 그저 웃을 뿐이었다. 내가 근처로 달려갔을 때는 사람들이 흩어진 후였다. 여자는 걸으면서 마치 아이스크림처럼 차가워진 자신의 다리를 내려다보았다. 만약 이런 일이 내가 살던 도시에서 일어났다면, 계속해서 위험에 처한 여자는 결국 힘없이 쓰러지고 말았을 것이다. 그리고 이튿날 아침, 이 여자를 구한 영웅 청년의 이름이 신문을 장식했겠지. 하지만 이곳은 하얼빈이다. 그런 일은 없었다.

하얼빈은 듣던 대로 춥긴 추웠다. 하얼빈의 햇살은 날카로운 칼을 품고 있었다. 한참을 걷자 턱과 얼굴이 점점 딱딱해지고 무감각해지는 것이 느껴졌다. 한 번도 느껴 본 적이 없던, 뼛속까지 얼어붙는 일종의 쾌감이었다. 나는 움츠러들고 싶지 않았다. 그래서 계속 강가를 따라 걸었다.

먼 곳의 소란스러움과 대조를 이루는 것은 강가 하류 돌계단에서 어깨를 나란히 하고 앉아 있는 중년 부부의 모습이었다. 그들은 꽤 떨어져 앉아서 서로 쳐다보지도 않고 그저 강을 바라보면서 침묵을 지키고 있었다. 강에는 얼어붙은 나무배가 있었다. 이 모습은 한 폭의 그림처럼 내 마음속에서 영원히 지워지지 않는 장면이었다. 중년은 인생의 가을에 해당된다고 하던데, 이들의 사랑은 이미 추운 겨울을 지나고 있는 것일까? 나는 이들이 육체적 사랑만 남고 정신적 사랑은 사라진 부부는 아니라고 생각한다. 제아무리 비열한 사람이라고 해도, 제아무리 사랑이 식어버린 부부라고 해도 이렇게 멋진 풍경 아래 이들처럼 침묵을 지키며 앉아 있지는 않았을 텐데⋯⋯. 아마도 이곳이 하얼빈이기 때문에 가능한 일이 아닐까 싶다.

밤이 왔다.

얼음과 등불이 밝게 빛나며 빙등제의 서막을 알렸다. 눈을 돌리자 자오린兆麟조린공원에서 얼음 조각을 이용해 탄생시킨 새로운 하얼빈이 눈에 들어왔다. 몽환의 세계였다. 실제 세상이 아니었다. 그곳에 들어간 나는 꿈에서 깨어날까 두려웠다.

빙등제의 모든 행사는 처음 보는 것들이었다.

우선, 처음으로 겨울 수영을 보았다. 그리고 겨울 수영이 무섭도록 잔혹하다는 걸 처음 알게 되었다. 믿기지 않지만, 인간이 해양에서 육지로 처음 올라왔을 때는 빙설과 함께 생활할 수 있었다고 한다. 하지만 선조가 진화하면서 이런 기능이 퇴화되었던 것이다. 그래서 누군가는 과거를 회상하며 '태초의 선조들은 어떤 기분이었을까?'라고 상상하곤 한다.

나는 뇌까지 꽁꽁 얼어붙는 느낌이 들었다. 영하 24도의 엄동설한이었다. 두꺼운 겨울옷을 겹겹이 껴입은 구경꾼들이 직사각형 모양의 수영장을 둘러쌌다. 수영장은 송화강 얼음을 쪼개 만든 것이다. 쪼갠 얼음 조각은 1미터 정도였다. 이것을 이용해 투명한 다이빙대 3개를 만들었다. 겨울 수영 시합은 아직 시작되지 않았다. 직원이 잠깐 와서 수영장 주변에 새로 생긴 살얼음을 부수었다. 모든 이들이 발만 동동 구르며 기다렸다.

마침내 수영복을 입은 선수들이 강가의 간이 대기실에서 나왔다. 그들 중에는 뚱뚱한 사람과 나이 든 사람도 많았다. 그들이 운동장을 한 바퀴 돌 때는 디스코 음악이 흘러나왔다. 나는 마음을 졸이며 그들의 태연함을 감상했다. 시합이 시작되었다. 겨울 수영대회 출전자들이 다이빙대에 올라섰다. 그들은 호루라기 소리가 울리자 조금의 망설임도 없이 단번에 뛰어내렸다. 아름다운 장면은 아니었으나 천둥소리가 울리듯 사람들을 깜짝 놀라게 만들기에는 충분했다. 수영장 물은 얼음이 녹아 생긴 것이었다. 갑자기 이렇게 뚱뚱한 사람들이 단체로 뛰어드니 살얼음 덩어리들이 한꺼번에 물가로 튀어나왔다. 주변에서 구경하던 사람들은 깜짝 놀라서 뒤로 물러섰다. 그리고 얼마 지나지 않아 살얼음들이 다시 얼어붙었다.

겨울 수영에서 볼거리는 출전자들이 겁 없이 뛰어드는 모습이다. 그것은 아주 위험천만한 일이고, 또 지옥 불구덩이에 뛰어드는 것과도 같은 일이다. 인간이 어떤 선택을 할 때는 대부분의 경우, 반드시 그래야만 했기 때문에 그런 선택을 한 것이 아니다. 아마 무언가를 증명해 보이고 싶었기 때문일 것이다. 많은 나이에도 불구하고 겨울 수영대회에 출전한 사람들은 세월을 정복할 수 있고, 세월을 넘어설 수 있음을 보여주고 싶었을 것이다.

이어서 난생 처음으로 국제 얼음 조각 경기를 보았다. 이 경기는 막판 스퍼트가 필요한 경기가 아니기에 유유자적하고 로맨틱하게 보였다. 일본의 몇몇 조각가들이 관중들에게 작은 기념 배지와 티슈, 치약 같은 작은 선물을 나눠 주었다. 싱가포르 사람들은 적도 부근에서 왔기 때문에 옷을 겹겹이 껴입고 있었다. 그래서 움직일 때 아주 둔하게 보였다. 이탈리아에서 온 백발의 노인은 녹색 옷을 입고 있었으며, 곁에는 손녀로 보이는 예쁜 소녀가 서 있었다. 많은 이들이 카메라로 노인과 손녀를 찍기 바빴다.

이들의 조각 도구는 목수와 비슷했다. 삽, 끌, 전기드릴, 재봉할 때 쓰는 전기다리미 등을 사용했다. 도구는 같았지만 일하는 방식은 완전히 달랐다. 하얼빈 청년 둘은 동북 이인상을 조각했다. 일본 청년은 스모 경기 모습을, 그리고 이탈리아 노인은 낙엽 하나를 정성껏 조각했다. 낙엽을 완성하는 데는 3일 정도 걸렸다. 세 번째 날, 내가 보러 갔을 때는 거의 작업이 끝나 있었다.

낙엽은 구불구불한 형태를 띠었으며, 하늘 위에 하늘하늘 떠 있었다. 눈을 떼지 못할 정도로 아름다웠다. 다시 그 노인을 바라보고서 비로소 알게 되었다.

'아, 이 낙엽 때문에 노인이 초록색 옷을 입은 거로구나!'

지금은 누레졌지만 예전에는 이 낙엽도 푸르렀을 것이다. 그 노인이 바로 하나의 푸른 잎이었다. 그는 점점 퇴색되어 가는 낙엽을 향해 최선을 다해 마지막 인사를 하는 듯했다. 노인이 표현한 것은 생명에 대한 자신의 애정이었다. 이것은 내가 지금까지 본 중에서 가장 특별한 낙엽이었고, 짙은 애정을 상징하는 낙엽이었다.

이어서 눈 조각 경기를 보았다. 눈을 조각하는 장면은 아주 처량해 보였다. 이것은 이미 예상했던 일이다. 하루는 기차역에서 나와 눈을 찾고 있었다. 왜냐하면 빈청濱城에 있을 때, 딸아이가 매일같이 눈을 달라고 했기 때문이다. 딸아이는 겨울에 눈사람을 만드는 사진을 찍어 달라고 했는데 빈청은 북쪽에 있었지만 눈이 내리지 않았다. 나는 얼음의 도시 하얼빈에는 눈이 아주 많이 내릴 거라고 생각했다. 그런데 쥐 잡듯이 사방팔방을 뒤져도 눈은 코빼기도 보이지 않는 게 아닌가. 역으로 마중을 나온 운전기사가 길가를 가리켰다. 그쪽을 보니 길가에 눈이 아주 조금 쌓여 있었다. 그런데 도시의 짙은 먼지 때문에 올해 딱 한 번 내렸던 눈이 케케묵은 색깔을 띠고 있었다.

경기장은 타이양도太陽島태양도공원2) 인공호수 위에 지어졌다. 다가가서 보니 눈 벽이 몇 개 있었고, 사람들은 삼삼오오 바빴다. 어떤 눈벽은 인공 눈으로 만들어졌다. 경기 주최 측에서 애타게 눈이 오기를 기다렸으나 눈이 내리지 않을 확률이 높아서 인공 강설기를 수입했다고 한다. 인공 강설기로 만들어진 눈은 입자가 작고 가늘었다. 눈이라기보다는 설탕이나 밀가루 같았다. 한숨이 절로 나왔다. 나중에 비도

2) 헤이룽장 성 하얼빈 시를 흐르는 송화강 섬 내에 위치하고 있으며, 겨울에는 하얼빈 빙설제가 개최된다.

물도 다 없어지면 그때는 대체 무엇으로 눈을 만들 것인가?

처음으로 눈 위의 결혼식도 보았다. 눈 위의 결혼식은 수중 결혼식이나 하늘 결혼식만큼이나 특별했다. 수십 쌍의 신랑 신부가 말 썰매에 나누어 타고 얼음 위를 질주했다. 중국식의 징과 북소리가 하늘을 진동했고, 폭죽 소리는 전장을 방불케 했다. 아주 복잡한 광경이었다. 한 커플은 블라디보스토크Vladivostok에서 왔다. 사진사들이 벌떼처럼 주위로 몰려들었다. 새 신부는 정말 사랑스러웠다. 생동감 넘치는 표정이 그야말로 일품이었다. 긴 머리는 쪽을 지어 올렸고, 귀밑에 작은 꽃핀 하나를 달았을 뿐이다. 갈색 모피 외투, 회색 장화까지 꾸민 느낌은 없었지만 우아하고 기품이 있어 보였다. 이와 비교해 볼 때, 중국 신부들은 화장이 너무 진하고 옷도 너무 화려했다. 화려함이 없으면 결혼식을 못하기라도 하는 걸까? 기왕에 얼음 위에서 결혼식을 올리기로 결정했다면, 이렇게 수동적인 태도일 필요는 없지 않을까? 참 이상했다.

그리고 처음으로 아이스하키 경기를 보았다.

중국 대 덴마크. 선수들은 조금 바보 같고 멍청해 보였다. 옷을 배불뚝이처럼 껴입었던 것이다. 공을 칠 때는 다리 아래에 마치 기름칠이라도 한 듯 뒤뚱뒤뚱 걸었다. 아이스하키는 스포츠의 일종이다. 아이스 댄싱은 일종의 예술이다. 아이스하키는 내 눈과 귀를 즐겁게 해주었다. 정말이지, 선수들 휴식 타임에 경기장으로 내려가 자유로운 영혼이 되어 날아다니고 싶었다. 몇 차례 곤두박질을 치더라도 날 수만 있다면 말이다. 그 순간 나는 소리를 지르고 춤을 추며 고통스러울 정도의 희열을 느끼고 싶다는 충동에 휩싸였다. 죽음의 고통이라도 괜찮을 것 같았다. 죽을 때는 얼음이 내 몸을 감싸주었으면 좋겠다. 그리고 새하얀 눈이 하늘로 피어올랐으면 좋겠다. 나는 죽을 만큼 좋았다. 하지만 이 세상은 그대로였고, 얼음도 그 모습 그대로였다.

떠돌이 샤오훙

: 불꽃처럼 짧았던 여류 작가의 비극적 삶

1970년대 말 어느 날, 오전이었는지 오후였는지, 날씨가 추웠는지 따뜻했는지 기억나지 않는 그날, 나는 학교 도서관 낡은 서고에 들어갔다. 매우 어두웠고, 서가에 꽂힌 책들은 누릇누릇한 색을 띠고 있었으며, 햇빛을 오래 보지 못한 듯 곰팡냄새가 심하게 났다. 오래전, 이 책들은 금지 도서로 분류되어 밀봉되어 있었다. 현재는 서가에 꼽혀 있지만, 이 책들을 분류해 주는 사람은 없었다. 바로 그쯤 내가 이곳에 왔다. 그리고 책 표지가 이미 너덜너덜해진 『후란강 이야기呼蘭河傳호란하전』[1]을 발견했다.

나는 막연히 초원에 대한 책이라고 생각했다. '후란허呼蘭河호란하'는 초원에 있는 강 이름 같았기 때문이다. 원래는 그저 몇 장 넘겨보고 책

---

[1] 후란강이 흐르는 고향 마을에 대한 기억과 풍경들을 샤오훙 특유의 아름다운 언어로 그려낸 명작이다. 때로는 시적 사유로, 때로는 산문적 언어로 과거의 추억을 담담하게 그려낸 장편 소설이다.

을 덮으려고 했다. 그런데 책을 쓴 사람이 샤오홍蕭紅소홍[2]이라는 여류 작가라는 걸 발견했다. 또한, 책의 목차를 쓴 사람은 마오둔茅盾모순[3]이었다. 이 책을 쓴 여자는 외로운 사람이고, '동북의 후란呼蘭호란'이라 부르는 작은 현성縣城에서 태어났다고 쓰여 있었다. 그때부터 내 눈은 책에서 떨어질 줄을 몰랐다.

책은 그다지 두껍지 않았다. 그날 나는 서고에서 나오지 않았다. 조금이라도 밝은 구석을 찾아서 단숨에 10만여 자의 소설을 다 읽어 버렸다. 나는 폐쇄되고 외진 고향에 살았지만, 그때도 온갖 방법을 동원해서 중국과 해외의 명작들을 구해서 읽곤 했다. 여자이기 때문일까? 그중 가장 좋았던 책은 아무래도 『제인 에어Jane Eyre』였다. 가장 호기심이 생기는 저자는 샬롯 브론테Charlotte Bronte였다. 하지만 그날 모든 것이 바뀌었다. 내 눈앞에는 오직 샤오홍과 그녀의 작품 『후란강 이야기』만 있었다.

그 후 나는 샤오홍에 관한 모든 것을 조사하기 시작했다.

나는 그 누구에게도 기대를 걸지 않았지만 샤오홍만은 달랐다. 줄곧 그녀가 아주 높은 곳에 고고하게 있었을 거라고 생각했다. 그 높은 곳은 제비가 진흙을 물어다 등지를 짓듯 그렇게 샤오홍 스타일의 언어로 만든 것이리라. 그녀는 바로 그 위에 서 있는 여신이었다. 본디 인생은 괴롭고 짧다고 한다. 이 책은 이와 달리 즐겁고 오랜 삶을 산 사람들에게 한평생 무엇을 하고 살았는지 자문하게 만들었다. 사실 문학 작품은 셀수 없을 만큼 많다. 그렇지만 명작을 기다리는 사람들의 입장에서 보자

2) 중국의 소설가(1911~1942). 본명은 장나이잉(張迺瑩). '샤오훙'은 필명이다.
3) 중국의 현대 소설가(1896~1981).

면, 출간되는 모든 책이 그녀가 쓴 책처럼 불후의 명작은 아니었다.

고대부터 현대까지 샤오훙이라는 독특한 꽃이 없었다면 동북 문학이라는 광야가 얼마나 황량하고 적막했을지 상상하기도 싫다. 수많은 사람이 글을 썼지만, 샤오훙과 어깨를 견줄 수 있는 사람은 없었다. 그녀를 모방하려 했던 사람도 있었지만, 샤오훙은 전무후무한 작가였다. 샤오훙의 작품을 읽으면서 그녀는 천부적인 작가라는 말을 굳게 믿게 되었다.

하지만 샤오훙의 글을 읽으면서 꽤나 마음이 아팠다. 고대의 규방 시인에서부터 현대의 수많은 작가들을 살펴보더라도 샤오훙처럼 비극적인 삶을 산 사람은 없었다. 그녀는 집도, 마음 기댈 곳도 없었기에 바람에 휘날리는 민들레처럼 일평생을 떠돌아다녀야 했다. 그녀는 결코 노라이즘Noraism[4]식의 외출을 한 것이 아니었다. 그녀는 샤오훙 스타일의 떠돌이 생활을 했다. 집을 떠난 이후 줄곧 망명하듯 떠돌아다녔다.

어떤 이유에서인지는 모르겠으나, 그녀의 작품을 읽으면 그녀가 마치 오랫동안 떨어져 지낸 가족처럼 느껴지곤 했다. 나는 줄곧 그녀가 돌아오기를 기다렸다. 게다가 꽤 여러 번 그녀 때문에 마음이 아팠다.

샤오훙, 대체 어디에 있는 거야?

그녀를 찾던 시간, 나는 샤오훙이 태어난 작은 도시를 방문했었다.

1987년 봄이었다. 나는 후란에 갔고, 후란강을 보았다. 그리고 아주 급하게 단편을 하나 썼는데, 제목은 『흑토원상적태양黑土原上的太陽』이

---

4) 남녀 불평등의 인습에 저항하여 인간으로서의 여성의 지위를 확립하고자 하는 주의. 또는 그런 운동.

었다. 나는 이렇게 썼다.

　너의 고향은 후란에 있지. 지금은 하얼빈 시에 속한 작은 현성縣城
이지. 송화강에서 새로 수리한 입체 교차로를 지나 동북쪽으로 30분
가량 가면 도착하지. 3월답게, 이 작은 성의 검은 땅 위로는 바람이
아주 높고 강하게 일고 있어. 거리 양쪽의 다채로운 현수막은 바람
때문에 하늘을 향해 휘날리고 있지. 마치 거꾸로 매달린 초롱처럼.
거리 전부가 아스팔트길은 아니야. 가끔 수숫대를 나르는 마차가 지
나가. 흩날린 먼지는 마차 주인의 눈앞을 뿌옇게 가렸어. 사람들이
사는 집 전부가 기와집은 아니야. 진흙으로 만든 초가집도 있지. 초
가집 정원도 돌과 벽돌로 만들어지지는 않았어. 어떤 것은 한 삽 파
낸 검은 점토를 한 덩어리씩 쌓아서 만든 것으로 아주 독특한 멋을
자아내. 우리가 탄 차는 요란하게 요동쳤어. 어떤 이들은 이 길이
'샤오훙로蕭紅路소홍로'라고 부르지.
　갑자기 1930년의 가을이 떠올라. 고요한 어느 밤, 열아홉 살이었
던 너는 항상 너를 흘겨보며 온몸이 벌벌 떨릴 정도로 너를 모욕했
던 아버지를 떠났지. 영원히 용서할 수 없을 악독한 계모로부터 떠
났지. 그리고 너를 목 졸라 죽이려 했던 큰아버지를, 너의 유일한 안
식처였던 뒷마당을 떠났지. 그때부터 너의 험난한 떠돌이 생활이 시
작되었지. 그날 밤, 너는 어떻게 하얼빈에 도착하게 된 거니? 네가 말
했었던 그 일본 당나귀를 타고 간 거니? 홀로, 빈털터리인 네가 수레
를 끌고 그곳으로 갔던 거니?
　…… 지금 나는 너의 고향 집에 와 있어. 너의 고향은 성 남쪽에 있

지. 수십 년 전 이곳은 으리으리한 지주의 저택이었어. 저택에 들어서니 벽돌 기와집 다섯 채가 보여. 나무 격자 모양 창문은 여전히 북방 지역의 오래된 멋을 간직하고 있어. 이 집엔 더 이상 네 가족이 없어.

방 안에는 온돌 하나, 벽돌이 깔린 마루, 구식 탁자와 의자, 온돌 구들만 남아 있어. 벽에는 유명한 사람들의 기념 글이 가득해. 어느 외국인은 네가 '향토 작가'라고 썼네. 아마도 네가 고향 지역을 아주 친근하게 생각했기에 사람들이 너를 그렇게도 존경하나 봐. 1930년대 문학계에서는 유럽식 문장이 유행이었지. 하지만 너는 그렇게 고집스럽게도 너의 기억과 그리움에 기대어 너의 따뜻한 작은 도시에 대해 썼지. 너의 꿈과 같은 후란강에 대해……

지금 다시 보니 아주 유치한 글이다. 당시에는 샤오훙에 대해 정확하게 이해하고 표현할 수 없었다. 1996년 봄, 하얼빈에서 아청阿城아성으로 건너가 한국 서양화가 김원金源의 고향을 방문했다. 원래는 다시 한 번 후란을 방문하려고 했으나, 결국 가지 않았다. 그 정원을 다시 보는 게 두려웠고, 샤오훙의 책에 언급되었던 경관을 마주하는 게 두려웠기 때문이다. 지금의 후란은 샤오훙의 고향 집으로만 존재하고 있다. 그곳에는 샤오훙이 없다. 그곳은 샤오훙이 많은 상처를 받은 곳이다. 그렇기에 후란이 샤오훙을 놓아 준 이후, 샤오훙은 다시는 돌아오지 않았다.

물론 샤오훙도 집이 있었다. 동북에서 후란은 역사적 배경이 있는 도시라고 할 수 있다. 흑룡강을 지키던 장군이 아이후이愛琿애휘를 세울 때, 바로 이곳에 작은 도시를 만들었다. 이곳의 특산품은 진주다. 그래서 황제와 황후에게 진주를 바치곤 했다. 서태후의 보석함에도 후란의 진주가 있었다. 강희제와 건륭제가 버드나무 가지 옆을 폐쇄해 관내 유랑민을 막은 이유는 그들이 장백산의 인삼을 캘 것이 두려웠고, 또 후란의 진주를 채취하는 것이 두려웠기 때문이다. 후란은 평범한 지역이 아니었다. 뛰어난 인재를 배출한 곳이라 할 수 있다. 샤오홍은 후란 출신이다. 그래서 샤오홍과 후란은 불가분의 관계에 있다.

샤오홍이 살았던 집 정원은 후란에서 아주 그럴듯한 곳이다. 그녀는 정원에 있는 식물과 정원을 오가는 사람들에 대해서도 하나하나 생동감 있게 그 생김새를 묘사했다. 정원 밖에서 일어난 사건 하나도 샤오홍의 날카로운 눈을 피해가지는 못했다. 이곳은 집이었지만 만질 수는 없는 곳이었다. 부모님이 모두 계셨지만, 그녀의 머리를 따뜻하게 쓰다듬어 주는 손길은 없었다. 샤오홍에게는 차갑지만 자상한 할아버지가 따뜻함과 사랑, 그리고 집과 같은 존재였다. 할아버지가 돌아가신 것은 그녀에게는 집이 무너진 것과 다름없었다.

그 후, 한 여자의 도피 생활이 시작되었다.

처음에는 멀리 떠나지 않았다. 그저 후란에서 하얼빈으로 건너갔을 뿐이다. 하지만 가족이 그녀를 내쫓았다. 눈이 펑펑 내리던 어느 날, 북방에서 그녀는 맨몸으로 차가운 겨울을 맞이해야 했다. 또 처절한 배고픔을 맛봐야 했다. 처음에 그녀는 한 남성에게 속았다. 그 후, 또 다른 남성에 의해 구출되었다. 나는 내 글에서 이렇게 적었다.

어느 여관 눅눅한 바닥에서 너는 신음했고, 배고픔에 시달려야 했지. 하지만 줄곧 바라왔지. 이곳의 나뭇잎은 푸르기를, 시냇물이 졸졸 흐르며 봄이 왔음을 알려 주기를.

길가의 허름한 판자 건물 안에서 너와 네 남편은 한 손에는 진흙, 또 다른 한 손에는 풀을 들고 마침내 둘만의 보금자리를 만들었지. 또 마침내 너는 그 어두운 등불 아래서 책을 한 권 써냈지.

가장 친한 친구가 갑자기 사라졌을 때, 집 앞에 유령 같은 낯선 이의 그림자가 보일 때, 관외의 군인이 관내로 들어왔을 때, 관외의 학생들이 부모를 떠나 관내에서 온종일 떠돌아다닐 때 유일한 해결책은 다시 한 번 도망치는 것이다. 그녀는 정말로 고향을 등지게 되었다. 관내를 떠나 관외로 가는 완벽한 이별이었다. 이때가 바로 우여곡절이 많았던 그녀의 인생에서 가장 편안하고 잊을 수 없던 시기였다. 나는 또 이렇게 썼다.

칭다오青島청도 하이빈海濱해빈의 그 아름다운 초원, 총총 나 있는 오솔길, 소란스러운 해수욕장, 모두 너를 단번에 사로잡았어. 하지만 너는 고향 사람들을 매우 그리워했지. 그렇게 너를 출세하게 해 준 『생사의 장生場생사장』이 탄생하게 되었지.

아쉽게도 좋은 날은 길지 않았다. 중추절 저녁, 그녀와 그녀의 남편이 모두 의지하던 친구가 체포되었다. 하얼빈을 떠날 때처럼 충분한 여행 경비를 마련하기 위해 그녀는 나무 침대와 책상 등 잡다한 물건들을 중고 시장에 내다 팔았다. 그 후, 그녀는 아주 조심스럽게 자신의 작품을 손에 쥐고 남쪽으로의 도피 생활을 시작했다. 이번 도피처는 상하이였다. 상하이는 중국의 문학가이자 사상가였던 루쉰魯迅노신이 있는 곳이니 두려울 것이 없다고 그녀는 생각했다.

나는 이렇게 적었다.

빛도 들어오지 않는 정자에서 넌 루쉰에게 편지를 썼지. 그리고 마침내 한 커피숍에서 그 위대한 사람을 만났어. 한 번도 경험해 보지 못한 뜨거운 따뜻함이 너를 어루만져 주는 기분이었을 거야. 그리고 마침내 너는 1930년대 상하이를 뒤흔든 여류 작가가 되었지.

샤오훙은 태생적으로 명성을 떨칠 수밖에 없는 작가였다. 반대로 평생 떠돌이 생활을 해야 할 운명이기도 했다. 그녀의 인생에는 늘 위기가 도사리고 있었다. 집이 있는 것 같았지만, 돌아갈 집은 없었다.

나는 이렇게 적었다.

도쿄는 네가 가서는 안 되는 곳이었어. 상하이 역시 마찬가지야. 하지만 너는 두 곳에 모두 가려고 했어. 너는 누군가가 너를 사랑하고 보호하면서 한편으로는 너를 억압하는 것을 못 견뎌했지. 또한 배신이나 소홀함을 참지 못했지. 어두운 동토에서 얼어붙은 너의 마음은 따뜻함을 갈망했고 애정을 원했어. 너는 내면 깊은 곳의 열정을 하나하나 『후란강 이야기』와 『소성삼월小城三月』에 적었지. 그리고 홀가분하고 가벼운 마음으로 이곳을 떠났지.

이것은 내가 10여 년 전에 도망자를 위해 쓴 설명이었다. 나는 따뜻한 눈길로 그녀의 행적을 좇았다. 떠돌이 여성의 뒷모습을 말이다. 만약 내가 베이징, 상하이나 우한武漢무한, 충칭重慶중경 사람이었다면 샤오홍의 고향에 대해 중요하게 생각하지 않았을 것이고, 또 그녀가 집이 있든 없든, 그녀가 어디서 와서 어디로 가든, 어디서 죽어 어디에 묻히든 전혀 신경 쓰지 않았을 것이다. 공교롭게도 나와 그녀는 모두 관동關東 출신 여자였다. 나는 집을 떠난 적은 없지만 집을 떠난 사람은 어떤 마음일지 이해할 수 있었다. 10여 년 전, 나는 후란의 그 정원에 서서 바람을 맞으며 고개를 들어 멀어져 가는 태양을 바라보았다. 태양은 마치 그녀의 얼굴처럼 창백하고 적막해 보였다. 집으로 돌아가고 싶지만 돌아가기를 거부하는 마음인 듯했다.

후에 나는 중국 문학가 마오둔 선생이 말한 '적막'이 무엇인지 알게 되었다.

그렇다고 샤오홍이 친구가 없었던 것도 아니다. 그녀의 주변에는 늘 남자가 끊이지 않았다. 그들은 대부분 글을 쓸 줄 알았고 건강했지만, 그녀를 위해 무엇을 해야 하는지는 몰랐다. 만약 미국인 하워드 골드블랫Howard Goldblat[5]이 없었다면, 빛나는 별과 같은 그녀도 그대로 스러지고 말았을 것이다. 그 미국인은 중국 문학계에 이렇게 외쳤다.

"1930년대 중국 동북에서 향토 여류 작가가 나타났다. 어떻게 그녀를 알아보지 못할 수 있는가?"

이로써 혜성처럼 나타난 동북 여자가 현대 문학사에 자신의 족적을

[5] 중국 소설 50여 편을 영문으로 번역한 미국의 번역가.

남길 수 있게 되었다. 그 시각, 국내외에서 그녀를 집중 조명하기 시작했다.

어떤 이들은 그녀의 애정사를 몰래 캐곤 했다. 그녀의 경험은 그야말로 기이한 소설 같았다. 그 속에는 문학인들이 속속 등장했다. 그녀와 연관된 남자들의 발언은 회상록이나 전기 문학 등에 실려 불티나게 팔렸다. 누군가는 이 때문에 유명해졌다.

하지만 이보다 더 많은 이들이 그녀의 문학에 관심을 갖기 시작했다. 중국어를 이렇게도 표현할 수 있고, 소설과 산문을 또 이렇게 아름답게 쓸 수 있다니. 그녀는 감성적인 여자이고 천부적인 자질을 타고난 작가다. 그녀는 과거 문학계에 알려지지 않았고 혜성처럼 나타났기에 속세에서 숨겨진 천재로 불리었던 것이다. 중국 문학사에서 샤오훙의 입지는 독보적이었다.

내가 보기에 샤오훙의 비극과 영예는 집이 없었기에 가능했던 것이다. 샤오훙은 너무 일찍 집을 떠났다. 게다가 영원히 고향을 떠났다. 사실 그녀는 집을 사랑했다. 병에 걸려 기침을 하면서도 여전히 베갯머리에서 『호란하전』과 『소성삼월』을 썼다. 홍콩의 상공에서 태평양 전쟁의 포탄 소리가 울려 퍼졌다. 그래도 그녀는 꿋꿋이 『기동북류망자寄東北流亡者』를 써 내려갔다. 이것은 그녀의 마지막 작품으로서 집에 대해 쓴 글이다. 내용은 이렇다.

타지에서 떠돌고 있는 동북 유랑자들에게.
가을철 달이 찰 때쯤 당신들의 마음에는 비극이 가득하겠지요. 푸른빛을 띤 나뭇잎이 생각나고, 백발의 어머니와 어린 친척들이 생각날 거예요.

그래요. 집은 돌아갈 수 있는 곳이자 아주 편안한 곳이지요. 땅은 드넓고 식량도 풍부한 곳이지요.

맞아요. 인간은 어떠한 마음을 가지고 고향을 생각하고, 그 강렬한 그리움을 표현했었나요? 흑인들은 디스코를 그리워했으며, 아일랜드의 시인 윌리엄 버틀러 예이츠는 벌집이 있는 자신의 보금자리로 돌아가고 싶어 했지요. 채소밭에 살던 이니스와 선원 일을 했던 존 맨스필드는 상하이로 돌아가기를 꿈꾸었지요.

자신도 떠돌고 있었기에 그녀는 모든 유랑자를 걱정했다. 하지만 유랑자들은 콩과 수수가 자라는 자신의 고향으로 돌아왔을 때, 자신을 걱정해 주고 지원해 주었던 그녀를 까맣게 잊고 말았다. 1942년 초봄, 홍콩 상공의 전화戰火가 멈추기 전에 그녀는 세상을 떠났다.

고독한 그녀는 천수만淺水灣[6]에 있는 영국인 정원에 안장되었다. 부호였던 그 영국인은 일본군의 포탄이 두려워 도피했다. 전란의 시기에는 누가 자기 집 정원에 들어왔는지 신경 쓸 겨를이 없었다. 그 후, 그는 다시 주인의 신분으로 이곳으로 돌아왔다. 그는 샤오훙이 누군지 몰랐다. 이 여자가 돈이 없다는 것만 알았다. 샤오훙은 편히 잠들 수 없었다. 죽었으나 계속 떠돌아야 했다.

아주 이상했다. 당시 홍콩에는 수많은 동북 출신 사람들이 살았는데, 그들은 이 여자를 위해 십시일반으로 돈을 모아 그 묘지를 살 생각

---

[6] 리펄스 베이(Repulse Bay). 휴일이면 가족, 친구와 함께 찾는 이가 많은 홍콩 사람들의 대표적인 휴식 공간이다.

은 하지 않았다. 그녀의 관이 다른 곳으로 쫓겨나듯 옮겨지는 걸 모질게 두고만 보았다.

더욱 유감스러운 점은 그녀가 집을 떠난 이후 한 번도 집으로 돌아간 적이 없다는 사실이다. 그녀의 관조차도 말이다. 어째서 그녀의 영혼이 고향으로 돌아가서 쉬는 것조차 허용되지 않았던 것일까? 어째서 그녀를 아무런 연고도 없는 광저우廣州광주의 공동묘지로 보냈던 것일까?

그해 홍콩을 방문했을 때, 나는 천수만에 갔다. 수영하기 좋은 계절이어서 그랬는지 청춘 남녀와 화려한 돛단배들이 천수만을 가득 메우고 있었다. 나는 그저 샤오훙이 매장되었던 곳을 하염없이 바라보았다. 하지만 샤오훙은 이미 떠나고 없었다.

나는 광저우를 여러 차례 방문했다. 한 번은 그녀가 묻혔던 공동묘지에서 가까운 곳에 갔었지만, 그곳에서 내리지는 않았다. 내가 그녀를 위해 무엇을 할 수 있단 말인가.

가엾은 샤오훙. 그녀는 영원히 떠돌이 생활을 해야 했다. 그녀는 집도 없었다. 이 세상에 '샤오훙의 고향'이라 부르는 곳이 있긴 했지만, 그녀는 그곳에 가지 않았다. 그녀는 모든 것을 의심했다. 그리고 그럴 만한 이유도 충분했다. 아마 그녀는 속세에서 혹은 천국의 어느 곳에서 저 멀리 떨어져 있는 동북을, 그녀의 집이 있는 그쪽을 향해 눈물을 떨구며 하염없이 바라보았을 것이다. 물론 그곳으로 한 걸음도 다가가고 싶지는 않았지만 말이다.

24

흑백 사진 한 장

: 어머니와 아버지의 숨겨진 이야기

어머니와 아버지가 일생동안 함께 찍은 사진은 단 한 장뿐이다.

아버지께서 돌아가시고 이미 20년이 흘렀다. 그럼에도 어머니는 이 사진을 항상 몸에 지니고 다니신다. 고향의 남동생 집에 계실 때도, 도시에 있는 우리 집에 머무실 때도 언제나 홀로 이 사진을 꺼내 두 사람의 모습을 바라보시곤 하셨다. 모르는 사람의 사진을 보듯이, 갑자기 무슨 생각이라도 난 듯이 그렇게 질리지도 않으시고 계속 들여다보신다.

어머니는 스스로에 대한 자신감이 대단한 분이다. 하지만 사진 속의 또 다른 한 사람, 아버지에 대해서는 사진을 보아야만 과거의 애정을 떠올릴 수 있다. 남편의 손, 남편의 어깨, 짙은 갈색의 다정한 눈빛. 이것들이 어머니에게 잊기 어려운 추억을 남겼던 것이다.

내 기억 속의 고향 집 벽 낡은 액자에는 빛바랜 사진이 많이 걸려 있었다. 할아버지와 할머니의 사진, 셋째 이모와 넷째 이모의 사진, 외삼촌과 외숙모의 사진 등. 하지만 외할머니 가족의 사진은 없었다. 어머니에게 그 이유를 물었을 때, 이렇게 답하셨다.

"외할머니 댁은 출신 성분이 좋지 않아서 그래. 사진은 많지만 벽에 걸 엄두가 나지 않았던 게지."

그래서 어렸을 적에는 부모님의 사진 한 장만 볼 수 있었다. 손바닥 크기의 반들반들한 흑백 사진 속 한 쌍의 커플은 6.25전쟁 지원군 시절의 군복을 입고 있었고, 머리에는 챙이 큰 모자를 쓰고 있었다. 군복 상의에는 흰색 지원군 배지가 달려 있었다.

사진 속의 아버지는 군인용 고무신을 신고 있었다. 하지만 어머니는 집에서 직접 만든 검은색 헝겊신을 신고 있었다. 아버지의 왼쪽 손목에는 브랜드를 알 수 없는 손목시계가 채워져 있었다. 아버지가 시계를 자랑하려고 손목 소매를 일부러 걷은 것처럼 보였다. 허영심이 가득해 보였다. 아버지는 원래 그런 분이 아니었다. 하지만 그 사진 속의 아버지는 그렇게 손목을 걷고 계셨다. 아버지는 키가 크지도 작지도 않았고, 어머니는 여자치고는 키가 큰 편이었다. 아버지가 허리를 꼿꼿이 펴니 겨우 어머니와 키가 비슷해졌다. 아버지는 평소 잘 웃으시는 분이지만, 사진 속에서는 근엄한 표정을 짓고 있었다. 어머니와 누가 더 근엄한지 경쟁이라도 하듯이 말이다.

어머니는 원체 미인이었다. 군복을 입은 어머니는 눈을 뗄 수 없을 만큼 더더욱 아름다웠다. 큰 모자 아래로 검은 머리카락이 흘러내려와 있었고, 커다란 눈에는 부끄러움이 담겨 있었다. 고전 미인의 입술을 가진 어머니는 일부러 몸을 얌전히 숙이고 있었다. 어머니는 아버지가 긴장한 걸 눈치 챈 듯 일부러 자신을 낮추어 옆에 있는 아버지가 더 남자다워 보이게 했다. 어머니와 아버지의 모습을 보니 속사정은 모르겠으나 마치 군인 부부 같았다. 아버지는 시골에서 온 촌뜨기 같았고, 어머니는 지주나 자본가 가정을 뒤로하고 혁명 군대에 입대한 여군 같았다. 사실 두 분은 모두 시골에서 나고 자란 농촌 토박이였다. 어머니가 선천적으로 우아하고 고상한 외모를 가지고 계셨을 뿐이다.

더 자세히 보면 사정은 이랬다. 부모님의 군복은 분명 막 빨아서 말린 것 같았다. 바지 주름이 칼날처럼 빳빳이 펴져 있어서 위풍당당한 느낌이 좀 줄었다. 두 사람 발밑에는 진짜인지 가짜인지 모를 화분이 놓여 있었다. 뒤로는 어슴푸레하게 안인지 밖인지 모를 경관이 보였다. 그래서 두 사람의 복장과 표정이 풍경에 어울리지 않아 보였다. 바로 그 순간 셔터가 '찰칵' 눌렸던 것이다.

어머니는 사진 속의 두 사람이 사진관에 가기 전에 끌어안고 한바탕 엉엉 울었다고 했다. 부모님은 두 사람이 생사를 건 이별을 할 것이라고, 그리고 다시는 만나지 못할 거라 생각했다고 한다. 하지만 몇 년 후, 6.25전쟁 중에 아버지는 여러 차례 전쟁터에서 돌아오셨다. 그리고 결국 현성縣城에 남아 간부가 되셨다. 어머니는 마음속의 응어리가 풀리는 듯했다. 이때부터 도시와 농촌에서 평화로운 나날을 보낼 수 있게 되었다. 이상한 것은 평화가 가득했던 그 시절, 부모님은 더 이상 함께 사진을 찍지 않으셨던 것이다.

1979년 여름, 아버지는 53세가 되던 해에 일을 하시다가 갑자기 뇌출혈로 앓아 누우셨다. 6개월 이상 치료를 받았지만, 어머니와 자식들을 남기고 영영 이 세상을 떠나셨다. 어머니는 아버지의 생전 사진을 찾으면서 긴긴 한숨을 내쉬며 이렇게 말씀하셨다.

"너희 아버지와 찍은 사진이 평생 단 한 장뿐이구나. 도대체 그동안 뭘 한 건지……."

사실 이 사진에는 흥미로운 이야기가 많이 숨겨져 있었다. 하지만 자식들은 누구도 과거에 대해 묻지 않았다. 글쓰기 좋아하는 나조차도 말이다. 1996년 여름이었다. 나는 퉁화로 가는 기차표를 한 장 샀다. 퉁화에 간 이유는 지안集安집안[1]에서 고구려의 고분을 보고 싶었기 때문이다. 지안으로 출발하기 전, 어머니가 퉁화에 갔었다는 것, 그리고 아버지와 사진을 찍었다는 이야기가 떠올랐다. 바로 어머니에게 전화를 걸었다. 어머니에게 그 사진에 대한 이야기를 들어보고 퉁화에 가서 그 사진관을 찾아야 한다는 생각이 별안간 들었다. 또 그 사진관 사진을 찍어서 어머니에게 보여드리면 좋겠다고 생각했다. 왜냐하면, 어머니와 아버지가 만났던 그 순간이 아주 중요하다고 생각했기 때문이다. 아버지는 랴오선遼瀋요심전투[2]에 참가해 군인이 되었고, 그 후에는 지역 간부가 되었다. 그리고 부모님은 더 이상 사진 속 그날처럼 오랫동안 서로를 보살피지 못했다. 퉁화에서 사진을 찍을 당시에 부모님의 나이는 스물다섯 살이었다고 어머니께서 말씀하셨다. 사진 속의 두 사람은 너무도 젊었다.

나와 전화 통화를 하던 그날, 이미 일흔이 넘은 어머니는 마치 갓 시집간 새색시 같았다. 한동안 부끄러워하며 말을 하다가 한동안 푸념을 늘어놓았다. 마치 고서를 읽듯, 오래된 극을 연기하듯 생동감 있게 이

---

1) 평양으로 천도하기 전 고구려의 수도였으며, 많은 유적과 유물이 남아 있다. 지안에는 동북아시아의 고대사를 생생하게 보여주는 광개토대왕비가 있으며, 수많은 고구려 고분 유적이 있다.
2) 1948년에 발생한 중국 공산당과 국민당의 전투. 이 전투에서 공산당의 인민해방군이 처음으로 전술과 병력 규모에서 국민당을 추월했기 때문에 랴오선전투는 중국 근대사의 중요한 위치를 차지하고 있다.

야기를 하셨고, 말 한마디에 세 번씩 한숨을 쉬며 긴긴 이야기를 늘어놓으셨다. 그 순간 나는 이런 생각이 들었다.

'어머니를 정말 사랑하고 잘 안다고 생각했는데, 어머니는 그 숱한 세월 동안 홀로 당신 이야기를 간직하고 계셨구나.'

나의 무관심 때문에 어머니가 홀로 외로우셨던 것이다.

어머니의 마음속에 이렇게도 아름답고 비극적인 이야기가 숨겨져 있을 줄은 몰랐다.

1950년 음력 7월의 어느 날이었다. 날이 어두워지자 어머니는 강가에 빨래를 하러 갔다. 옷을 물속에 집어넣었을 때, 대추나무 마을의 도목수가 가재도구를 챙겨 강을 건너는 것을 보았다. 그는 어머니에게 통화에 있는 아들을 보러 간다고 했다. 조카며느리도 함께 가는 중이었다. 어머니는 듣자마자 함께 가겠다고 했다. 어머니는 강가에서 젖은 옷을 주섬주섬 챙겨 집으로 돌아갔다. 할머니께 통사정을 하여 40위안을 빌렸지만, 이 돈은 여비로는 턱없이 부족한 금액이었다.

어머니는 마음이 급했다. 청색 무명 셔츠를 걸치고, 청색 무명 바지를 입었다. 양말도 채 신지 못하고 맨발로 신발을 신고 도목수를 따라갔다. 그해, 내 언니는 겨우 다섯 살이었다. 어머니는 길을 떠나면서 언니가 뒷마당 벽에 엎드려 엉엉 우는 소리를 들었다고 했다.

비가 오기 시작했다. 온 세상이 하얗게 젖었다. 강물도 넘실댔다. 어머니는 10여 리를 가야만 도목수와 그의 조카며느리를 만날 수 있었다. 도중에 외할머니 댁 입구를 지나게 되었다. 어머니는 마당 밖에서 "엄마! 나 통화에 갈 거야!"라고 외쳤다. 외할머니께서 들으셨는지는 상관 않고 어머니는 또 빗속을 뚫고 길을 떠났다.

아들을 보러, 남편을 보러 그렇게 세 사람은 폭우 속에서 내달렸다. 강을 건널 때는 서로 손을 잡아주었다. 물은 허리높이까지 차올랐다. 겨우겨우 역에 도착해 다롄大連대련에서 선양瀋陽심양으로 가는 기차를 탔다. 기차표는 일단 타고 나서 샀다. 저녁에 선양에 도착했다. 통화로 가는 기차가 없어서 여관을 찾아 묵기로 했다. 진흙 온돌방이었다. 온돌 돗자리가 다 찢어져서 있으나 마나 한 곳이었다. 온돌 위에는 목화솜이 그대로 드러나 보이는 이불 하나와 색깔도 구분할 수 없는 더러운 베개 세 개뿐이었다. 처음에는 아무도 그 베개를 베지 않았다. 하지만 날이 밝아올 때쯤 되니 세 사람 모두 한 이불을 덮고 있었다. 어머니는 조카며느리와 도목수가 한 이불을 덮고, 게다가 낯선 사람인 나까지 그랬다는 건 정말 창피한 일이라고 말씀하셨다. 어머니는 아버지를 포함, 그 누구에게도 이 이야기를 하지 않으셨다고 한다.

동이 틀 무렵 세 사람은 콩국 한 잔과 밀가루 전병 두 개씩을 먹고 바로 통화로 가는 열차에 올랐다. 도목수는 아들이 적어 준 주소를 들고 그들을 강가로 데리고 갔다. 후에 그것이 혼강渾江이라는 것을 알게 되었다. 노인 한 명이 큰 나무판자를 지고 있고, 세 사람이 함께 끝없이 강을 건너는 장면이 연출되었다. 어머니는 물에 도착하자마자 아버지를 만날 줄은 상상도 하지 못했다.

마침 아버지는 병사 한 명과 성에서 물건을 사고 있었다. 어머니는 얼떨떨한 표정으로 아버지를 바라보았다. 아버지의 첫 마디는 "왜 왔어?"였다. 어머니는 그 말을 듣고 화가 머리끝까지 치밀어 그대로 가버리려고 했다. 아버지의 두 번째 질문은 "아이는 왜 안 데려왔어?"였다. 어머니는 "그냥 안 데려왔어."라고 답했다. 그러자 아버지는 "거짓말, 내 딸이 죽은 게야."라고 말했다. 어머니는 바로 아버지의 입을 막아버렸다.

아버지의 부대는 훈강 강가에 있었다. 아버지는 어머니가 보일러실에 머물도록 했다. 부대는 언제 북한으로 진격할지 알 수 없었다. 아버지는 5반 반장이었다. 반드시 병사들과 함께 머물러야 했다. 아주 가끔씩만 어머니와 함께 지낼 수 있었다. 어머니는 병영에 간 후 한 번도 밖으로 나오지 않았다. 도목수와 조카며느리가 어디서 지내는 지도 알 수 없었다. 이곳에는 가족을 보러 온 사람이 많지 않았다. 아버지는 군관과 병사들이 어머니를 보고 집 생각이 날까 걱정이 되었다. 그래서 어머니에게 사람 눈에 띄지 않는 낡은 보일러실에 머물러 있으라고 했다.

아버지가 안 계실 때, 보일러실로 6반 반장이 찾아왔다. 그는 랴오닝 장허莊河장하 지역 사람이고, 키가 컸다. 그의 부인이 그를 보러 오지 않아서 아버지가 그에게 어머니와 말동무를 하도록 했다. 아버지가 사진을 찍을 때 차고 있었던 그 손목시계는 바로 6반 반장에게 빌린 것이었다. 어머니가 입은 그 군복도 그에게 빌린 것이었다. 어머니는 6반 반장이 소탈하고 괜찮은 사람인데, 북한에서 전사했다고 말씀하셨다. 어머니는 그 사람의 이름도 묻지 않으셨다. 그저 아버지를 따라 그 사람을 '6반 반장'이라고 부르셨다.

마침내 이별해야 할 날이 왔다. 부대는 곧바로 지안으로 가서 압록강을 건너야 했다. 어머니는 아버지에게 "사진 한 장 찍어요."라고 말했다. 아버지는 돌연 다섯 살배기 딸이 떠올랐다. 딸이 태어났을 때, 아버지는 바로 입대하셨다. 어머니가 어떻게 말씀하시든 아버지는 딸이 살아 있다는 걸 믿지 않으셨다. 어머니는 이렇게 말씀하셨다고 했다.

"딸은 나와 함께 힘들게 살고 있어요. 세 살 되던 해에 분가해서 먹을 것이 없었어요. 그래서 아이와 함께 30리 길을 걸어 이웃 마을에 가서 먹을 것을 구했어요. 산길을 가다 아이가 걷지 못하고, 나도 아이를 안기 힘들면 뒤에서 아이 발을 밟았어요. 그러면 아이가 아파서 몇 걸음을 억지로 걸어가요. 그렇게 이웃 마을까지 갔어요. 마을에 도착하면, 대문 밖에서 아이에게 어떻게 말해야 하는지 일러주었어요. 그러면 아이는 내가 시킨 대로 이야기를 하는데, 사람들이 슬퍼서 눈물을 뚝뚝 흘렸어요. 그러면 사람들이 우리에게 쌀 한 봉지를 주면서 당나귀를 타고 집에 갈 수 있게 해주었죠."

어머니의 말을 듣고 아버지는 눈물을 흘리며 이렇게 말씀하셨다.

"딸이 정말 살아 있다면, 집에 돌아가서 사진 한 장을 찍어서 보내줘."

부부는 머리를 묻고 통곡을 했다. 한바탕 울고 난 후 평생 단 한 장뿐인 그 기념사진을 찍으러 간 것이었다.

어머니가 떠날 때, 도목수 일행은 이미 떠나고 없었다. 어머니는 홀로 기차를 탔다. 기차가 중간 역에 멈추었을 때, 어머니는 그곳에서 지원군이 된 큰 외삼촌을 보았다. 다시 보니 큰외삼촌은 외할아버지, 외할머니와 작은이모를 배웅하고 있었다. 외가 식구들이 큰외삼촌을 보러 왔던 것이다. 일가족이 약속도 없이 기차에서 만나게 되었으니, 모두 눈물을 흘리느라 말도 할 수 없었다. 종일 울기만 했고 아무것도 먹지 않고 잠도 자지 못했다.

퉁화에서 집으로 돌아온 후, 어머니가 처음으로 한 일은 내 언니와 사진을 찍는 것이었다. 물론 돈은 없었다. 어머니는 고모할머니에게 파란색 천 속옷을 팔아 딸을 데리고 사진관에서 사진을 찍었고, 조금 남은 돈으로 딸에게 대게를 사주셨다. 어머니는 그 사진이 돌고 돌아 결국 아버지 손에 들어갔는데, 그때는 아버지가 북한에 가셨을 때였다고 말씀하셨다. 전쟁은 끝났고 평화가 찾아왔지만 일가족은 그 사진을 다시 볼 수 없었다. 아마 전쟁 중에 사라진 것이리라. 중요한 건 딸이 살아 있다는 것과 참전했던 아버지가 살아계신다는 것이었다.

내가 통화로 떠나던 날, 전화 통화에서 어머니가 그 당시 썼던 말투 그대로 외쳤다.

"엄마, 나 통화에 갈 거야!"

어머니는 "그때 그 모습이 아닐 텐데."라고 말씀하셨다. 나는 "그 사진관 아직 기억 나?"라고 물었다. 어머니는 한참을 생각하시더니 이름은 기억나지 않는다고 하셨다. 강가에 있고, 크기가 크지 않으며, 사진사는 늙은 아저씨라고만 말씀해 주셨다.

나는 통화에 도착하자마자 혼강 강가를 따라 사진관을 찾기 시작했다. 통화는 이미 현대화되어 있었다. 이곳은 산의 도시이자 강의 도시로, 강가 양쪽으로 현대화된 빌딩들이 줄지어 서 있었다. 나는 길가에서 나이가 많은 사람들을 찾아 1950년대에 있던 사진관에 대해 물었다. 노인들은 눈을 가늘게 뜨고 기억을 더듬기 시작했다. 소금에 절인 오리 알을 파는 노인은 그 당시에는 '풍가馮像사진관'이라는 민관 합작 사진관 한 곳만 있었다고 했다. 하지만 그 건물은 이미 철거되었고, 사진사도 안 보인지 꽤 되었다고 했다.

당시 6.25전쟁이 한창일 때, 그 사진사는 참전 용사들을 위해 계속 사진을 찍었을 것이다. 지금은 평화가 찾아왔으니, 그는 예전처럼 종적을 감춘 것이다. 당시 그가 찍은 사진 한 장이 내 아버지와 어머니에게 그토록 큰 의미가 있다는 것을 그는 알고 있었을까?

인생은 수많은 찰나로 이루어져 있다. 매 찰나를 연결하면 하나의 스토리가 된다. 나는 이미 부모님의 스토리를 다 알고 있다고 생각했는데, 놀랍게도 새로운 스토리가 있었다. 영화 「타이타닉」의 여주인공은 '여자의 마음은 바다처럼 깊다'라는 말을 했다. 우리 어머니가 아직 꺼내지 않은 이야기가 대체 얼마나 많은 걸까?

나는 필름도 없는 이 낡은 사진을 확대 복사했다. 그것도 네 장씩이나. 어머니가 원본을 갖고, 자식 넷이 확대본을 하나씩 나누어 가졌다. 확대본 속 아버지 상의의 지원군 배지는 흐릿해졌지만, 우리 아버지라는 걸 확연히 알 수 있는 사진이었다. 어머니는 이미 백발의 노인이 되었다. 하지만 이 사진 속의 젊고 빛나는 어머니의 모습은 영원히 우리 가슴 속에 아름답게 간직될 것이다.